Hofmeister · Lebensraum Wald

Heinrich Hofmeister

Lebensraum Wald

Ein Weg zum Kennenlernen von Pflanzengesellschaften und ihrer Ökologie

3., völlig neu bearbeitete Auflage
Mit 455 Abbildungen, davon 32 farbig,
und 8 Tabellen

Verlag Paul Parey · Hamburg und Berlin

Von Heinrich Hofmeister erschien ebenfalls im Verlag Paul Parey:

Heinrich Hofmeister/Eckhard Garve
Lebensraum Acker
Pflanzen der Äcker und ihre Ökologie
1986. 272 S., mit 422 Abb., davon 24 farbig, und 19 Tab.

CIP-Titelaufnahme der Deutschen Bibliothek

Hofmeister, Heinrich:
Lebensraum Wald : ein Weg zum Kennenlernen von Pflanzengesellschaften und ihrer Ökologie / Heinrich Hofmeister. – 3., völlig neu bearb. Aufl. – Hamburg ; Berlin : Parey, 1990
ISBN 3-490-17118-7

 Anschriften: Spitalerstraße 12, 2000 Hamburg 1; Lindenstraße 44–47, 1000 Berlin 61. Printed in Germany bei Westholsteinische Verlagsdruckerei Boyens & Co., Heide. Umschlaggestaltung: Evelyn Fischer, Hamburg, unter Verwendung eines Fotos vom Autor.

ISBN 3-490-17118-7

Vorwort

Das weite Interesse, das „Lebensraum Wald“ seit seinem ersten Erscheinen vor zwölf Jahren noch immer findet, haben den Verlag Paul Parey und mich zur Herausgabe einer dritten Auflage ermutigt. Die von vielen Seiten geäußerte Anerkennung bezüglich der guten Verständlichkeit und der vielfältigen Verwendungsmöglichkeiten als Arbeitsbuch im Gelände legt es nahe, die didaktische Grundkonzeption und Zielsetzung der ersten beiden Auflagen beizubehalten.

Die Neuauflage wendet sich in erster Linie wieder an den wissenschaftlich nicht Vorgebildeten, der auf seinen Wanderungen und Exkursionen über die Namen der Pflanzenarten hinaus die Pflanzengemeinschaften und Lebensbedingungen der Pflanzen kennenlernen möchte. Es hat sich gezeigt, daß ökologische Gruppen für eine Einführung in ökologische Denk- und Arbeitsweisen besonders geeignet sind. Sie nehmen deshalb weiterhin eine zentrale Stellung ein. Waldbodenpflanzen, die in der Natur gemeinsam vorkommen, stehen auch in den Abbildungen und Beschreibungen dicht beieinander. Durch das wiederholte Umgehen mit den ökologischen Gruppen erhält der Benutzer einen Einblick in die Vielgestaltigkeit der Waldgesellschaften und ihre Ökologie.

Die Bearbeitung der Neuauflage bietet gleichzeitig die willkommene Gelegenheit, vorhandene Mängel zu beseitigen und Erkenntnisse zu berücksichtigen, die sich in der Zwischenzeit als bedeutsam erwiesen haben und zu einer ganzheitlichen Betrachtung des Waldes führen können.

Zugunsten einer besseren Übersichtlichkeit wurde der gesamte Text neu gegliedert und von Grund auf überarbeitet. Die Zahl der Schemazeichnungen und Diagramme sowie die Qualität der Farb- und Schwarzweiß-Fotos wurde erhöht. Die Wiedergabe der künstlerisch wertvollen Pflanzenzeichnungen von E. Strassner, die sich durch die naturgetreue Darstellung der Wuchsform auszeichnen, wurde durch eine veränderte Drucktechnik verbessert. Neu ist das Verzeichnis von Zeigerwerten, Lebensformen und ökologischen Gruppen aller berücksichtigten Pflanzenarten, das die praktische Arbeit im Gelände erleichtern soll. Das Register der Art- und Gesellschaftsnamen und das Sachregister wurden auf den neuesten Stand gebracht und das Literaturverzeichnis aktualisiert.

Den Schwerpunkt des Buches bilden weiterhin die Pflanzengesellschaften des Waldes. Dieses Kapitel wurde wesentlich erweitert und dem heutigen Diskussionsstand über die systematische Gliederung von Waldgesellschaften angepaßt. Dabei wurde versucht, stärker als bisher auf die Gegebenheiten Süddeutschlands einzugehen. Auf eine Darstellung der hochmontanen und subalpinen Waldgesellschaften mußte allerdings aus Platzgründen verzichtet werden. Durch die Hineinnahme von Subassoziationen soll die große Ausbildungsvielfalt häufig besuchter Waldgebiete aufgezeigt werden.

Die Zusammenstellung der Waldbodenpflanzen zu ökologischen Gruppen ermöglicht eine Charakterisierung und Bestimmung der Waldgesellschaften sowie eine Beurteilung des Standortes. Außerdem erleichtern ökologische Gruppen das Ansprechen unbekannter Arten. Für die Neuauflage wurden die ökologischen Gruppen teilweise umgestellt und durch neue Arten ergänzt. Von den Moosen wurden nur solche berücksichtigt, die in bodensauren Waldgesellschaften vorkommen und sich relativ leicht identifizieren lassen. Moose aus Wäldern der Auen, aus Brüchen, Mooren und höheren Gebirgslagen blieben unberücksichtigt. Für ihre Bestimmung sind spezielle Moosfloren unerläßlich.

Neben den abiotischen Umweltbedingungen wie Klima und Boden werden in der Neuauflage auch forstwirtschaftliche Aspekte und Einwirkungen des Menschen auf den Wald stärker angesprochen. Neu sind die Abschnitte über das Waldsterben und über den Wald als Ökosystem, wobei auch Tiere als wichtige Glieder dieses Lebensraumes einbezogen werden.

Mein herzlicher Dank gilt allen, die zum Gelingen dieser Neuauflage beigetragen haben. Dabei denke ich an die vielen Kollegen aus den verschiedenen Teilen der Bundesrepublik Deutschland, die mir auf Exkursionen, in langen Gesprächen und im brieflichen Gedankenaustausch wertvolle Anregungen gaben oder mir ihr Bild- und Arbeitsmaterial zur Verfügung stellten. Dankbar bin ich auch denjenigen, die für mich Zeichnungen anfertigten, Texte und Tabellen schrieben und Korrektur lasen. Dem Verlag Paul Parey danke ich für die gute Zusammenarbeit.

Hildesheim,
im Frühjahr 1990 — Heinrich Hofmeister

Inhalt

Bäume und Sträucher

Der Charakter des Waldes und das Erscheinungsbild der verschiedenen Waldtypen wird in erster Linie durch die Bäume bestimmt. Durch die Ausbildung von Stamm und Krone können sich Bäume weit über den Boden erheben und das volle Sonnenlicht zur Produktion von Nahrungsenergie nutzen. Sie erzeugen ein Standortklima, das sich gegenüber waldfreien Gebieten durch höhere Luftfeuchte, geringere Temperaturschwankungen und schwächere Windeinwirkung unterscheidet und stehen mit dem Boden durch den Entzug von Mineralsalzen und die „Rückgabe" von abgestorbenem Bestandsmaterial in enger Wechselbeziehung.

Die sommergrünen Laubwälder Mitteleuropas zeichnen sich durch einen Aspektwechsel mit Laubfall im Herbst und Vegetationsruhe im Winter aus.

In der Bundesrepublik Deutschland werden 28 % der Gesamtfläche von Wäldern und Forsten eingenommen. Von den Laubholzarten bedecken neben Rotbuche nur Stiel- und Trauben-Eiche nennenswerte Flächenanteile. Esche, Ahorn-, Linden- und Ulmenarten sind von untergeordneter Bedeutung. Durch die Forstwirtschaft wurde in den beiden letzten Jahrhunderten der Anteil der Nadelholzarten wesentlich vergrößert.

Anteil der Baumarten an der Waldfläche der Bundesrepublik Deutschland			
Nadelbäume	69 %	Laubbäume	31 %
Fichte	42 %	Rotbuche	23 %
Kiefer und Lärche	27 %	Stiel- und Traubeneiche	8 %
Tanne u. a.	x	Übrige	x

Sträucher haben ihren Verbreitungsschwerpunkt am Waldrand, in Hecken und Gebüschen. Wenn sie in geschlossenen Wäldern höhere Deckungsgrade erreichen, ist das auf die früher häufig praktizierte Nieder- und Mittelwaldbewirtschaftung zurückzuführen.

Die Beschreibungen der Bäume und Sträucher enthalten auch ökologische Kennkarten. Das sind die auf eine Kurzform gebrachten Angaben über das ökologische Verhalten der einzelnen Pflanzenarten. Sie liefern Hinweise auf die Zeigerwerte (s. S. 144 u. 257) Licht **(L),** Feuchtigkeit **(F),** Bodenreaktion **(R)** und Stickstoffversorgung **(N)** sowie die Lebensformen (Leb.; s. S. 140 u. 257), die Wuchshöhe und die Blütezeit **(BZ).**

Schlüssel zum Bestimmen von Bäumen und Sträuchern

I. **Nadelgehölze** S. 12

II. **Laubbäume**

1. Blätter zusammengesetzt S. 16

2. Blätter gelappt S. 18

3. Blätter tief gebuchtet S. 20

4. Blätter ungeteilt, ungelappt, nicht tief eingebuchtet S. 22

III. **Sträucher**

1. Stengel kletternd oder windend S. 28

2. Stengel nicht kletternd oder windend S. 30

a. Blätter zusammengesetzt S. 30

b. Blätter gelappt S. 32

c. Blätter ungeteilt, gegenständig S. 34

d. Blätter ungeteilt, wechselständig S. 36

Nadelgehölze

1 Fichte *(Picea abies)*

Großer Nadelbaum mit spitzer Krone und rotbrauner Rinde, später graubraune Borke, in Schuppen abblätternd.
Nadeln: beiderseits grün und stachelspitzig; spiralig um den Zweig stehend.
Blüten: männliche in rötlich-gelben Kätzchen; weibliche in rötlichen, aufrechten Kätzchen.
Früchte: hängende, walzliche Zapfen, die als Ganzes abfallen.
Vorkommen: im höheren Bergland, auf feuchten, nährstoffarmen Böden; viele Fichtenbestände, besonders der tieferen Lagen, sind Forsten; Rohhumusbilder.

L	F	R	N	Leb.	Höhe	BZ
(5)	x	x	x	P	30–50 m	5

2 Weißtanne *(Abies alba)*

Großer Nadelbaum mit geradem Stamm; im Alter mit storchennestartig abgeflachter Krone; Borke weißgrau, in Schuppen abblätternd.
Nadeln: flach, an der Spitze eingekerbt, unterseits mit zwei weißlichen Längsstreifen, am Grunde mit scheibenartig verbreiterten grünen Stielchen; zweizeilig angeordnet.
Blüten: männliche in gelblichen, aufrechten Kätzchen; weibliche in grünlichen, aufrechten Kätzchen.
Früchte: aufrechte, dicke, walzliche Zapfen; mit einzeln abfallenden Schuppen und verbleibender Spindel.
Vorkommen: in Wäldern des Berglandes, oft mit Buche und Fichte gemischt.

L	F	R	N	Leb.	Höhe	BZ
(3)	x	x	x	P	30–50 m	5–6

3 Schwarz-Kiefer *(Pinus nigra)*

Mittelgroßer bis großer Nadelbaum mit kegelförmiger Krone; Rinde anfangs grünlichbraun und glatt, später schwarzgraue und rissige Borke.
Nadeln: zu zweit, 8 bis 15 cm lang, beiderseits grün, an der Spitze gelblich.
Blüten: wie Wald-Kiefer.
Früchte: wie Wald-Kiefer.
Vorkommen: besonders auf flachgründigen, trockenen und warmen Kalkböden angepflanzt; heimisch in Südosteuropa.

L	F	R	N	Leb.	Höhe	BZ
(7)	2	9	2	P	10–30 m	5–6

4 Wald-Kiefer, Föhre *(Pinus sylvestris)*

Nadelbaum mit schirmförmiger Krone, im Bestand mit aufrechtem, geradem Stamm; Rinde rotbraun, mit zunehmendem Alter in dicke Borke übergehend.
Nadeln: zu zweit, derb und stechend, 4 bis 7 cm lang, auf der Unterseite graugrün.
Blüten: männliche in aufrechten, gehäuft stehenden gelben Kätzchen, weibliche in rötlichen, meist zu zweit am Ende der diesjährigen Langtriebe.
Früchte: ei-kegelförmige Zapfen, dreijährig abfallend.
Vorkommen: von Natur aus selten, nur in kontinental beeinflußten Gebieten heimisch; weitgehend gepflanzt, besonders auf nährstoffarmen, trockenen, sandigen Böden (z. B. im Bereich des Eichen-Birken-Waldgebietes der nordwestdeutschen Tiefebene).

L	F	R	N	Leb.	Höhe	BZ
(7)	x	x	x	P	20–40 m	5

Ähnlich: **Moor-Bergkiefer** mit oft niederliegendem Stamm; in höheren Lagen der Mittelgebirge, am Rand der Hochmoore.

► s. S. 14

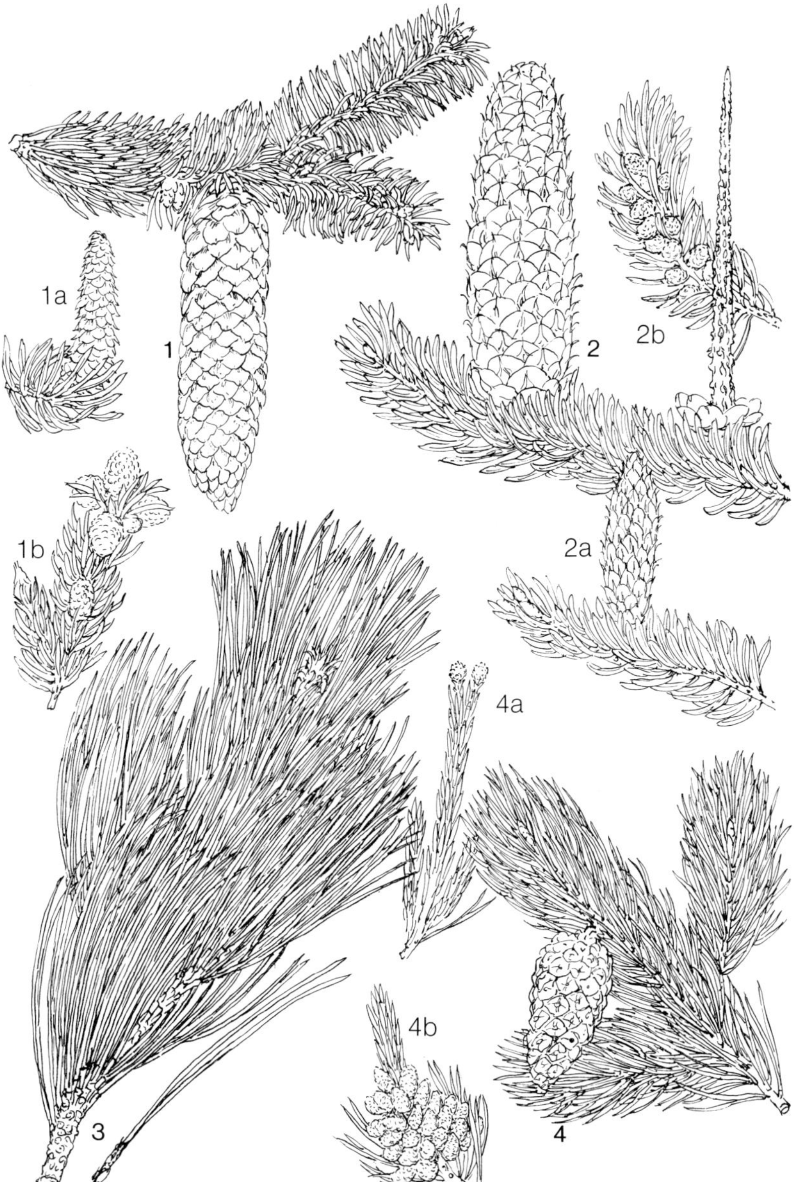
1a
1
2
2b
1b
2a
4a
4b
3
4

Nadelgehölze

1 Gemeine Lärche *(Larix decidua)*

Großer Nadelbaum mit lichter und lockerer Krone, Rinde graubraun, später tiefrissige Borke.
Nadeln: hellgrün, weich und nicht stechend, zu 15–30 in Büscheln; im Winter abfallend.
Blüten: männliche in rötlich-gelben, hängenden, kugeligen Kätzchen; weibliche in rötlichen, aufrechten und runden Kätzchen.
Früchte: kleine, eiförmige Zapfen.
Vorkommen: häufig gepflanzt; Heimat Zentralalpen.

L	F	R	N	Leb.	Höhe	BZ
(8)	4	x	3	P	30–40 m	4–6

2 Douglasie *(Pseudotsuga menziesii)*

Großer Nadelbaum; junge Zweige weich und biegsam; Rinde in der Jugend glatt, mit zahlreichen Harzbeulen, Borke im Alter stark rissig und dunkel.
Nadeln: einzeln stehend, flach, nicht stechend, meist allseits vom Zweig abstehend; wohlriechend.
Blüten: männliche in gelben Kätzchen; weibliche in rötlichen, aufrechten und endständigen Zäpfchen.
Früchte: hängende, braune Zapfen.
Vorkommen: in Forsten, besonders im Bereich der Buchenwaldgebiete gepflanzt; Heimat Nordamerika.

Phanerophyt; 20–30 m; 4–5.

s. S. 12 ◄

3 Gemeiner Wacholder
(Juniperus communis)

Großstrauch mit säulenförmiger Krone.
Nadeln: zu dritt, quirlständig; bläulichgrün, spitz und stark stechend.
Blüten: männliche in gelben, kleinen und kugeligen Kätzchen; weibliche in hellgrünen, kleinen Zäpfchen.
Früchte: dunkelblaue, kugelige „Wacholderbeeren".
Vorkommen: in lichten Wäldern, auch auf Heiden und sonnigen Magerweiden; auf mäßig trockenen und wechselfeuchten Böden; oft Anzeiger für ehemalige Beweidung.

L	F	R	N	Leb.	Höhe	BZ
8	4	x	x	N	3–8 m	6–8

4 Eibe *(Taxus baccata)*

Mittelgroßer, immergrüner Nadelbaum; strauchartig verzweigt. Geschützt.
Nadeln: weich, oberseits glänzend dunkelgrün, unterseits mattgrün;
Blüten: männliche in gelben, kugeligen Kätzchen; weibliche sehr klein und grün, auf der Unterseite der Zweige.
Früchte: beerenartig, mit roter, fleischiger, becherförmiger Hülle und einem giftigen Samenkorn.
Vorkommen: in Buchen-Tannen-Wäldern des Berglandes, meist an steilen Hängen; selten; oft als Naturdenkmal geschützt.

L	F	R	N	Leb.	Höhe	BZ
(4)	5	7	x	P	2–15 m	3–4

1
2
3
4

Laubbäume – Blätter zusammengesetzt

1 Vogelbeere, Eberesche *(Sorbus aucuparia)*

Mittelgroßer Baum mit schlankem Stamm und grauer, glatter Rinde; auch strauchartig.
Blätter: unpaarig gefiedert, mit 9–19 gesägten Fiederblättchen; wechselständig.
Blüten: weiß, mit 3 Griffeln, in Trugdolden.
Früchte: rote „Vogelbeeren", mit 3 Samen; bitter.
Vorkommen: in lichten Laub- und Nadelwäldern, auf Waldlichtungen und an Waldrändern; auf trockenen bis feuchten, meist nährstoff- und basenarmen Böden; anspruchsloses Pioniergehölz.

L	F	R	N	Leb.	Höhe	BZ
(6)	x	4	x	P, N	5–15 m	5–6

2 Weiße Robinie, Falsche Akazie *(Robinia pseudacacia)*

Mittelgroßer bis großer Baum mit dunkelbrauner, stark rissiger Borke, oft krummwüchsig.
Blätter: unpaarig gefiedert, mit 9–21 kurz gestielten, eiförmigen Fiederblättchen; wechselständig, am Blattgrund mit zwei Dornen.
Blüten: weiße, stark duftende Schmetterlingsblüten, in blattachselständigen hängenden Trauben.
Früchte: Hülsen mit 6–8 schwarzen, nierenförmigen, platten Samen.
Vorkommen: Heimat Nordamerika; bei uns forstlich angepflanzt; Pionierpflanze, Stickstoff sammelnd.

L	F	R	N	Leb.	Höhe	BZ
(5)	4	x	8	P	10–25 m	5–6

3 Esche *(Fraxinus excelsior)*

Großer Baum mit grauer und glatter Rinde, im Alter dichtrissige und schwarzbraune Borke.
Blätter: unpaarig gefiedert, mit 7–13 sitzenden Fiedern, Fiederblätter gesägt, kreuzweise gegenständig; Blattknospen schwarz.
Blüten: in dichten violetten Rispen, ohne Blütenhülle.
Früchte: geflügelte Nüsse, in hängenden Büscheln; Verbreitung durch Wind.
Vorkommen: häufig in Laubmischwäldern, besonders an Flüssen und Bächen; auf frischen bis feuchten, nährstoff- und basenreichen Böden.

L	F	R	N	Leb.	Höhe	BZ
(4)	x	7	7	P	10–40 m	4–5

4 Speierling *(Sorbus domestica)*

Mittelgroßer Baum; Borke braungrau, kleinschuppig.
Blätter: ähnlich denen der Vogelbeere.
Blüten: weiß, bisweilen rötlich, mit 5 Griffeln, in Trugdolden.
Früchte: birnen- oder apfelförmig, gelb, mit 5 Samen.
Vorkommen: selten; in wärmeliebenden Eichen-Mischwäldern, auf warmen, trokkenen, nährstoff- und kalkreichen Böden.

L	F	R	N	Leb.	Höhe	BZ
(4)	3	8	3	P	5–15 m	5–6

1
2
3
4

Laubbäume – Blätter gelappt

1 Spitz-Ahorn *(Acer platanoides)*
Großer Baum; Borke fein längsrissig.
Blätter: groß (über 10 cm), 5–7lappig, Lappen grob gezähnt und lang zugespitzt; Blattstiel und -rippen mit Milchsaft.
Blüten: vor der Belaubung, grüngelb, in doldigen, aufrechten Blütenständen.
Früchte: einseitig geflügelte Spaltfrüchte.
Vorkommen: Laub-Mischwälder, auf frischen bis feuchten, meist nährstoff- und basenreichen Böden, oft gepflanzt.

L	F	R	N	Leb.	Höhe	BZ
(4)	x	x	x	P	20–30 m	4–5

2 Berg-Ahorn *(Acer pseudoplatanus)*
Großer Baum; mit braungrauer, glatter Rinde, später in Schuppen abblätternder Borke.
Blätter: groß (über 10 cm), 5-lappig, Lappen ungleich gesägt; Blattstiel und -rippen ohne Milchsaft.
Blüten: nach der Belaubung, gelbgrün, in hängenden, endständigen Trauben.
Früchte: einseitig geflügelte Spaltfrüchte.
Vorkommen: häufig in Rotbuchen- und sonstigen Laub-Mischwäldern; auf (sicker-) frischen bis (sicker-) feuchten, nährstoff- und basenreichen Böden; häufig gepflanzt.

L	F	R	N	Leb.	Höhe	BZ
(4)	6	x	7	P	15–30 m	5–6

3 Elsbeere *(Sorbus torminalis)*
Kleiner bis mittelgroßer Baum mit glatter und grauer Rinde, im Alter braune und längsrissige Borke; auch strauchartig.
Blätter: 3–7lappig, gesägt, wechselständig.
Blüten: weiß, in aufrechten Trugdolden, Kelchblätter weich behaart.
Früchte: saftig braun und hell punktiert.
Vorkommen: in wärmeliebenden Eichen-Misch- und Buchenwaldgesellschaften, auf warmen, trockenen bis frischen, basenreichen Böden.

L	F	R	N	Leb.	Höhe	BZ
(4)	4	7	4	P, N	5–20 m	5–6

4 Feld-Ahorn *(Acer campestre)*
Kleiner Baum, oft strauchartig; Borke glatt, später fein gefeldert.
Blätter: klein, 5-lappig, die 3 mittleren Lappen wiederum gelappt; Blattstiel und -rippen mit Milchsaft.
Blüten: grüngelb, in aufrechten, doldigen Trauben.
Früchte: geflügelte Spaltfrüchte.
Vorkommen: häufig in Laub-Mischwäldern und Hecken, auf frischen, nährstoff- und basenreichen Böden.

L	F	R	N	Leb.	Höhe	BZ
(5)	5	7	6	P	10–15 m	4–5

1
2
3
4

Laubbäume – Blätter tief gebuchtet

1 Stiel-Eiche, Sommer-Eiche
(Quercus robur)

Großer Baum mit graubrauner, grobrissiger Borke.
Blätter: unregelmäßig gelappt, am Grunde herzförmig geöhrt, kurz gestielt, wechselständig.
Blüten: männliche Kätzchen hängend; aus vielen grünen Blütenknäueln zusammengesetzt; weibliche Blüten knöpfchenförmig, rot, zu 2–5 auf gemeinsamen Stielen.
Früchte: walzenförmige Eicheln in Bechern; zu 1–3 zusammen, langgestielt.
Vorkommen: häufig in Laub-Mischwäldern, besonders in den tieferen Lagen; auf trockenen bis feuchten, nährstoffarmen bis nährstoffreichen Böden.

L	F	R	N	Leb.	Höhe	BZ
(7)	x	x	x	P	20–40 m	4–5

2 Trauben-Eiche, Winter-Eiche
(Quercus petraea)

Großer Baum mit grobrissiger Borke.
Blätter: regelmäßig gelappt, mit keilförmigem Grund, langgestielt und wechselständig.
Blüten: ähnlich denen der Stiel-Eiche.
Früchte: Eicheln fast ungestielt, traubig gehäuft.
Vorkommen: häufig in Laubwäldern (Eichenwäldern) des Hügellandes, auf nährstoffarmen bis nährstoffreichen Böden; nimmt trockenere und wärmere Standorte ein als die Stiel-Eiche.

L	F	R	N	Leb.	Höhe	BZ
(6)	5	x	x	P	15–40 m	4–5

3 Flaum-Eiche *(Quercus pubescens)*

Kleiner bis mittelgroßer Baum, von knorrigem Wuchs, auch strauchartig.
Blätter: junge Blätter und Triebe flaumig behaart, langgestielt und wechselständig.
Blüten: ähnlich denen der Stiel-Eiche.
Früchte: Eicheln schlank, kurz gestielt; Fruchtnäpfchen flaumhaarig.
Vorkommen: in wärmeliebenden Eichenmischwäldern; an sonnigen Hängen, auf trockenen und warmen, nährstoff- und basenreichen, meist kalkhaltigen Böden.

L	F	R	N	Leb.	Höhe	BZ
(7)	3	7	x	P	5–20 m	4–5

4 Rot-Eiche *(Quercus rubra)*

Mittelgroßer bis großer Baum, Zweige weniger gekrümmt als bei den einheimischen Eichenarten, mit grauer Borke.
Blätter: groß, 12–22 cm lang, mit zugespitzten Blattzipfeln; oberseits grün, unterseits blaugrün; Blätter junger Bäume färben sich im Herbst leuchtend rot.
Blüten: ähnlich der Stiel-Eiche.
Früchte: Eicheln, kürzer und gedrungener als bei der Stiel-Eiche.
Vorkommen: als Forst- und Zierbaum angepflanzt; Heimat östliches Nordamerika.

Phanerophyt; 10–30 m; 5.

L	F	R	N	Leb.	Höhe	BZ
7	x	x	x	P	10–30 m	5

1
1a
2
3
4

Laubbäume – Blätter ungeteilt, ungelappt, nicht tief eingebuchtet

1 Mehlbeere *(Sorbus aria)*

Kleiner Baum mit kugeliger Krone.
Blätter: elliptisch mit keilförmigem und doppelt gesägtem Rand; ledrig derb, oberseits dunkelgrün, unterseits weiß filzig.
Blüten: weiß, in schirmförmigen Rispen.
Früchte: 8–15 mm große, kugelige bis eiförmige hellrote Apfelfrüchte mit 2 Samen und mehligem Fruchtfleisch.
Vorkommen: in wärmeliebenden Eichenmisch- und Buchenwaldgesellschaften; bevorzugt auf trockenen Böden in warmen Lagen (oft in Südexposition).

L	F	R	N	Leb.	Höhe	BZ
(6)	4	7	3	P	6–12 m	5–6

2 Schwarz-Pappel *(Populus nigra)*

Mittelgr. bis großer Baum; Rinde grauweiß, später tiefrissige, schwärzl. Borke.
Blätter: rundlich-dreieckig, glänzend, mit kerbig-gesägtem Rand; Blattstiele seitlich zusammengedrückt, wechselständig.
Blüten: männliche Kätzchen schlaff herabhängend, Staubbeutel purpurrot; weibl. Kätzchen kürzer und schlanker, grünl., mit 2 gelbl. Narben.
Früchte: Kapseln in hängenden Kätzchen; Samen mit weißem Haarbüschel.
Vorkommen: in Auenwäldern; oft gepflanzt; auf feuchten, zeitweise überschwemmten, nährstoff- und basenreichen Sand- und Lehmböden.

L	F	R	N	Leb.	Höhe	BZ
(5)	8	7	7	P	15–30 m	3–4

3 Zitter-Pappel, Espe *(Populus tremula)*

Mittelgroßer Baum mit schlankem Stamm und grauer, glatter Rinde.
Blätter: eiförmig-kreisrund mit gezähntem Rand; unterseits heller als oberseits; Blattstiel zusammengedrückt.
Blüten: männliche Kätzchen lang und dick, schlaff herabhängend, Staubbeutel rötlich; weibliche Kätzchen ähnlich den männlichen, Narben rötlich.
Früchte: Kapseln in hängenden Kätzchen, Samen mit weißen Haarbüscheln.
Vorkommen: in lichten Wäldern, an Waldrändern und auf Waldlichtungen; Pioniergehölz.

L	F	R	N	Leb.	Höhe	BZ
(6)	5	x	x	P	5–20 m	3–4

4 Schwarz-Erle *(Alnus glutinosa)*

Mittelgroßer bis großer Baum mit schwarzbrauner und rissiger Borke.
Blätter: eiförmig, vorne ausgerandet, kahl.
Blüten: männliche Kätzchen lang und hängend, Deckschuppen bräunlich, Staubbeutel gelb; weibliche Kätzchen klein, mit roten Narben.
Früchte: eiförmige, dunkelbraune Zäpfchen; Nüßchen schmal geflügelt.
Vorkommen: häufig in Bruchwäldern, auch in ahorn- und eschenreichen Mischwäldern; auf nassen, nährstoffreichen, meist kalkarmen Böden; Stickstoffsammler.

L	F	R	N	Leb.	Höhe	BZ
(5)	9	6	x	P	10–25 m	3–4

5 Bruch-Weide *(Salix fragilis)*

Mittelgroßer Baum mit anfangs glatter graugelber Rinde, ältere Stämme mit dikker Borke. Die einjährigen Triebe sind leicht mit knackendem Geräusch vom Ast zu brechen.
Blätter: länglich-lanzettlich, in der unteren Hälfte am breitesten; Rand gesägt.
Vorkommen: am Rande von Bächen und Flüssen.

L	F	R	N	Leb.	Höhe	BZ
(5)	8	5	6	P	10–15 m	3–5

Die Bruchweide gehört wie die Silberweide, deren Blätter silbrig-seidenhaarig sind, zu den Baumweiden. Sie bildet oft Bastarde.

► s. S. 24 u. 26

1
2
3
4
5

Laubbäume – Blätter ungeteilt, ungelappt, nicht tief eingebuchtet

1 Hänge-Birke *(Betula pendula)*

Mittelgroßer bis großer Baum mit schlankem, weißem Stamm, am Grunde mit schwarzrissiger Borke; Äste aufrecht mit herabhängenden Zweigen, junge Zweige warzig und rauh.
Blätter: dreieckig zugespitzt, lang gestielt, wechselständig.
Blüten: männliche Kätzchen gelbbraun und hängend; weibliche Kätzchen grün, zuerst aufrecht, später hängend.
Früchte: hängende, länglich-walzige Zäpfchen; im Herbst in dreilappige Fruchtschuppen und breit geflügelte Nüßchen zerfallend.
Vorkommen: häufig in lichten Laub- und Nadelwäldern; vorwiegend auf nährstoff- und basenarmen Böden, besonders gern auf Sandböden; Pioniergehölz auf Kahlschlägen.

L	F	R	N	Leb.	Höhe	BZ
(7)	x	x	x	P	10–20 m	4–5

2 Moor-Birke *(Betula pubescens)*

Mittelgroßer bis großer Baum mit grauer Rinde und aufrechten Zweigen; junge Zweige behaart.
Blätter: mehr oder weniger eiförmig, mit abgerundeten Ecken, wechselständig; junge Blätter und Blattstiele unterseits behaart.
Blüten: ähnlich denen der Hänge-Birke.
Früchte: ähnlich denen der Hänge-Birke.
Vorkommen: in Moor- und Bruchwäldern, auf nassen, nährstoffarmen, sauren Sand- und Hochmoorböden.

L	F	R	N	Leb.	Höhe	BZ
(7)	x	3	3	P	5–20 m	4–5

3 Hainbuche *(Carpinus betulus)*

Mittelgroßer Baum mit Drehwuchs; auch strauchartig; Rinde grau und glatt.
Blätter: länglich-eiförmig, doppelt gesägt und faltig; wechselständig und zweizeilig gestellt.
Blüten: männliche Kätzchen länglich, zu mehreren hängend, grün, oft rötlich überlaufen; weibliche Kätzchen grün, hängend, mit roten Narben.
Früchte: in lockeren, hängenden Kätzchen; Nüßchen drei-lappig geflügelt.
Vorkommen: häufig in Laubwäldern, besonders in Eichen-Hainbuchenwäldern.

L	F	R	N	Leb.	Höhe	BZ
(4)	x	x	x	P	5–25 m	5

4 Rotbuche *(Fagus sylvatica)*

Hoher Baum, im geschlossenen Bestand mit hoch ansetzender, dicht schließender Krone; mit glatter, silbergrauer Rinde, die oft von einem Algenüberzug grün gefärbt ist.
Blätter: glänzend grün, eiförmig und wechselständig; jung bewimpert. Blattknospen spitz und lang.
Blüten: männliche Blüten in rötlichen, kugeligen Kätzchen hängend; weibliche Kätzchen aufrecht, mit rötlichen Narben.
Früchte: harte, stachelige Fruchtbecher mit 2–3 dreikantigen Früchten (Bucheckern).
Vorkommen: als vorherrschende Baumart in Rotbuchenwäldern, auch in anderen Laubmischwäldern, bevorzugt in humider Klimalage; fehlt nur auf extrem warmen und trockenen sowie nassen Böden.

L	F	R	N	Leb.	Höhe	BZ
(3)	5	x	x	P	15–40 m	4–5

s. S. 22 ◄

► s. S. 26

1
2
3
4
4a

Laubbäume – Blätter ungeteilt, ungelappt, nicht tief eingebuchtet

1 Sommer-Linde *(Tilia platyphyllos)*

Großer Baum mit dunkelbrauner, rissiger Borke.
Blätter: herzförmig, lebhaft grün, auf der Unterseite kurzhaarig, in den Winkeln der Blattadern weiß behaart; Blattstiel behaart.
Blüten: gelb und duftend, zu 3–5 in hängenden Trugdolden, mit je einem Flügelblatt.
Früchte: rundliche Nüßchen, mit deutlichen Rippen, zwischen den Fingern nicht zerdrückbar.
Vorkommen: in luftfeuchten Laub-Mischwäldern des Berglandes, auf frischen, nährstoff- und basenreichen Böden; in humidem Klima.

L	F	R	N	Leb.	Höhe	BZ
(4)	5	x	7	P	15–30 m	6

2 Winter-Linde *(Tilia cordata)*

Mittelgroßer bis großer Baum; Borke dunkelbraun und rissig; junge Zweige rötlich.
Blätter: herzförmig, dunkelgrün, etwas derb, auf der Unterseite kahl, nur in den Winkeln der Blattadern rotbraun behaart; Blattstiel kahl.
Blüten: gelb und duftend, zu 5–11 in hängenden Trugdolden mit je einem Flügelblatt.
Früchte: rundliche Nüßchen, zerdrückbar.
Vorkommen: in sommerwarmen Laub-Mischwäldern des Tief-, Hügel- und unteren Berglandes; auf frischen bis mäßig trockenen, basenreichen, meist tiefgründigen Böden.

L	F	R	N	Leb.	Höhe	BZ
(5)	x	x	5	P	10–25 m	6–7

3 Berg-Ulme *(Ulmus glabra)*

Großer Baum mit hoch ansetzender Krone; Borke bräunlich und rissig.
Blätter: länglich-eiförmig und asymmetrisch, beiderseits rauh, doppelt scharf gesägt; wechselständig.
Blüten: rötlich und gebüschelt, vor der Belaubung.
Früchte: einsamige, geflügelte Nüßchen.
Vorkommen: in ahorn- und eschenreichen Laub-Mischwäldern, auf feuchten, nährstoff- und basenreichen Böden.

L	F	R	N	Leb.	Höhe	BZ
(4)	7	x	7	P	10–30 m	3–4

In unseren Wäldern kommen außerdem die Feld-Ulme *(Ulmus minor)* und die Flatter-Ulme *(Ulmus laevis)* vor.

4 Vogelkirsche *(Prunus avium)*

Mittelgroßer Baum mit hoch ansetzender, unregelmäßiger, lockerer Krone.
Blätter: länglich-verkehrt-eiförmig, gesägt; Blattstiel mit zwei roten Drüsen, wechselständig.
Blüten: groß und weiß, zu 2–4 in langgestielten Dolden.
Früchte: Vogelkirschen, erst rot, reif schwarz, mit 1 großen Stein; Fruchtfleisch von bittersüßem Geschmack.
Vorkommen: in lichten Laub-Mischwäldern, auf frischen nährstoff- und basenreichen Böden.

L	F	R	N	Leb.	Höhe	BZ
(4)	5	7	5	P	15–25 m	4–5

s. S. 24 ◄

1
2
3
4

Sträucher – Stengel kletternd oder windend

1 Gemeine Waldrebe *(Clematis vitalba)*
Klimmstrauch; klettert bis in die Spitzen kleiner Bäume empor und überzieht sie schleierartig.
Blätter: unpaarig gefiedert, mit 3–5 gestielten, grobgezähnten Fiedern; Blattstiele rankend.
Blüten: weiß, in blattachselständigen Rispen; Kelchblätter innen weiß, außen grünlich, echte Blütenblätter fehlen.
Früchte: Nüßchen mit langen, behaarten Flugvorrichtungen.
Vorkommen: in lichten, nährstoff- und basenreichen Laub-Mischwäldern, besonders an Waldrändern, auf Waldlichtungen und im Gebüsch, bevorzugt in warmer Lage.

L	F	R	N	Leb.	Höhe	BZ
7	5	7	7	P	3–8 m	6–8

2 Hopfen *(Humulus lupulus)*
Blüten: Pflanze zweihäusig; Staubblattblüten in Rispen, Fruchtblattblüten in eiförmigen, zapfenähnlichen Kätzchen.
Blätter: drei- bis fünflappig und rauhhaarig.
Stengel: rechtswindend, rauh.

L	F	R	N	Leb.	Höhe	BZ
7	8	6	8	Hli	2–6 m	7–8

3 Efeu *(Hedera helix)*
Blüten: grünlich, in halbkugeligen Dolden; Früchte blauschwarze, ungenießbare Beeren.
Blätter: 3–5lappig, wechselständig; Blätter blühender Äste ungelappt, eiförmig-lanzettlich und ganzrandig.
Stengel: verholzt, kriechend oder kletternd. Wintergrün.

L	F	R	N	Leb.	Höhe	BZ
4	5	x	x	Z/Pli	bis 20 m	9–10

4 Wald-Geißblatt
(Lonicera periclymenum)
Klimmstrauch, klettert an Waldrändern bis in die Spitzen von Sträuchern und kleinen Bäumen empor und überzieht sie schleierartig.
Blätter: oval, mit bläulicher Wachsschicht überzogen, kurz gestielt oder sitzend, ganzrandig; gegenständig.
Blüten: groß, blaßgelb und rot überlaufen, stark duftend, am Zweigende in Köpfen; Nachtfalterblüte.
Früchte: rote Beeren.
Vorkommen: in bodensauren Eichen-Mischwäldern, auch in sauren Eichen-Hainbuchen-Wäldern und Erlenbrüchen, besonders am Waldrand und auf Waldlichtungen; auf frischen, meist nährstoffarmen und sauren Böden.

L	F	R	N	Leb.	Höhe	BZ
6	x	3	4	N	1–3 m	6–7

5 Bittersüßer Nachtschatten
(Solanum dulcamara)
Blüten: violett, mit fünf Zipfeln, bei älteren Blüten zurückgeschlagen; Früchte rote eiförmige und giftige Beeren.
Blätter: länglich-eiförmig, oft mit 1–2 spießförmigen Abschnitten.
Stengel: kletternd oder niederliegend, am Grunde verholzend.

L	F	R	N	Leb.	Höhe	BZ
7	8	x	8	Nli	0,3–2 m	6–8

1
2
3
4
5

Sträucher – Stengel nicht kletternd oder windend, Blätter zusammengesetzt

1 Schwarzer Holunder *(Sambucus nigra)*

Großer Strauch mit krummem Stamm; Rinde hellgrau mit dunklen Pusteln; ältere Sprosse stark rissig; Zweige mit weißem Mark.
Blätter: gefiedert mit 3–7 eiförmigen, gesägten Fiederblättchen, Endblatt größer.
Blüten: gelblich-weiß, fünfzählig, in reichblütigen Trugdolden; stark riechend.
Früchte: schwarze, eßbare Beeren.
Vorkommen: häufig in Waldlichtungen und an Waldrändern, auf nährstoffreichen, tiefgründigen Böden; Stickstoffanzeiger.

L	F	R	N	Leb.	Höhe	BZ
7	5	x	9	N	2–7 m	5–6

2 Heckenrose, Hundsrose *(Rosa canina)*

Stachliger Strauch; Stämmchen erst aufrecht, dann bogenförmig überhängend.
Blätter: unpaarig gefiedert; am Grunde des Blattstieles mit Nebenblättern.
Blüten: auffallend und groß, weiß, rosa oder rot, fünfzählig, mit fiederspaltigen Kelchzipfeln.
Früchte: „Hagebutten", rote Sammelfrüchte.
Vorkommen: an Waldrändern und in Hecken.

L	F	R	N	Leb.	Höhe	BZ
8	4	x	x	N	1–3 m	6–7

3 Trauben-Holunder
(Sambucus racemosa)

Mittelgroßer Strauch mit braunem Mark.
Blätter: unpaarig gefiedert, meist mit 5 länglich-lanzettlichen, gesägten Fiederblättchen; gegenständig.
Blüten: in grünlich-gelben, dichten, eiförmigen Rispen.
Früchte: rote, ungenießbare Beeren.
Vorkommen: an Waldrändern und in Waldlichtungen; auf frischen, nährstoffreichen Böden; besonders in den Buchenwaldgebieten des Berglandes.

L	F	R	N	Leb.	Höhe	BZ
6	5	5	8	N	1–3 m	4–5

4 Himbeere *(Rubus idaeus)*
s. S. 128

5 Echte Brombeere *(Rubus fruticosus)*

Sehr formenreiche Sammelart; die Unterscheidung der einzelnen Arten ist schwierig.
Kräftig bestachelter Strauch, an Sträuchern emporkletternd, meist bogig überhängend, bisweilen am Boden kriechend.
Blätter: wechselständig, drei- bis fünfzählig gefingert.
Blüten: ansehnlich, weiß bis blaßrosa, in lockeren Trugdolden.
Früchte: Brombeeren, schwarze und eßbare Sammelsteinfrüchte.
Vorkommen: auf Waldlichtungen sowie am Rand von Wäldern und in Hecken.
Die einzelnen Arten, die zu dieser Sammelart zusammengefaßt werden, besiedeln unterschiedliche Standorte. Die Sammelart ist zur Kennzeichnung eines Standortes ungeeignet.

1
2
3
4
5

Sträucher – Blätter gelappt

1 Zweigriffliger Weißdorn
(Crataegus laevigata)
Sperriger, dorniger Strauch oder kleiner Baum. *Blätter:* abgerundet und schwach gelappt, mit keilförmigem Blattgrund, wechselständig. *Blüten:* weiß, in Trugdolden, mit 2–3 Griffeln. *Früchte:* rote Steinfrüchte, mit 2–3 Samen. *Vorkommen:* auf frischen, nährstoff- und basenreichen Böden.

L	F	R	N	Leb.	Höhe	BZ
6	5	7	x	N/P	2–10 m	5

2 Eingriffliger Weißdorn
(Crataegus monogyna)
Sperriger, dorniger Strauch oder kleiner Baum. *Blätter:* tief fiederspaltig geteilt, mit 5–7 schmalen Lappen.
Blüten: weiß, in Trugdolden, mit 1 Griffel.
Früchte: rote Steinfrüchte mit 1 Samen.
Vorkommen: auf mäßig trockenen, nährstoff- und basenreichen Böden.

L	F	R	N	Leb.	Höhe	BZ
7	4	8	3	N/P	1–5 m	6

3 Gemeiner Schneeball
(Viburnum opulus)
Mittelgroßer bis großer Strauch.
Blätter: drei- bis fünflappig, oberseits kahl und glatt; gegenständig. *Blüten:* weiß, fünfzählig, mit großen unfruchtbaren Randblüten und kleinen unscheinbaren Zwitterblüten im Inneren der Trugdolden.
Früchte: runde glänzend-rote Steinbeeren.
Vorkommen: auf frischen, nährstoff- und basenreichen Böden.

L	F	R	N	Leb.	Höhe	BZ
6	x	7	6	N	1–3 m	5–6

4 Schwarze Johannisbeere
(Ribes nigrum)
Kleiner bis mittelgr., stachelloser Strauch.
Blätter: fünflappig, langgestielt, unterseits mit gelben Drüsen; mit starkem Geruch.
Blüten: rötlich, in hängenden Trauben; Kelchblätter dicht behaart.
Früchte: schwarze, eßbare Beeren.
Vorkommen: bes. in Erlenbrüchen; auf nassen nährstoff- und basenreichen Böden.

L	F	R	N	Leb.	Höhe	BZ
4	9	5	5	N	0,8–1,5 m	4–5

5 Rote Johannisbeere *(Ribes rubrum)*
Stachelloser Kleinstrauch, graubraune Rinde.
Blätter: drei- bis fünflappig, Blattlappen stumpf, Blattunterseite weichhaarig.
Blüten: grüngelblich, becherförmig, in hängenden Trauben; Kelchblätter kahl.
Früchte: rote, eßbare Beeren.
Vorkommen: auf feuchten, nährstoff- und basenreichen Böden.

L	F	R	N	Leb.	Höhe	BZ
4	8	6	6	N	0,5–1,5 m	4–5

Ähnlich: **Berg-Johannisbeere**
(Ribes alpinum)
aber mit glänzend bräunlichgelben, oft hängenden Zweigen.
Blätter: ziemlich klein, dreilappig. *Blüten:* grünlichgelb in aufrechten Trauben.
Vorkommen: in krautreichen Bergmischwäldern, auf nährstoff- und basenreichen Böden.

L	F	R	N	Leb.	Höhe	BZ
5	x	8	x	N	0,8–1,5 m	4–6

6 Stachelbeere *(Ribes uva-crispa)*
Dichtverzweigter stachliger Kleinstrauch.
Blätter: drei- bis fünflappig, grob gekerbt und weich behaart, büschelig angeordnet.
Blüten: grünlich-bräunlich, glockig, zu 1–3 gestielt und nickend.
Früchte: rötliche oder gelbgrüne, anfangs borstig behaarte, vielsamige Beeren.
Vorkommen: auf frischen, nährstoff- und basenreichen, humosen Böden.

L	F	R	N	Leb.	Höhe	BZ
4	x	x	6	N	0,3–1 m	4

1
2
3
3a
4
5
6

Sträucher – Blätter ungeteilt, gegenständig

1 Purgier-Kreuzdorn
(Rhamnus catharticus)

Sperriger Strauch; Zweige mit Enddornen. *Blätter:* elliptisch, am Rande fein gesägt; gegenständig. *Blüten:* unscheinbar, gelbgrün, vierzählig, in blattachselständigen Knäueln. *Früchte:* kugelige, blauschwarze Steinbeeren, mit meist 4 Kernen.
Vorkommen: in Hecken und Waldrändern; auf mäßig trockenen, basenreichen Böden.

L	F	R	N	Leb.	Höhe	BZ
7	4	8	x	N	1–3 m	5–6

2 Roter Hartriegel *(Cornus sanguinea)*
Mittelgroßer Strauch mit roten Zweigen; ältere Äste längsrissig und graubraun.
Blätter: eiförmig, ganzrandig; am Zweigende meist am größten; gegenständig.
Blüten: weiß, 4zählig; in langgestielten, endständigen Trugdolden. *Früchte:* kugelige, blauschwarze Steinfrüchte.
Vorkommen: in Laub-Mischwäldern, an Waldrändern und in Hecken; auf frischen, mäßig trockenen nährstoff- und basenreichen Böden.

L	F	R	N	Leb.	Höhe	BZ
7	x	8	x	N	1–4 m	5–6

3 Pfaffenhütchen, Pfaffenkäppchen
(Euonymus europaeus)
Sperriger Strauch; junge Zweige grau und vierkantig. *Blätter:* eiförmig-lanzettlich, fein gesägt, kreuzweise gegenständig.
Blüten: grünlich-weiß und vierzählig, in armblütigen, blattachselständigen Rispen.
Früchte: „Pfaffenkäppchen" in 4 Fächern aufspringende, rote Kapseln, die jeweils einen vom orangegelben Samenmantel umgebenen steinharten Samen enthalten.
Vorkommen: in Laub-Mischwäldern und in Hecken; auf frischen, nährstoff- und basenreichen Böden.

L	F	R	N	Leb.	Höhe	BZ
6	5	8	5	N	1–3 m	5–6

4 Gemeiner Liguster *(Ligustrum vulgare)*
Buschiger Strauch.
Blätter: lederig, länglich-eiförmig, ganzrandig, kreuzweise gegenständig.
Blüten: klein und weiß, vierzählig, in endständigen Rispen. *Früchte:* schwarze, ungenießbare Steinbeeren.
Vorkommen: in wärmeren Eichen- und Kiefernwäldern, an Waldrändern und in Gebüschen; auf mäßig trockenen, basenreichen Böden.

L	F	R	N	Leb.	Höhe	BZ
7	x	8	x	N	1–5 m	6–7

5 Rote Heckenkirsche
(Lonicera xylosteum)

Mittelgroßer Strauch; junge Zweige weichhaarig. *Blätter:* elliptisch, weichhaarig und ganzrandig; gegenständig. *Blüten:* gelblichweiß, immer zu zweit, Blütenstiele so lang wie die Blüte. *Früchte:* glänzendrote, viersamige Beeren; ungenießbar.
Vorkommen: in Laub-Mischwäldern und Hecken; auf nährstoff- und basenreichen Böden.

L	F	R	N	Leb.	Höhe	BZ
5	5	7	x	N	1–2 m	4–5

6 Wolliger Schneeball
(Viburnum lantana)
Mittelgroßer bis hoher Strauch; Rinde graubraun, im Alter längsrissig.
Blätter: dunkelgrün, eiförmig und runzlig, Blattrand gezähnt; am Stiel und auf der Unterseite graufilzig.
Blüten: weiß, gleich groß und fünfzählig, in endständigen Trugdolden. *Früchte:* erst rote, später schwarze Steinbeeren.
Vorkommen: zerstreut in lichten und warmen Eichen-Mischwäldern, an Waldrändern und in Hecken; auf nährstoff- und basenreichen, meist kalkhaltigen Böden.

L	F	R	N	Leb.	Höhe	BZ
7	4	8	5	N	1–3 m	5–6

1
2
3
4
5
6

Sträucher – Blätter ungeteilt, wechselständig

Weiden *(Salix)*
Weiden stellen eine artenreiche, schwer zu bestimmende Pflanzengattung dar und neigen zur Bastardbildung.

Weiden mit breiten Blättern:

1 Ohr-Weide *(Salix aurita)*
Blätter: Oberfläche durch Adernetz runzlig, am Rand wellig; Nebenblätter stark entwickelt und ohrenförmig.
Blüten: ähnlich der Sal-Weide, aber kleiner.

L	F	R	N	Leb.	Höhe	BZ
7	8	3	3	N	1,5–3 m	4–5

Ähnlich: **Grau-Weide** *(Salix cinerea)* aber Oberfläche nur schwach runzlig, Rand weniger wellig und Nebenblätter nur schwach entwickelt; junge Zweige und Knospen graufilzig.
Vorkommen: Ohr- und Grau-Weide wachsen in Weidengebüschen und Erlenbrüchen; Niedermoore.

2 Sal-Weide *(Salix caprea)*
Blätter: breit elliptisch, Nebenblätter klein und hinfällig.
Blüten: zweihäusig, in auffälligen Kätzchen.
Vorkommen: Waldränder und Lichtungen.

L	F	R	N	Leb.	Höhe	BZ
7	6	7	7	P/N	4–10 m	3–4

Weiden mit schmalen Blättern:

3 Korb-Weide *(Salix viminalis)*
Blätter: lineal-lanzettlich, am Rand zurückgebogen, unterseits seidenhaarig.

L	F	R	N	Leb.	Höhe	BZ
8	8	8	x	N	3–8 m	3–4

Ähnlich: **Mandel-Weide** *(Salix triandra)* aber Blätter glänzend, kurz zugespitzt; Zweige hellbraun.

Ähnlich: **Purpur-Weide** *(Salix purpurea)* aber Blätter kahl; oberseits dunkelgrün, unterseits hell blaugrün, ± rot überlaufen.
Vorkommen: Schmalblättrige Weiden wachsen als schmale Gebüsche oder in Waldstreifen an Bächen, Flüssen und Strömen; auf nährstoffreichen, periodisch überschwemmten Standorten. Baumförmige Weiden s. S. 22

4 Faulbaum *(Frangula alnus)*
Strauch mit grauer Rinde und weißen Pusteln.
Blätter: eiförmig, kahl, ganzrandig; wechselständig.
Blüten: klein und grünlichweiß, fünfzählig, zu 2–6 blattachselständig.
Früchte: schwarze, ungenießbare Steinfrüchte.
Vorkommen: in bodensauren Eichen-Mischwäldern, Bruchwaldgesellschaften und anderen nährstoffarmen Laubwald- und Nadelwaldgesellschaften; auf frischen bis nassen, nährstoff- und basenarmen Böden.

L	F	R	N	Leb.	Höhe	BZ
6	7	2	x	N	1–4 m	5–6

5 Stechpalme *(Ilex aquifolium)*
Immergrüner Strauch oder Baum. Geschützt.
Blätter: lederig und glänzend, untere Blätter dornig gezähnt, obere ungezähnt; wechselständig.
Blüten: klein und weiß, in blattachselständigen Büscheln; oft eingeschlechtlich.
Früchte: rote, ungenießbare Steinfrüchte.
Vorkommen: vor allem in bodensauren Rotbuchenwaldgesellschaften, auch in bodensauren Eichen-Mischwäldern; auf frischen, mäßig nährstoff- und basenreichen, kalkarmen Böden; besonders im atlantisch getönten Klimabereich.

L	F	R	N	Leb.	Höhe	BZ
(4) 5	4	5	P	1–7 m	5–6	

► s. S. 38

1
2
3
4
5

Sträucher – Blätter ungeteilt, wechselständig

1 Haselnuß *(Corylus avellana)*

Mittelgroßer bis großer Strauch, mit vielen dicht über der Erde verzweigten Stämmen; Rinde graubraun.
Blätter: eiförmig und doppelt gesägt, zugespitzt und mit herzförmigem Grund; wechselständig.
Blüten: männliche Blüten in langen, herabhängenden, gelben Kätzchen; weibliche Blüten klein und unauffällig, mit roten Narben.
Früchte: Haselnüsse.
Vorkommen: häufig in Laubwäldern, Hecken und an Waldrändern; auf frischen, nährstoffreichen Böden; Pionierpflanze.

L	F	R	N	Leb.	Höhe	BZ
6	x	x	x	N	2–6 m	2–3

2 Schwarzdorn, Schlehe *(Prunus spinosa)*

Sperriger, dorniger, mittelgroßer Strauch mit schwarzer Rinde.
Blätter: elliptisch, kurz gestielt und scharf gesägt; wechselständig.
Blüten: schneeweiß; meist dicht gehäuft und kurz gestielt.
Früchte: blauschwarze, bereifte Steinfrüchte von herbem Geschmack.
Vorkommen: in Hecken und an Waldrändern; auf mäßig trockenen bis frischen, nährstoff- und basenreichen Böden.

L	F	R	N	Leb.	Höhe	BZ
7	x	x	x	N	1–3 m	4

3 Berberitze, Gemeiner Sauerdorn *(Berberis vulgaris)*

Strauch mit hängenden Zweigen und dreistacheligen Dornen.
Blätter: länglich-eiförmig, derb, dornig gewimpert, wechselständig.
Blüten: gelb und halbkugelig in hängenden Trauben.
Früchte: längliche, rote Beeren.
Vorkommen: in lichten Eichen-Mischwäldern, an Waldrändern; auf warmen, trokkenen bis frischen, nährstoff- und basenreichen Böden; Zwischenwirt des Getreiderostes.

L	F	R	N	Leb.	Höhe	BZ
6	4	8	3	N	1–3 m	5–6

4 Seidelbast *(Daphne mezereum)*

siehe S. 88

5 Gemeine Traubenkirsche *(Prunus padus)*

Großer Strauch oder kleiner Baum, mit überhängenden Zweigen und glatter, schwarz-grauer Rinde.
Blätter: elliptisch, scharf gesägt, wechselständig; Blattstiel meist mit 2 grünlichen Drüsen.
Blüten: weiß, in überhängenden, langen Trauben.
Früchte: erbsengroße, schwarze Steinfrüchte.
Vorkommen: besonders in ahorn- und eschenreichen Mischwäldern, an Waldrändern; auf nassen, nährstoffreichen, tiefgründigen, vom Grundwasser beeinflußten Böden.

L	F	R	N	Leb.	Höhe	BZ
(5)	8	7	6	P/N	3–10 m	5

s. S. 36 ◄

1
2
3
3a
4
5
5a

Waldbodenpflanzen

Ökologische Gruppen

Die Waldbodenpflanzen sind in diesem Buch zu ökologischen Gruppen angeordnet. Deshalb stehen in den Abbildungen und Beschreibungen auch die Pflanzenarten beieinander, die in der Natur gemeinsam vorkommen und den gleichen Standort besiedeln.

Zu einer ökologischen Gruppe werden Pflanzenarten zusammengefaßt, die in ihrem soziologischen und ökologischen Verhalten weitgehend übereinstimmen.

Die **Wesensmerkmale** der ökologischen Gruppen sollen am Beispiel der Lerchensporn-Gruppe (s. S. 100) erläutert werden. Neben dem besonders auffallenden und deshalb namengebenden „Hohlen Lerchensporn" kommen in dieser Artengruppe häufig Märzenbecher, Wald-Goldstern und Bär-Lauch vor. Diese Arten besitzen eine annähernd gleiche „ökologische Konstitution". Dank ihrer Speicherorgane (Knollen, Zwiebeln, Rhizome) können sie vor der Belaubung im zeitigen Frühjahr ihre volle Blütenpracht entfalten und neue Nährstoffe aufbauen. Außerdem bevorzugen sie frische bis feuchte Böden mit einer sehr guten Nährstoff- und Basenversorgung. An einen bestimmten Waldtyp oder eine bestimmte Baumart sind sie nicht gebunden. Die Lerchensporn-Gruppe ist sowohl in Buchen- als auch in Eichen-Hainbuchen- und Auenwäldern zu finden.

An der Zusammensetzung verschiedener Waldgesellschaften sind in der Regel mehrere ökologische Gruppen beteiligt; in anspruchsvollen Laubwaldgesellschaften z. B. gehören neben Arten der Lerchensporn-Gruppe auch die der Busch-Windröschen-, Goldnessel-, Bingelkraut- und Hexenkraut-Gruppe zum charakteristischen Artengefüge. Mit Hilfe der ökologischen Gruppen ist es möglich, Waldgesellschaften zu charakterisieren und ihre Standorte zu beurteilen (s. S. 142).

Im **Ökogramm** (Abb. 1) sind die ökologischen Gruppen von Waldbodenpflanzen zusammengestellt (nach Ellenberg 1982). Da das Vorkommen der Waldbodenpflanzen in erster Linie von der Nährstoff- und Basen- sowie von der Wasserversorgung abhängt, bilden diese Faktorenbereiche die Achsen des Koordinatensystems. Auf der Abszisse ist die Bodenreaktion als Ausdruck der Mineralstoffversorgung eingetragen; sie beginnt links mit den stark sauren und meist stickstoffarmen Böden und reicht mit abnehmendem Säuregrad bis zu den basenreichen Standorten. Die Ordinate gibt den Feuchtigkeitsbereich

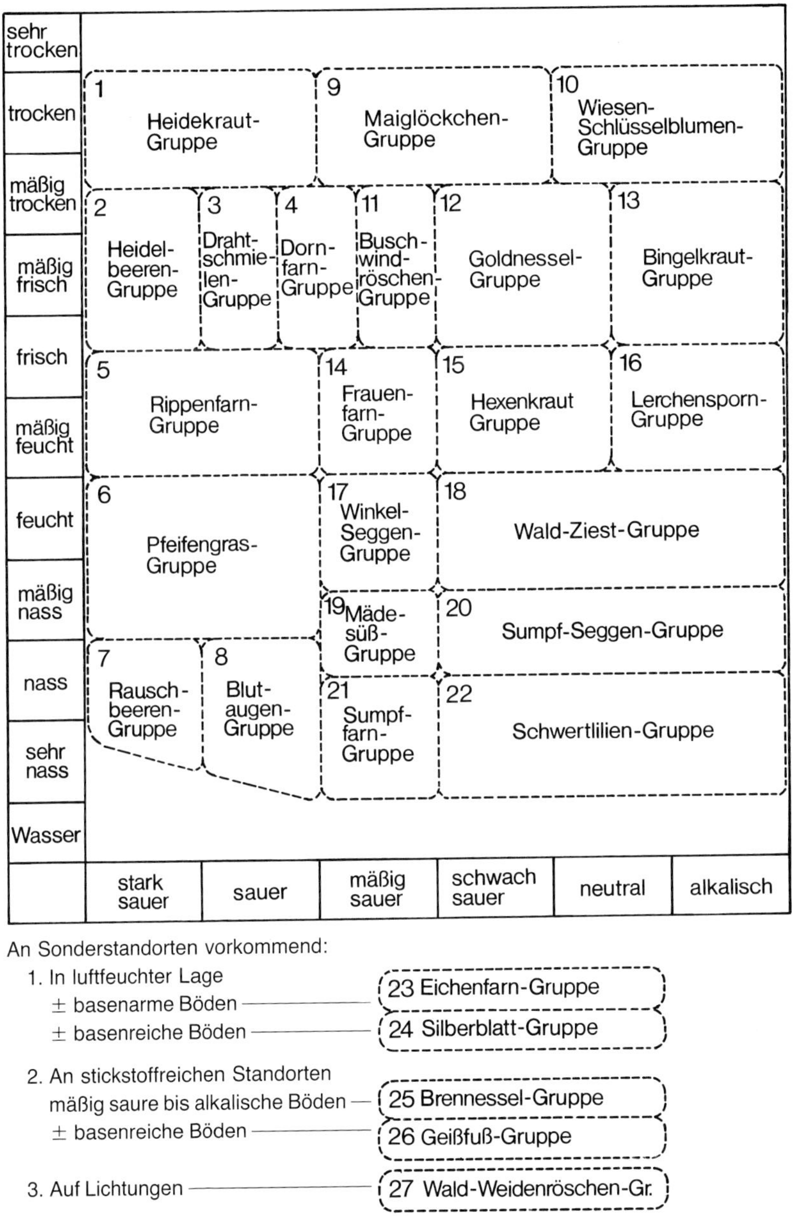

Abb. 1. Übersicht über die ökologischen Gruppen von Waldbodenpflanzen

wieder und umfaßt von unten nach oben nasse, feuchte, frische und trockene Standorte.

Aus dem Diagramm können die Standortansprüche der einzelnen Gruppen abgelesen werden; so bevorzugt die Heidekraut-Gruppe (1) stark saure bis saure, mehr oder weniger trockene Böden; dagegen ist die Schwertlilien-Gruppe (22) auf schwach sauren bis alkalischen, nassen Böden zu finden.

Um das Ökogramm übersichtlicher zu gestalten, ist jeweils nur das **ökologische Optimum** dargestellt. Das ist der Bereich, in dem eine ökologische Gruppe besonders gut entwickelt ist und ihre Hauptverbreitung besitzt. Die **ökologische Amplitude,** in der eine Artengruppe in der Natur vorkommen kann, reicht oft wesentlich weiter. Die Busch-Windröschen-Gruppe hat ihr Optimum auf mäßig bis schwach sauren, mehr oder weniger frischen Böden, die ökologische Amplitude umfaßt aber auch neutrale bis alkalische, sowohl mäßig trockene als auch feuchte Bereiche; diese Gruppe fehlt also nur auf sauren bis stark sauren sowie trockenen und nassen Böden (s. S. 76).

Wenn man ökologische Gruppen selbst ableiten will, so kann man dazu in einem überschaubaren Gebiet Vegetationsaufnahmen anfertigen und anschließend tabellarisch vergleichen. Dabei sind die Pflanzenarten, die nur in einem Teil der untersuchten Bestände vorkommen und in anderen fehlen, die sogenannten „Trennarten". Sie sind gleichzeitig die Arten der ökologischen Gruppen und gelten nur für das untersuchte Gebiet. Anleitungen für den tabellarischen Vergleich finden sich in den Lehrbüchern der Vegetationskunde (ELLENBERG 1956; BRAUN-BLANQUET 1964; FUKAREK 1964; KNAPP 1971).

Der **Gültigkeitsbereich** der hier zusammengestellten ökologischen Gruppen umfaßt das Gebiet der Bundesrepublik Deutschland nördlich der Donau. Dabei ist zu beachten, daß einzelne der aufgeführten Arten nur in einem Teil Deutschlands vorkommen, in anderen Bereichen dagegen fehlen. So ist das Seegras, das in den Wäldern Süddeutschlands ausgedehnte Flächen bedeckt, in den Wäldern Nordwestdeutschlands nur äußerst selten anzutreffen. Auch die Standortbedingungen, unter denen ein und dieselbe Pflanzenart in zwei klimatisch voneinander abweichenden Gebieten wächst, können deutliche Unterschiede aufweisen. Die Elsbeere ist in Nordwestdeutschland fast nur auf steil geneigten flachgründigen Hängen südlicher Exposition zu finden. In Süddeutschland kommt dieser Baum dagegen auch auf anderen Standorten vor. Dieses Beispiel erklärt auch, daß gebietsweise Abweichungen im ökologischen Verhalten einzelner Arten möglich sind.

Bei der Untersuchung von Pflanzengesellschaften kommt es unter anderem darauf an, möglichst alle Arten eines begrenzten Waldgebietes zu erfassen. Diese Arbeit wird dadurch erschwert, daß neben blühenden Arten auch immer nichtblühende bzw. verblühte Arten vorkommen. Beim Erkennen der unbekannten Arten können die ökologischen Gruppen eine wertvolle Hilfe leisten. Diese Form des Bestimmens setzt allerdings eine gewisse Artenkenntnis und die Bereitschaft voraus, sich intensiv mit den ökologischen Gruppen zu befassen.

Am Beispiel eines Laubmischwaldes wird nun gezeigt, wie die **Bestimmung der Arten** eines konkreten Waldbestandes mit Hilfe von ökologischen Gruppen durchgeführt werden kann.

1. Arbeitsschritt: Es wird registriert, welche Arten man in einer bestimmten Probefläche bereits kennt.

   z. B.: Busch-Windröschen, Hohe Schlüsselblume, Waldmeister, Große Sternmiere.

2. Arbeitsschritt: Mit Hilfe des Buches (Anhang S. 257) wird festgestellt, zu welchen ökologischen Gruppen die bekannten Arten gehören, z. B.:

Busch-Windröschen	Busch-Windröschen-Gruppe (11)
Hohe Schlüsselblume	Hexenkraut-Gruppe (15)
Waldmeister	Goldnessel-Gruppe (12)
Große Sternmiere	Busch-Windröschen-Gruppe (11)

3. Arbeitsschritt: In den Zusammenstellungen der ökologischen Gruppen wird nach Arten gesucht, die möglicherweise mit den bereits gefundenen zusammen vorkommen könnten. Durch den Vergleich der Bildtafeln mit dem Pflanzenbestand und umgekehrt lassen sich eine Reihe unbekannter Pflanzenarten bestimmen; z. B.:

   Auf den Tafeln der Busch-Windröschen-Gruppe: Flattergras, Dreinervige Nabelmiere, Welliges Katharinenmoos.

   Auf den Tafeln der Goldnessel-Gruppe: Goldnessel, Wald-Veilchen, Wald-Segge, Vielblütige Weißwurz.

   Auf den Tafeln der Hexenkraut-Gruppe: Scharbockskraut, Knotige Braunwurz, Gold-Hahnenfuß.

4. Arbeitsschritt: Anhand des Ökogramms (Abb. 1, S. 41) werden weitere ökologische Gruppen mit ähnlichen Standortansprüchen gesucht. Die Abbildungen dieser Gruppen werden mit den Arten des Pflanzenbestandes verglichen und umgekehrt. Dabei werden weitere unbekannte Pflanzenarten bestimmt; z. B.:

   Dornfarn-Gruppe: Behaarte Hainsimse, Wald-Sauerklee.
   Maiglöckchen-Gruppe: –
   Bingelkraut-Gruppe: –
   Frauenfarn-Gruppe: Rasen-Schmiele, Frauenfarn, Ruprechtskraut.

In vielen Fällen sind die Standortbedingungen so auffallend (z. B. nasses Hochmoor, unter Wasser stehendes Erlenbruch, nährstoffarmer Sandboden, luftfeuchter Schatthang, flachgründiger Kalkhang, . . .), daß man auch vom Standort her auf das Vorkommen ökologischer Gruppen schließen bzw. andere ausschließen kann.

1. Heidekraut *(Calluna vulgaris)*-Gruppe

Vorkommen:
In bodensauren Eichenmischwäldern, Kiefernwäldern und -forsten, im Bereich anspruchsvoller Waldgesellschaften an Aushagerungsstellen; verbreitet im Bereich der Sandgebiete Nordwestdeutschlands, häufig außerhalb der Wälder in Heiden und Sandtrockenrasen.

Standort:
Sehr nährstoff- und basenarme, meist sandige und podsolierte Böden (Rohhumus); austrocknende und lichte Stellen; häufig Humus-Podsol oder Bänder-Parabraunerde.

Als Anpassungserscheinungen an den Wuchs sind Blätter mit kleiner Oberfläche und Rollblätter mit geschützt liegenden Spaltöffnungen zu beobachten.

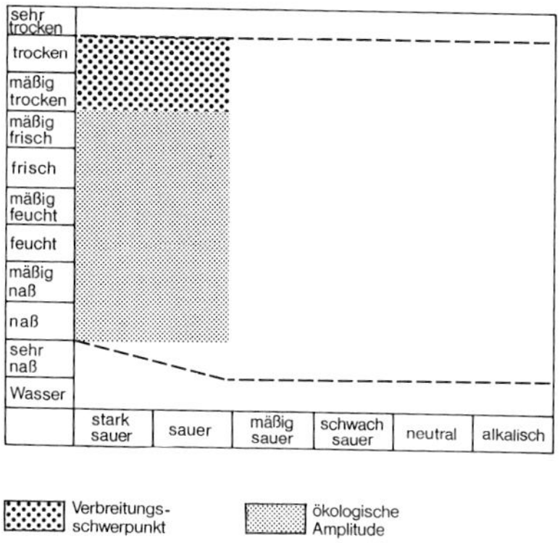

1 Schaf-Schwingel *(Festuca ovina)*
Blüten: in wenig verzweigten Rispen, Ährchen 4–8 mm lang.
Blätter: borstenartig, schmal und nicht entfaltbar, kurze Blattscheiden, nur unten geschlossen. Horstgras; 10–30 cm; 5–7.

2 Heidekraut *(Calluna vulgaris)*
Blüten: rötlich-violett, in dichtblütigen Trauben.
Blätter: schuppenförmig, dachziegelig angeordnet.
Stengel: verholzt, am Grunde niederliegend, bogig aufsteigend, reich verzweigt. Immergrüner Zwergstrauch; 20–50 cm; 7–9.

3 Kleiner Ampfer *(Rumex acetosella)*
Blüten: in lockeren und schlanken Rispen; Blütenhülle grün, rot überlaufen.
Blätter: gestielt, vielgestaltig, mit spieß- oder pfeilförmiger Basis.
5–30 cm; 5–8.

4 Kleines Habichtskraut *(Hieracium pilosella)*
Blüten: hellgelbe Korbblüten, einzeln auf blattlosen, völlig behaarten Stengeln.
Blätter: in grundständiger Rosette; auf der Unterseite weißfilzig, oberseits mit langen, steifen und weißen Haaren.
Pflanze mit Ausläufern; 5–30 cm; 5–10.

5 Weißmoos *(Leucobryum glaucum)*
Moos bildet halbkugelige, dichte, weißlich-grüne Polster;
Stengel: aufrecht gabelig verzweigt; Sporenkapsel entspringt aus der Stengelspitze. 5–15 cm.

6 *Cladonia rangiferina*
In dichten Polstern wachsend; strauchförmig verzweigt; Lagerstiele grau, an den Spitzen gebräunt und krallenförmig gebogen, 1–1,5 mm dick.

7 *Cladonia gracilis*
Bildet 3–6 cm hohe, dichte bräunliche Polster; Lagerstiele sehr schlank (1–2 mm), aufrecht und ± beschuppt; am Boden keine Lagerschuppen.

8 *Cladonia coniocraea*
Flechte mit 1–3 cm hohen, ± mehlig bestäubten Lagerstielen und grünlich-grauen, am Boden ausgebreiteten Lagerschuppen.

1
2
3
4
5
6
7
8

2. Heidelbeeren *(Vaccinium myrtillus)* -Gruppe

Vorkommen:
In bodensauren Eichenmisch-, Birkenbruch- und Nadelwäldern sowie in Fichten- und Kiefernforsten.

Standort:
Nährstoff- und basenarme, mäßig frische bis frische, aber auch wechselfeuchte Böden. Zeiger für Rohhumus und Versauerung; oligotrophe (Pseudogley-) Braunerde.

Zwischen den Zwergsträuchern ist eine üppige Moosschicht entwickelt.

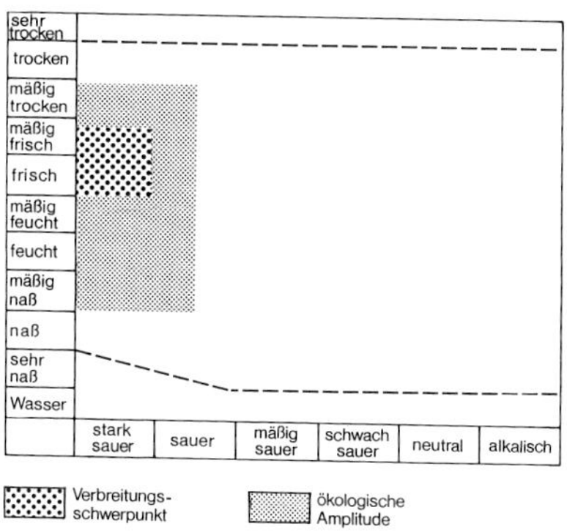

1 Heidelbeere, Blaubeere
(Vaccinium myrtillus)

Blüten: rötlich-grün, krugförmig mit fünf Zipfeln, nickend; Früchte blauschwarze, eßbare Beeren. *Blätter:* wechselständig. Sommergrüner Zwergstrauch; 15–50 cm; 4–6.

2 Preiselbeere, Kronsbeere
(Vaccinium vitis-idaea)

Blüten: rosa, glockig; in hängender, endständiger Traube; Früchte eßbare, rote Beeren.
Blätter: ledrig, am Rande leicht umgerollt, Blattoberseite dunkelgrün glänzend.
Wintergrüner Zwergstrauch; 10–20 cm; 5–8.

3 Grünstengelmoos
(Scleropodium purum)

Wuchsform wie beim Rotstengelmoos; wichtiger Unterschied: grüner Stengel!

4 Rotstengelmoos *(Pleurozium schreberi)*

Moos in dichten, niedrigen, gelblich-grünen Rasen; glänzend.
Stengel: reich verzweigt, niederliegend, durch die „Moosblättchen" rot durchscheinend.
Blättchen: klein, eiförmig, dachziegelig anliegend.
Sporenkapsel entspringt seitlich am Stengel.

5 Schönes Haarmützenmoos, Frauenhaarmoos *(Polytrichum formosum)*

Moos bildet große, dunkelgrüne Polster.
Stengel: aufrecht, unverzweigt;
Blättchen: spiralig angeordnet, 8–12 mm lang, bei Feuchtigkeit abstehend, bei Trockenheit anliegend.
Sporenkapsel entspringt aus der Stengelspitze. 5–15 cm.

6 Besen-Gabelzahnmoos, Sichelmoos
(Dicranum scoparium)

Moos in lockeren, dunkelgrünen Rasen.
Stengel: aufrecht, unverzweigt oder gegabelt; „Blättchen" sichelförmig gebogen, einseitswendig.
Sporenkapsel entspringt aus der Stengelspitze. 5–10 cm.

7 Gezähntes Schiefbüchsenmoos
(Plagiothecium denticulatum)

Lebhaft grüne, glänzende Rasen.
Stengel: niederliegend, flach beblättert; *Blätter:* eilänglich, scharf zugespitzt; Kapsel entspringt seitlich am Stengel.

8 Zypressen-Schlafmoos
(Hypnum cupressiforme)

Moos in niedrigen, grün glänzenden Rasen.
Stengel: niederliegend und verzweigt;
„Blättchen" besonders an der Stengelspitze stark sichelförmig.
Sporenkapsel entspringt seitlich am Stengel.

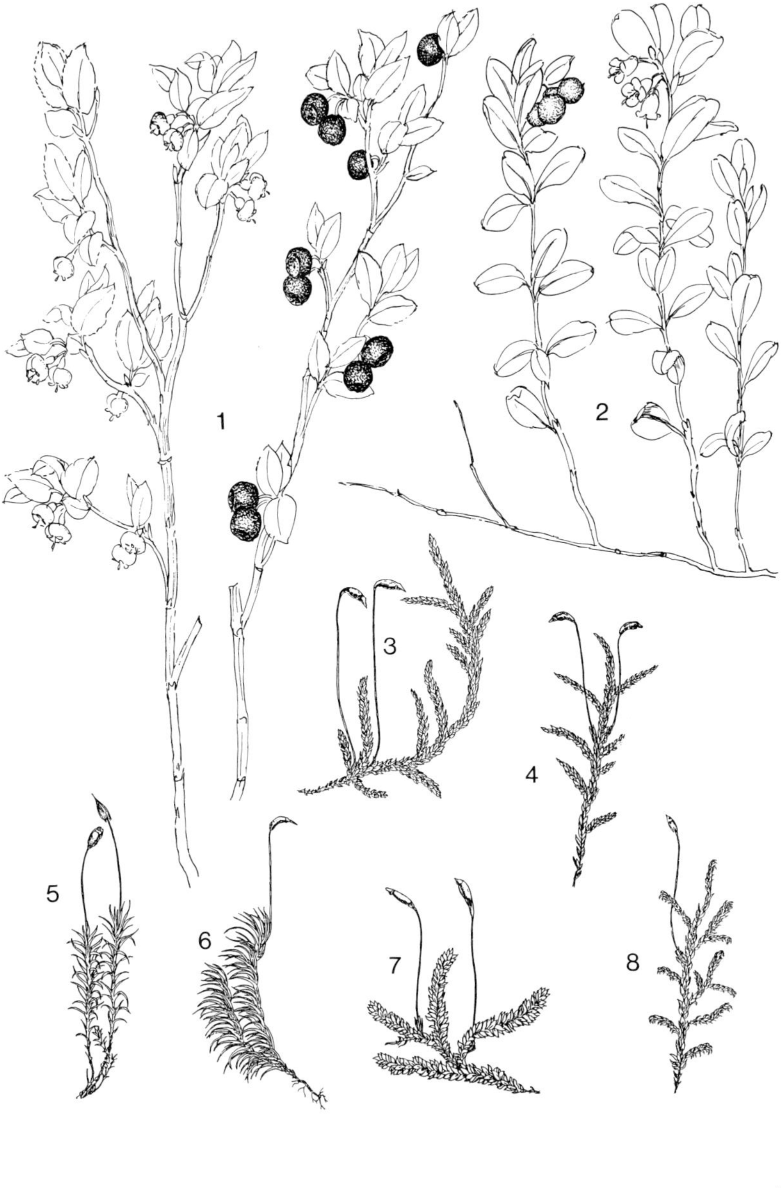
1
2
3
4
5
6
7
8

3. Draht-Schmielen *(Avenella flexuosa)* -Gruppe

Vorkommen:
In Hainsimsen-Buchenwäldern, bodensauren Eichenmisch- und Nadelwäldern sowie in Fichten- und Kiefernforsten, auch auf Waldlichtungen, Schlägen und an Waldrändern. Verbreitet auf saurem Ausgangsgestein.

Standort:
Nährstoff- und basenarme, mäßig trockene bis frische Böden; im Bereich anspruchsvoller Waldgesellschaften an Aushagerungsstellen; oligotrophe (Para-)Braunerde.

Mit Hilfe der Draht-Schmielen-Gruppe lassen sich anspruchslose Waldgesellschaften von den anspruchsvollen abtrennen.

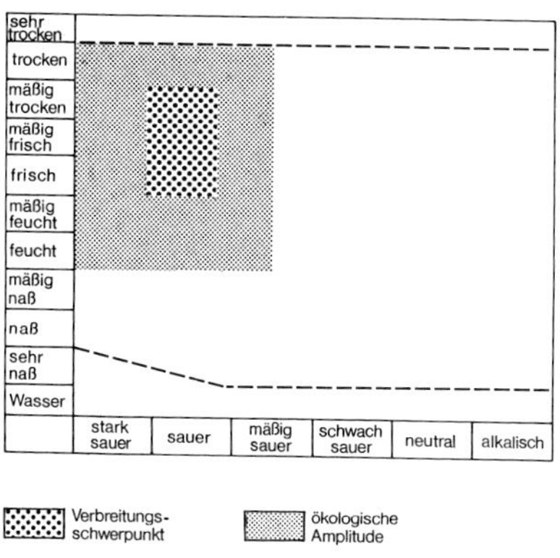

1 Wiesen-Wachtelweizen
(Melampyrum pratense)
Blüten: blaßgelb oder weißlich, 12–20 mm lang; Blütenstand einseitswendig.
Blätter: ganzrandig, lanzettlich; Hochblätter oft gezähnt.
Stengel: aufrecht und ästig.
Halbschmarotzer; 10–50 cm; 6–9.

2 Pillen-Segge *(Carex pilulifera)*
Blüten: in einer endständigen, länglichen Staubblattähre und meist drei kugeligen Fruchtblattähren.
Blätter: bis 3 mm breit; Pflanze am Grunde mit braunen Scheiden.
Stengel: scharf dreikantig.
Horstpflanze; 10–30 cm; 4–6.

3 Weiches Honiggras *(Holcus mollis)*
Blüten: in schmaler, dichter bis lockerer Rispe.
Blätter: graugrün.
Stengel: kahl, Knoten mit einem Kranz abwärts gerichteter Haare.
Pflanze lockerrasig; 30–80 cm, 6–7.

Beim **Wolligen Honiggras** *(Holcus lanatus)* sind die Ähren meist rötlich überlaufen, der ganze Halm ist behaart.

4 Draht-Schmiele *(Avenella flexuosa)*
Blüten: in lockerer, rötlicher Rispe, vor und nach der Blüte zusammengezogen; Rispenäste meist geschlängelt.
Blätter: borstenähnlich eingerollt, kahl, bis 20 cm lang.
30–60 cm; 6–8.

5 Rotes Straußgras *(Agrostis tenuis)*
Blüten: in lockeren, auch zur Fruchtzeit ausgebreiteten, rötlichen Rispen.
Blätter: grün und zugespitzt; Blatthäutchen kurz. Pflanze lockerrasig; 30–60 cm; 6–7.

► s. S. 50 u. 52

1
2
3
4
5

3. Draht-Schmielen *(Avenella flexuosa)* -Gruppe

1 Salbei-Gemander
(Teucrium scorodonia)

Blüten: gelblich und gestielt; in lockerem, einseitswendigem, traubenartigem Blütenstand; Kelch zweilippig;
Blätter: gestielt, kreuzweise gegenständig, eiförmig.
Stengel: vierkantig und behaart.
30–70 cm; 6–9.

2 Europäischer Siebenstern
(Trientalis europaea)

Blüten: weiß, einzeln auf langen Blütenstielen; mit 7 (auch 6 oder 8) am Grunde verwachsenen Blütenblättern.
Blätter: 5–10, fast quirlständig; darunter einige sehr kleine Blätter.
5–20 cm; 5–6.

3 Wald-Ehrenpreis *(Veronica officinalis)*

Blüten: hellblau oder lila, dunkel geadert; in blattachselständigen Trauben.
Blätter: kurz gestielt und derb; rauhhaarig.
Stengel: liegend, blühende Triebe aufsteigend.
10–30 cm; 6–8.

4 Glattes Habichtskraut
(Hieracium laevigatum)

Blüten: in gelben Korbblüten; Hüllblätter unregelmäßig dachziegelig.
Blätter: Stengelblätter 10–15, Grundblätter höchstens 1–2; untere gestielt, obere sitzend.
40–100 cm; 6–8.

Ähnlich: **Gemeines Habichtskraut** *(Hieracium lachenalii)* mit mehreren Grundblättern, 3–8 Stengelblättern und schwarzdrüsigen Köpfchenstielen und Hüllblättern. 30–90 cm; 6–8.

Savoyer Habichtskraut *(Hieracium sabaudum)* ohne Grundblätter mit 6–30, ± gleichmäßig verteilten, etwas breiteren Blättern und dunklem Hüllkelch. 50–120 cm; 8–10.

Doldiges Habichtskraut *(Hieracium umbellatum)* ohne Grundblätter, mit 10–70 linealischen Stengelblättern und doldig angeordneten Blütenköpfen; Hüllblätter sparrig abstehend. 10–100 cm; 7–10.

5 Harz-Labkraut *(Galium harcynicum)*

Blüten: weiß und klein, mit undeutlicher Blütenröhre.
Blätter: zu 6–7 quirlständig.
Stengel: oberwärts vierkantig; nichtblühende Triebe niederliegend, blühende aufsteigend.
5–20 cm; 6–8.

s. S. 48 ◄

► s. S. 52

1
2
3
4
5

3. Draht-Schmielen *(Avenella flexuosa)* -Gruppe

1 Weiße Hainsimse *(Luzula luzuloides)*
Blüten: in gelblich-weißer Rispe; Blütenbüschel 2–6blütig.
Blätter: flach, 3–5 mm breit; am Rande dicht bewimpert; Hochblätter mindestens so lang wie die Rispe.
Stengel: rund, ohne Knoten.
30–70 cm; 6–7.

2 Wald-Wachtelweizen
(Melampyrum sylvaticum)
Blüten: gelb, mit offenem Schlund, Kronröhre gekrümmt; Kelch so lang wie oder länger als die Kronröhre.
Blätter: kurz gestielt, ganzrandig.
Stengel: aufrecht, einzeln oder verzweigt, zweizeilig kurzhaarig.
Halbschmarotzer; 10–25 cm; 6–8.

3 Berg-Platterbse *(Lathyrus linifolius)*
Blüten: zuerst rote, später schmutzigblaue bis grünliche Schmetterlingsblüten; in armblütiger Traube.
Blätter: ohne Ranken, mit 4–6 Fiederblättchen; Nebenblätter groß und halb pfeilförmig.
Stengel: deutlich geflügelt.
20–30 cm; 4–7.

4 Nickendes Wintergrün, Birngrün
(Orthilia secunda)
Blüten: grünlichweiß, röhrig-glockig und nickend; in dichter einseitswendiger Traube;
Blätter: länglich bis eiförmig, ± gesägt und lederig.
5–20 cm; 6–7.

5 Hain-Veilchen *(Viola riviniana)*
Blüten: hell blauviolett; mit dickem, weißlichem, an der Spitze ausgerandetem Sporn; Kelchblätter mit 2–3 mm langen, quadratischen Anhängseln.
Blätter: breit herzförmig; Nebenblätter breit; wenig gefranst.
10–20 cm; 4–6.

6 Kleines Wintergrün *(Pyrola minor)*
Blüten: weiß bis rötlich, nickend; in 10–20blütiger Traube.
Blätter: grundständig, rundlich und derb, wintergrün; am Stengel 1–3 kleine Schuppenblätter.
10–20 cm; 6–7.

Ähnlich: **Rundblättriges Wintergrün** *(Pyrola rotundifolia)*, mit runderen Blättern, reinweißen, glockigen Blüten und gekrümmtem Griffel.

s. S. 48 u. 50 ◀

1
2
3
4
5
6

4. Dornfarn *(Dryopteris carthusiana)* -Gruppe

Vorkommen:
In bodensauren Buchen- sowie in Eichenmisch- und Nadelwäldern. Während die Arten auf S. 54 auch in der planaren Stufe vorkommen, haben die Arten auf S. 56 ihren Verbreitungsschwerpunkt in der collinen und montanen Stufe.

Standort:
Saure bis mäßig saure, mehr oder weniger frische bis feuchte Böden; oligotrophe (Para-)Braunerde.

Die Dornfarn-Gruppe nimmt eine Übergangsstellung zwischen der Draht-Schmielen- und der Busch-Windröschen-Gruppe ein. Im Bereich der bodensauren Waldgesellschaften zeigt sie die reicheren Ausbildungsformen an, im Bereich der Gesellschaften auf basenreicheren Böden dagegen die ärmeren.

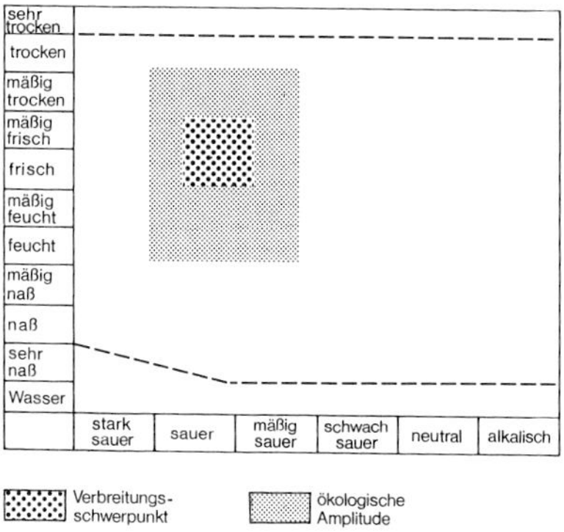

1 Gewöhnlicher Dornfarn
(Dryopteris carthusiana)
Blattspreite gelbgrün, 2(3)-fach gefiedert; Blattstiel ± so lang wie die längliche Spreite; am Grund mit hellbraunen Spreuschuppen. 20–70 cm; 7–9.

2 Behaarte Hainsimse *(Luzula pilosa)*
Blüten: einzeln oder zu wenigen in rispigdoldigen Blütenständen; Rispenäste oft zurückgeschlagen.
Blätter: 5–10 mm breit, mit langen, weißen Haaren; Blattscheiden rot; Stengelblätter kleiner als Grundblätter.
15–30 cm; 3–5

3 Gemeines Ruchgras
(Anthoxanthum odoratum)
Blüten: in ährenähnlicher, grüner, oft rötlich überlaufener Rispe. *Blätter:* dünn, zugespitzt; Blattgrund behaart.
Horstgras, mit Waldmeister-(Kumarin-)geruch. 15–50 cm; 4–6.

4 Zweiblättrige Schattenblume
(Maianthemum bifolium)
Blüten: klein und weiß, vierblättrig, in endständiger Traube; Früchte rote Beeren.
Blätter: zwei, herzförmig und gestielt; bei Pflanzen ohne Blüten nur ein Laubblatt.
5–15 cm; 5–6.

5 Wald-Sauerklee *(Oxalis acetosella)*
Blüten: einzeln und langgestielt, mit fünf weißen, rötlich geaderten Blütenblättern, am Grunde mit gelbem Fleck.
Blätter: grundständig, kleeblattähnlich.
Stengel: mit zwei kleinen schuppenförmigen Vorblättern.
5–15 cm; 4–5

6 Gewöhnliches Sternmoos
(Mnium hornum)
Moos in dichten, dunkelgrünen Rasen. Kapseltragende Stengel aufrecht und unverzweigt. Sporenkapsel entspringt aus der Stengelspitze.
2–7 cm

7 Kleingabelzahnmoos
(Dicranella heteromalla)
Moos in hellgrünen, glänzenden und dichten Rasen.
„Blätter“ an der Spitze einseitswendig, sichelförmig gebogen. Sporenkapsel entspringt aus der Stengelspitze.
1–2 cm.

► s. S. 56

1
2
3
4
5
6
7

4. Dornfarn *(Dryopteris carthusiana)* -Gruppe

1 Wald-Schwingel *(Festuca altissima)*

Blüten: in großen (12–18 cm langen), übergebogenen Rispen; Ährchen länglich.
Blätter: derb, 7–10 mm breit, unbehaart.
Stengel: am Grunde mit 4–5 braunen Niederblättern.
Horstpflanze, 50–120 cm; 6–7.

2 Quirlblättrige Weißwurz
(Polygonatum verticillatum)

Blüten: weiß, glockenförmig, an der Spitze grünlich; Früchte anfangs rote, später blauschwarze, giftige Beeren.
Blätter: schmallineal, 3–7 quirlständig, oberseits hellgrün, unterseits blaugrün.
Stengel: kantig und aufrecht.
30–70 cm; 5–6.

3 Wald-Reitgras
(Calamagrostis arundinacea)

Blüten: in großen Rispen; Grannen im unteren Teil der Deckspelze eingesetzt, gekniet und die Hüllspelze deutlich überragend.
Blätter: 4–7 mm breit, oberseits kurz behaart, unterseits dunkelgrün glänzend; Blattgrund mit Haarkranz.
60–120 cm; 6–8.

4 Rundblättriges Labkraut
(Galium rotundifolium)

Blüten: weiß, in endständigen, lockeren, wenigblütigen Rispen.
Blätter: dreinervig, breit-oval, zu 4 quirlständig.
Stengel: schlaff, niederliegend; blühend aufsteigend, vierkantig.
10–20 cm; 6–9.

5 Hasenlattich *(Prenanthes purpurea)*

Blüten: rote, wenigblütige Korbblüten, in lockerer Rispe.
Blätter: blaugrün, länglich und unbehaart, stengelumfassend.
Stengel: verzweigt.
50–150 cm; 7–8.

s. S. 54 ◄

1
2
3
4
5

5. Rippenfarn *(Blechnum spicant)* -Gruppe

Vorkommen:
In bodensauren Eichenmisch- und Nadelwäldern. Während der Adlerfarn auch im Flachland verbreitet ist, haben die übrigen Arten ihren Verbreitungsschwerpunkt im Mittelgebirge.

Standort:
Nährstoff- und basenarme, frische bis feuchte Böden; oligotrophe (Gley-)-Braunerde.

Der Adlerfarn bevorzugt lichte Waldgesellschaften und kommt häufig an Waldrändern vor

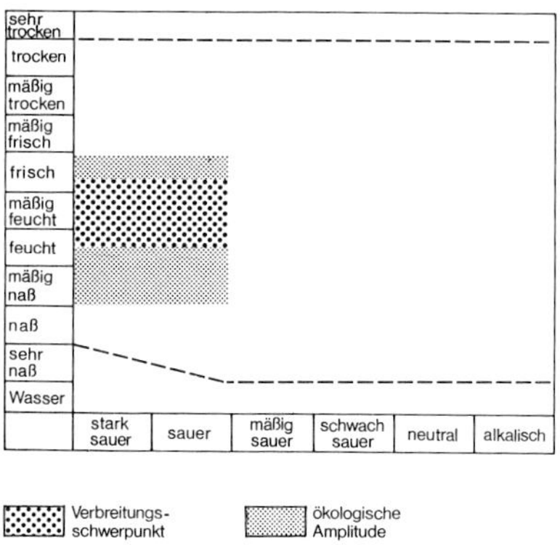

1 Wald-Hainsimse *(Luzula sylvatica)*
Blüten: zu 3–4 gebüschelt, Hochblätter kürzer als der rispig-doldige, weit ausladende Blütenstand; Blütenspelzen braun. *Blätter:* flach, 6–10 mm breit, am Rande langhaarig bewimpert, hellgrün und glänzend.
Stengel: rund, aufrecht und ohne Knoten. Lockere Horste; 30–100 cm; 4–5.

2 Adlerfarn *(Pteridium aquilinum)*
Große (bis 2 m hohe) 3–4fach gefiederte Farnpflanze, Blattstiel bis 1 cm dick, rinnig. Sporenhäufchen randständig, auf der Blattunterseite vom umgerollten Blattrand verdeckt. Pflanzen in dichten Herden, einzeln aus einer kriechenden Grundachse hervorkommend.
0,5–2 m; Sporenreife 7–9.

3 Rippenfarn *(Blechnum spicant)*
Farn mit fruchtbaren und unfruchtbaren Wedeln; unfruchtbare Wedel niederliegend, tief fiederspaltig, wintergrün; fruchtbare Wedel aufrecht, länger gestielt, mit schmalen Fiedern, durch Sporen braun erscheinend.
15–45 cm; Sporenreife 7–8.

4 Wolliges Reitgras
(Calamagrostis villosa)
Blüten: in lockeren, oft violetten Rispen. *Blätter:* 4–5 mm breit und schlaff; Blattgrund mit ± deutlichen Haarbüscheln.
60–120 cm; 7–8.

5 Wald-Bärlapp, Sprossender Bärlapp
(Lycopodium annotinum)
Stengel: bis 1 m weit kriechend, wiederholt gabelästig. *Blätter:* spiralig angeordnet, ± waagerecht abstehend, zugespitzt.
Triebe am Ende mit gelblichen, aufrechten Sporenähren.
Geschützt; 10–100 cm; Sporenreife 8–9.

6 Gewelltes Schiefbüchsenmoos
(Plagiothecium undulatum)
Moos in niedrigen und lockeren Rasen. *Stengel:* niederliegend, kriechend und verzweigt. *Blätter:* stark querwellig.
Sporenkapsel entspringt seitlich am Stengel.

7 Dreilappiges Peitschenmoos
(Bazzania trilobata)
Moos in meist dunkelgrünen Rasen. Stämmchen mit peitschenartigen Ausläufern und zweizeilig angeordneten, im Umriß rechteckigen, an der Spitze dreizähnigen Blättern.

1
2
3
4
5
6
7

6. Pfeifengras *(Molinia caerulea)* -Gruppe

Vorkommen:
In Birkenbruch- und wechselfeuchten Ausbildungen von bodensauren Eichenmisch- und Nadelwäldern; auch auf Waldlichtungen und in feuchten Heiden.

Standort:
Nährstoffarme, anmoorige bis moorige, wechselfeuchte bis wechselnasse Böden; oligotropher (Pseudo-)Gley.

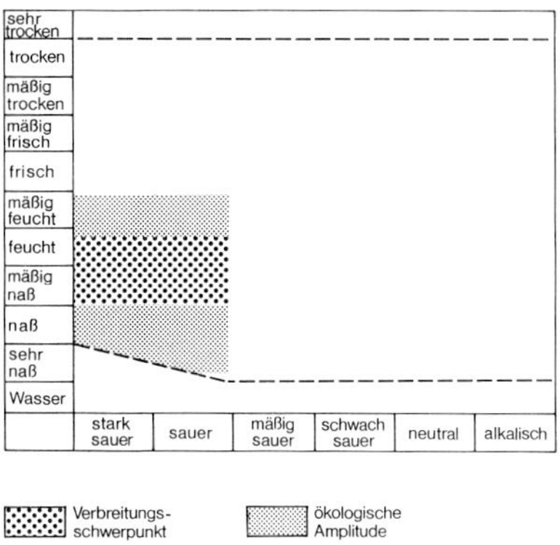

1 Pfeifengras *(Molinia caerulea)*
Blüten: in langer, zusammengezogener Rispe; Ährchen violett.
Blätter: graugrün, Blatthäutchen fehlend, durch einen Haarkranz ersetzt.
Stengel: nur am Grunde mit Knoten, sonst knotenlos.
Horstgras; bis 120 cm; 7–9.

2 Blutwurz, Aufrechtes Fingerkraut *(Potentilla erecta)*
Blüten: gelb
Blütenblätter 4.
Blätter: dreizählig, mit großen Nebenblättern; sitzend.
Stengel: ästig verzweigt, niederliegend bis aufsteigend; Wurzelstock knollig, innen rötlich.
15–30 cm; 6–9.

3 Glockenheide *(Erica tetralix)*
Blüten: rosa oder weißlich, krugförmig, in endständigen, nickenden Büscheln.
Blätter: nadelförmig, quirlständig und kurz bewimpert.
Stengel: verholzt und verzweigt.
15–50 cm; 7–8.

4 Torfmoos *(Sphagnum spec.)*
Sumpfmoos in lockeren Rasen oder Polstern; mit vielen schwer zu bestimmenden Arten.
Stengel: aufrecht, unten mit quirligen, an der Spitze mit schopfigen, dicht stehenden, beblätterten Seitenästen.
Die Torfmoose können das Vielfache ihres eigenen Gewichtes an Wasser aufnehmen.

5 Goldenes Frauenhaarmoos *(Polytrichum commune)*
Moos in dunkel-blaugrünen Rasen; Stämmchen 10–40 cm hoch, unverzweigt, nicht wurzelfilzig; Blätter 5–15 mm lang, in einer braunen Stachelspitze endend, im feuchten Zustand auffallend sparrig abstehend; Kapselstiel 6–12 cm lang, gelbrot.

1
2
3
4
5

7. Rauschbeeren *(Vaccinium uliginosum)* -Gruppe

Vorkommen:
In Birkenbruch- und Nadelholz-Moorwäldern; vor allem in den Hochlagen der Mittelgebirge, im Randgehänge von Hochmooren.

Standort:
Extrem saures, nasses Hochmoor.

In dieser Gruppe erreichen zahlreiche Moose, vor allem Torfmoose, einen hohen Deckungsgrad.

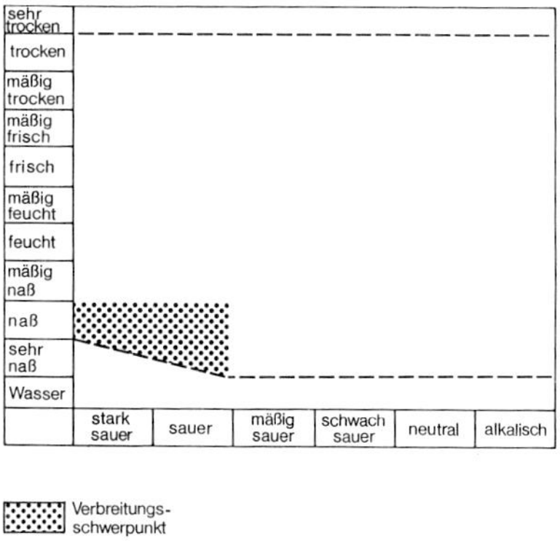

1 Moosbeere *(Vaccinium oxycoccus)*
Blüten: hellpurpurn, klein und nickend, Blütenblätter zurückgebogen; Blütenstiele dünn und rot; Frucht eine rote, kugelige, eßbaare Beere.
Blätter: immergrün, klein länglich-oval; am Rande umgerollt, unterseits grau.
Stengel: fadenförmig am Boden kriechend, bis 50 (–100) cm lang.
20–50 cm; 5–7.

2 Scheidiges Wollgras
(Eriophorum vaginatum)
Blüten: in einer endständigen Ähre, 2 cm lang; Staubbeutel gelb; zur Fruchtzeit durch verlängerte Haare weiß.
Blätter: borstenförmig, steif.
Stengel: schwach dreikantig; Blattscheiden aufgeblasen.
Horstpflanze; 20–50 cm; 3–4.

3 Rasenbinse
(Trichophorum cespitosum)
Blüten: in endständigen, 3–5 mm langen Ähren, mit jeweils 3–7 Blüten.
Blätter: kürzer als der Stengel, steif.
Stengel: rundlich.
Horstpflanze; 10–40 cm; 5–6.

4 Rauschbeere *(Vaccinium uliginosum)*
Blüten: weiß, oft rot überlaufen, krugförmig, mit 5 Blütenzipfeln, meist zu 2–3 hängend; Früchte blauschwarze Beeren mit farblosem Saft.
Blätter: eirund, unterseits blaugrün, sommergrün.
Stengel: rund und verholzt.
20–80 cm; 5–6.

5 Rosmarinheide: *(Andromeda polifolia)*
Blüten: rosa oder weiß, glockig nickend, endständig in doldigen Trauben.
Blätter: immergrün, lederig, lineal-lanzettlich, am Rande umgerollt; oberseits dunkelgrün; unterseits weißlich.
Stengel: verholzt und verzweigt.
5–30 cm; 5–8.

6 Torfmoos *(Sphagnum spec.)*
Sumpfmoos in lockeren Rasen oder Polstern; mit vielen schwer zu bestimmenden Arten.
Stengel: aufrecht, unten mit quirligen, an der Spitze mit schopfigen, dicht stehenden, beblätterten Seitenästen.
Die Torfmoose können das Mehrfache ihres Gewichtes an Wasser speichern.

1
2
3
4
5
6

8. Blutaugen *(Potentilla palustris)* -Gruppe

Vorkommen:
Gelegentlich am Rand von Erlen- und Birkenbruchwäldern; häufiger außerhalb des Waldes in Flachmooren, Gräben und Sumpfwiesen.

Standort:
Saures und mäßig nährstoffhaltiges, nasses Nieder- und Zwischenmoor.

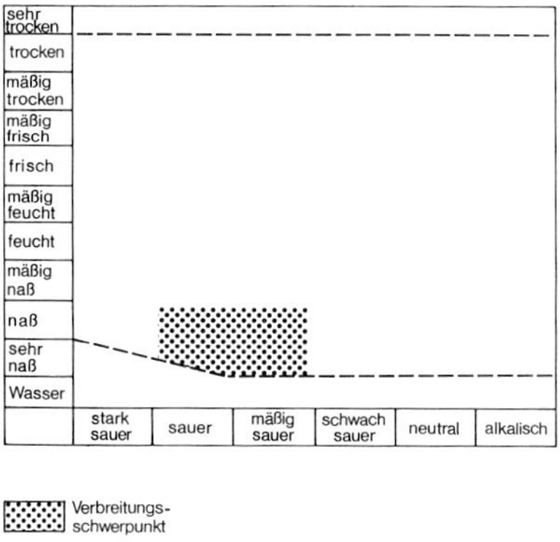

1 Sumpf-Blutauge
(Potentilla palustris, Comarum palustre)
Blüten: dunkelrot.
Blätter: handförmig, meist fünfteilig gefiedert, Fiedern scharf gesägt, blaugrün.
Stengel: kriechend und aufsteigend.
10–40 cm; 6–7.

2 Wassernabel *(Hydrocotyle vulgaris)*
Blüten: weiß, unscheinbar; in kopfigen Blütenständen.
Blätter: schildförmig, gekerbt.
Stengel: fadenförmig, bis über 100 cm lang, kriechend.
5–20 cm; 7–8.

3 Schmalblättriges Wollgras
(Eriophorum angustifolium)
Blüten: in drei bis sechs gelblichen Ähren; nach der Blütezeit weiße und wollige Schopfe bildend.
Blätter: linealisch, rinnig, mit kupferroten Blattspitzen.
20–50 cm; 4–5.

4 Sumpf-Veilchen *(Viola palustris)*
Blüten: blaßblau bis lila, mit kurzem Sporn.
Blätter: zu 2–6, grundständig, herz-nierenförmig, an der Spitze stumpf, kahl und glänzend.
5–12 cm; 5–7.

5 Torfmoos (*Sphagnum* spec.)
Sumpfmoos in lockeren Rasen oder Polstern; mit vielen schwer zu bestimmenden Arten.
Stengel: aufrecht, unten mit quirligen, an der Spitze mit schopfigen, dicht stehenden, beblätterten Seitenästen.
Die Torfmoose können das Mehrfache ihres Gewichtes an Wasser speichern.

1
2
3
4
5

9. Maiglöckchen *(Convallaria majalis)* -Gruppe

Vorkommen:
In wärmeliebenden Buchen- und Eichenmischwäldern; auch in lichten Gebüschen und Säumen.

Standort:
Mäßig saure bis schwach alkalische, sommerwarme, zeitweilig austrocknende Böden; (Para-)Braunerde.

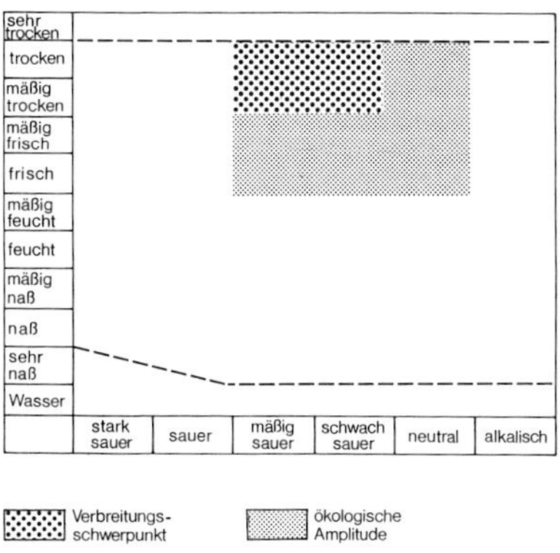

Die Maiglöckchen-Gruppe fehlt in vielen Bereichen der norddeutschen Tiefebene; nur gelegentlich kommen hier Maiglöckchen und Wald-Labkraut vor.
Das Maiglöckchen zeigt auf tiefgründigen Böden üppige Vitalität, dagegen bildet es auf flachgründigen Böden nur ein einziges kleines Laubblatt aus und kommt nicht zum Erblühen.

1 Wald-Labkraut *(Galium sylvaticum)*
Blüten: weiß, auf dünnen Blütenstielen in endständiger Rispe, vor dem Aufblühen nickend.
Blätter: blaugrün, zu 6–8 quirlständig; mit aufgesetzten Stachelspitzen.
Stengel: rund, verzweigt.
30–100 cm; 6–8.

2 Verschiedenblättriger Schwingel *(Festuca heterophylla)*
Blüten: in großer, lockerer, oft violetter Rispe. *Blätter:* Grundblätter borstlich gefaltet, Stengelblätter flach, 2–4 mm breit. Horstgras; 60–100 cm; 6–7.

3 Maiglöckchen *(Convallaria majalis)*
Blüten: weiße, nickende Glöckchen, in einseitswendiger Traube; stark duftend; Blütenstiele mit häutigen, länglichen Deckblättern; Früchte rote Beeren (giftig!) *Blätter:* meist zwei, breit-lanzettlich; trockenhäutige Niederblätter.
10–20 cm; 5–6.

4 Finger-Segge *(Carex digitata)*
Blüten: in dünnen, 1,5–2 cm langen Ährchen, fingerartig genähert; oberes Ährchen nur mit Staubblattblüten, kürzer als die 2–4 Fruchtblattährchen.
Stengel: dünn, schwach dreikantig; Blattscheiden faserig, rotbraun.
Horstpflanze; 10–30 cm; 4–5.

5 Berg-Segge *(Carex montana)*
Blüten: nur eine Staubblattähre und 1–2 sitzende Fruchtblattähren.
Blätter: hellgrün, 1–2 mm breit; Blattscheiden rot und weißlich längstgestreift.
Stengel: stumpf dreikantig, zur Fruchtzeit überhängend.
10–30 cm; 3–5.

6 Weißes Fingerkraut *(Potentilla alba)*
Blüten: weiß, fünfzählig, ausgerandet; Blütenstand locker, 1–5blütig.
Blätter: grundständig, handförmig geteilt; unterseits silberweiß seidenhaarig; oberseits grün und kahl; am Rande bewimpert.
10–20 cm; 4–6.

► s. S. 68 u. 70

1
2
3
4
5
6

9. Maiglöckchen *(Convallaria majalis)* -Gruppe

1 Immenblatt *(Melittis melissophyllum)*

Blüten: rosa Lippenblüten mit rot-violetten Flecken auf der Unterlippe; 2–4 cm lang; zu 1–3 in den Achseln der oberen Blätter; Fruchtknoten vierteilig; Kelch aufgeblasen.
Blätter: kreuzweise gegenständig, gekerbt, weichhaarig.
Stengel: kräftig, vierkantig, weichhaarig.
20–50 cm; 5–7.

2 Süße Bärenschote
(Astragalus glycyphyllos)

Blüten: gelblichweiße Schmetterlingsblüten, in vielblütigen Trauben; Hülsen 3–4 cm lang, gekrümmt.
Blätter: mit 11–13 Fiederblättchen.
Stengel: niederliegend bis aufsteigend, kantig, bis 120 cm lang; 5–8.

3 Nickendes Leimkraut *(Silene nutans)*

Blüten: weiß, nickend; in rispigen, einseitswendigen Blütenständen; Blütenblätter 5, tief zweispaltig.
Blätter: behaart, unten gestielt, oben sitzend.
Stengel: aufrecht, oben drüsig behaart.
20–60 cm; 6–8.

4 Zypressen-Wolfsmilch
(Euphorbia cyparissias)

Blüten: gelbgrün, in strahligen Dolden; Einzelblüte mit gelbbraunen, halbmondförmigen Honigdrüsen.
Blätter: linealisch, schmal, bis 3 mm breit, sitzend.
Stengel: gelbgrün, beblättert.
Pflanze mit weißem Milchsaft. 15–30 cm; 4–6.

s. S. 66 ◄

► s. S. 70

1
2
3
4

9. Maiglöckchen *(Convallaria majalis)* -Gruppe

1 Berg-Hartheu *(Hypericum montanum)*

Blüten: gelb; Blütenstand wenigblütig.
Blätter: eiförmig, am Rand mit schwarzen Drüsenpunkten.
Stengel: aufrecht, kahl, stielrund.
30–60 cm; 6–8.

2 Astlose Graslilie *(Anthericum liliago)*

Blüten: weiß, sternförmig; Kronblätter 15–22 mm lang; Blütenstand meist unverzweigt, traubig; Kapsel eiförmig, spitz; 9–15 mm lang.
Blätter: grasähnlich, alle grundständig.
30–70 cm; 5–6.

3 Salomonssiegel
(Polygonatum odoratum)

Blüten: weiß, sechszipfelig; zu 1–2 blattachselständig, hängend; Früchte blauschwarze Beeren.
Blätter: wechselständig, eiförmig bis breit lanzettlich, kahl.
Stengel: kantig, übergebogen.
15–40 cm; 5–6.

4 Schwarze Platterbse *(Lathyrus niger)*

Blüten: zuerst pupurrote, später violette Schmetterlingsblüten; in 4–8blütigen Trauben; reife Hülsen schwarz.
Blätter: ohne Ranken, mit 4–6 Fiederpaaren; beim Trocknen schwarz werdend.
Stengel: ästig verzweigt.
30–80 cm; 5–7.

5 Gewöhnliche Akelei
(Aquilegia vulgaris)

Blüten: blau-violett, langgestielt und nikkend; 5 Kelch- und 5 Kronblätter, jedes Kronblatt mit einem hakig gebogenen Sporn.
Blätter: untere langgestielt, doppelt dreizählig; obere sitzend, kleiner und einfacher.
Stengel: aufrecht und verzweigt.
Geschützt; 30–80 cm; 5–7.

s. S. 66 u. 68 ◄

1
2
3
4
5

10. Wiesen-Schlüsselblumen *(Primula veris)* -Gruppe

Vorkommen:
In wärmeliebenden Buchen- und Eichenmischwäldern; auch in Gebüsch- und Saumgesellschaften. An sommerwarmen Hängen des Berg- und Hügellandes.

Standort:
Kalkhaltige und basenreiche Böden, die aber durch Laubabwehung und Feinerdeabspülung an Nährstoffen etwas verarmt sein können. Bevorzugt an warmen und zeitweilig trockenen Standorten, meistens in sonnseitiger Hanglage; Braunerden, Rendzina und deren Übergangsformen.

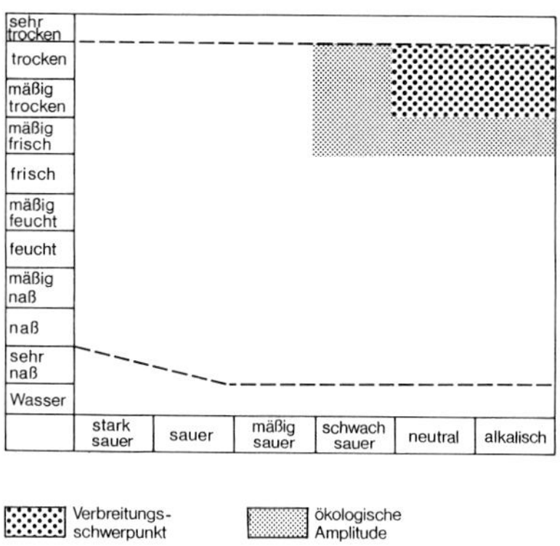

1 Straußblütige Wucherblume
(Tanacetum corymbosum)
Blüten: weiße Korbblüten, zu 6–20 in lockerer Rispe.
Blätter: gefiedert; Grundblätter gestielt, Stengelblätter sitzend.
50–100 cm; 6–8.

2 Wiesen-Schlüsselblume *(Primula veris)*
Blüten: dottergelb, mit fünf rötlichen Flecken im Schlund, wohlriechend; Kelch bauchig, bleichgrün.
Blätter: länglich-eiförmig, gekerbt und runzlig; unterseits dünnfilzig behaart.
10–20 cm; 4–5.

3 Purpurblauer Steinsame
(Buglossoides purpurocaerulea)
Blüten: Zuerst purpurrot, später blau.
Blätter: ungeteilt, rauhhaarig.
Stengel: blütenlose Triebe bogig liegend, ausläuferartig; Blütentriebe aufrecht.
20–60 cm; 4–6.

4 Pfirsichblättrige Glockenblume
(Campanula persicifolia)
Blüten: blau, 2–4 cm lang; in armblütiger Traube.
Blätter: länglich-lanzettlich, ganzgradig oder fein gesägt.
Stengel: wenig verzweigt.
30–80 cm; 6–8.

5 Blutroter Storchschnabel
(Geranium sanguineum)
Blüten: rot, vorne ausgerandet, etwa 4 cm groß; Blütenstiele einblütig und blattachselständig.
Blätter: gegenständig, tief 5–7teilig.
Stengel: behaart.
20–50 cm; 6–8.

6 Rauhes Veilchen *(Viola hirta)*
Blüten: blaßlila, mit dünnem Sporn, geruchlos.
Blätter: grundständig, länglich herzförmig; Nebenblätter breit-lanzettlich, kurz gefranst.
Stengel: behaart.
5–25 cm; 3–5.

► s. S. 74

1
2
3
4
5
6

10. Wiesen-Schlüsselblumen *(Primula veris)* -Gruppe

1 Schwalbenwurz
(Vincetoxicum hirundinaria)
Blüten: gelblich-weiß, in blattachselständigen Trugdolden; Krone und Kelch fünfteilig.
Blätter: gegenständig, kurz gestielt.
30–120 cm; 5–8.

2 Blaugras *(Sesleria coerulea)*
Blüten: in dichter, walziger Ährenrispe, bis 3 cm lang; gewöhnlich blaugrau glänzend.
Blätter: gleichmäßig breit, bis 2 mm; Blattende plötzlich kapuzenförmig zugespitzt; Grundblätter bis 20 cm lang, die obersten Blätter sehr kurz.
Horstgras mit kurzen Ausläufern; 10–45 cm; 3–7.

3 Erd-Segge *(Carex humilis)*
Blüten: weibliche Ähren zu 2–3 entlang des kurzen Stengels, meistens in häutige Tragblätter eingeschlossen; 1 männliche Ähre am Ende des Stengels.
3–10 cm; 4–5.

4 Wald-Hasenohr
(Bupleurum longifolium)
Blüten: gelb; Blütendolde 4–8strahlig, mit 3–4 Hüllblättern.
Blätter: länglich-eiförmig, untere gestielt, obere stengelumfassend; grünlich-gelb, papierartig und schlaff.
30–100 cm; 5–8.

5 Acker-Glockenblume
(Campanula rapunculoides)
Blüten: blau-violett; trichter- bis glockenförmig, am Rande gewimpert, in einseitswendiger Traube.
Blätter: lanzettlich bis herz-eiförmig, kurzhaarig, untere Blätter lang gestielt.
Stengel: aufrecht, mit unterirdischen Ausläufern, kantig, meist unverzweigt.
30–80 cm; 6–9.

s. S. 72 ◄

1
2
3
4
5

11. Busch-Windröschen *(Anemone nemorosa)* -Gruppe

Vorkommen:
In Buchen-, Eichenmisch-, Edellaub- und Nadelmischwäldern.

Standort:
Nährstoffhaltige, mäßig saure bis alkalische, mäßig trockene bis mäßig feuchte Böden; mesotrophe (Para-)-Braunerde.

Die Busch-Windröschen-Gruppe besitzt eine weite ökologische Amplitude. Sie ist auf allen nicht zu sauren Böden regelmäßig anzutreffen. Mit ihrer Hilfe können die nährstoffreichen Ausbildungsformen gegen die nährstoff- und basenarmen abgegrenzt werden.

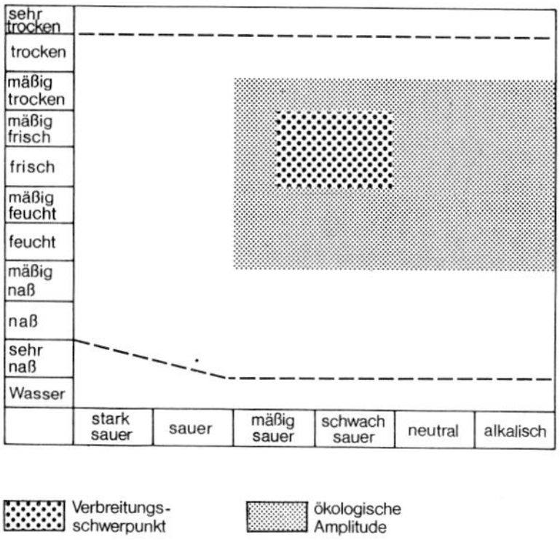

1 Flattergras *(Milium effusum)*
Blüten: in lockerer, großer bis 30 cm langer Rispe, Äste fast waagerecht abstehend.
Blätter: bläulichgrün und matt, bis 1,5 cm breit; oft verdreht; Halm und Blätter kahl. Kriechende Grundachse.
Pflanze lockerrasig; 50–100 cm; 5–7.

2 Busch-Windröschen
(Anemone nemorosa)
Blüten: weiß, oft rosa überlaufen; einzeln und endständig.
Blätter: drei, gestielt und quirlständig, kurz behaart.
Stengel: aufrecht.
5–20 cm; 3–4.

3 Große Sternmiere *(Stellaria holostea)*
Blüten: weiß, mit 5 bis zur Mitte gespaltenen Blütenblättern, doppelt so lang wie Kelchblätter.
Blätter: schmal-lanzettlich, spitz, kreuzweise und sitzend gegenständig.
Stengel: verzweigt, vierkantig.
10–40 cm; 4–6.

4 Wimper-Segge *(Carex pilosa)*
Blütenstand: 2–4 lockerfrüchtige Fruchtähren und 1 endständige Staubblattähre; Narben 3.
Blätter: grundständig; Blattspreiten am Rand und auf Nerven bewimpert; Blattscheiden rotbraun.
Stengel: undeutlich dreieckig, steif aufrecht, mit unterirdischen Ausläufern.
30–50 cm; 4–5.

5 Schatten-Segge *(Carex umbrosa)*
Blütenstand: oben 1–2 Staubblattähren, darunter 2–4 zylindrische bis eiförmige Fruchtähren.
Blätter: 1,5–2,5 cm breit; grundständige Blattscheiden bilden einen auffallenden braunen bis schwarzbraunen Faserschopf.
20–40 cm; 5–6.

6 Welliges Katharinenmoos
(Catharinaea undulata, Atrichum undulatum)
Moos in lockeren und dunkelgrünen Polstern.
Stengel: aufrecht und unverzweigt.
Blätter: auffällig stark quergewellt.
Sporenkapsel entspringt aus der Stengelspitze.
2–6 cm.

► s. S. 78 u. 80

1
2
3
4
5
6

11. Busch-Windröschen *(Anemone nemorosa)* -Gruppe

1 Wald-Knäuelgras *(Dactylis polygama)*
Blüten: Ährchen knäuelig gehäuft, in fast einseitswendiger Rispe.
Blätter: Blattscheiden zweischneidig zusammengedrückt (bei nichtblühenden Trieben).
Horstpflanze; 30–100 cm; 6.

2 Gewöhnliche Goldrute
(Solidago virgaurea)
Blüten: gelbe Korbblüten, in allseitswendigen Trauben oder Rispen angeordnet.
Blätter: länglich-elliptisch, gesägt, wechselständig.
20–70 cm; 7–9 (10).

3 Ährige Teufelskralle
(Phyteuma spicatum)
Blüten: gelblich-weiß, mit grünlichgelber Spitze, selten hellblau; in endständiger Ähre; Blütenblätter 5, oben verwachsen.
Blätter: Untere und mittlere herzförmig, doppelt gekerbt, oft schwarz gefleckt, obere Blätter lanzettlich.
30–60 cm; 5–7.

Ähnlich: **Schwarze Teufelskralle** *(Phyteuma nigrum),* aber Blütenähre dunkel- oder schwarzblau; Grundblätter etwa doppelt so lang wie breit, untere Stengelblätter am Grunde verschmälert.

4 Wald-Habichtskraut
(Hieracium sylvaticum)
Blüten: gelbe Korbblüten; Köpfchenstiele und Hüllblätter meist drüsig behaart.
Blätter: grundständig, weichhaarig und grob gezähnt.
Stengel: mit 1–2 kleinen Blättern.
20–50 cm; 5–8.

5 Hain-Rispengras *(Poa nemoralis)*
Blüten: in 5–10 cm langer Rispe; Ährchen klein und unbegrannt.
Blätter: 1–3 mm breit, obere Stengelblätter ± waagerecht abstehend.
Pflanze lockerrasig; 20–50 cm; 6–7.

s. S. 76 ◄

► s. S. 80

1
2
3
4
5

11. Busch-Windröschen *(Anemone nemorosa)* -Gruppe

1 Mauerlattich *(Mycelis muralis)*

Blüten: Köpfchen nur aus 5 gelben Zungenblüten.
Blätter: leierförmig-fiederspaltig, unten gestielt, oben stengelumfassend sitzend, kahl.
Stengel: hohl und verzweigt.
30–100 cm; 7–9.

2 Dreinervige Nabelmiere
(Moehringia trinervia)

Blüten: weiß, Blütenblätter ungeteilt, kürzer als die Kelchblätter.
Blätter: eiförmig, meist dreinervig, kreuzweise gegenständig.
Stengel: niederliegend bis aufsteigend, zart.
10–30 cm; 5–7.

3 Kleinblütiges Springkraut
(Impatiens parviflora)

Blüten: klein (8–10 mm lang), hellgelb, mit geradem Sporn; Fruchtkapsel bei Berührung aufspringend, (Schleuderverbreitung der Samen).
Blätter: gestielt und gezähnt.
Stengel: zart und durchscheinend.
20–60 cm; 6–9.

4 Stechender Hohlzahn
(Galeopsis tetrahit)

Blüten: weiß, meist rotviolett und gelb gefleckt, sehr variabel: Mittellappen der Unterlippe quadratisch, vorne ganzrandig oder gezähnt; Blütenstand mit schwarzen Drüsenhaaren.
Blätter: gegenständig, gezähnt.
Stengel: an Knoten stark verdickt, mit Borsten- und Drüsenhaaren.
10–80 cm; 6–10.

5 Erdbeer-Fingerkraut *(Potentilla sterilis)*

Blüten: weiß, mit am Rande sich nicht berührenden Blütenblättern.
Blätter: dreizählig gefingert, erdbeerblattartig; Rand silberglänzend, wie der Stengel zottig behaart.
Pflanze mit Ausläufern; 5–10 cm; 4–5.

6 Kleines Immergrün *(Vinca minor)*

Blüten: blau; einzeln in den Blattachseln.
Blätter: ledrig, immergrün, kahl und glänzend; lanzettlich, gegen die Spitze und den Blattgrund gleichmäßig verschmälert.
Stengel: kriechend, blühende Triebe aufsteigend.
bis 20 cm lang; 4–5.

s. S. 76 u.78 ◄

1
2
3
4
5
6

12. Goldnessel *(Lamiastrum galeobdolon)* -Gruppe

Vorkommen:
In Buchen-, Eichen-Hainbuchen-, Edellaub- und Nadelmischwäldern.

Standort:
Nährstoffreiche, schwach saure bis alkalische, mäßig trockene bis mäßig feuchte Böden; eutrophe Braunerde, Mull-Rendzina.

Die Goldnessel-Gruppe zeigt stärker als die Busch-Windröschen-Gruppe gut mit Nährstoffen versorgte Böden an.

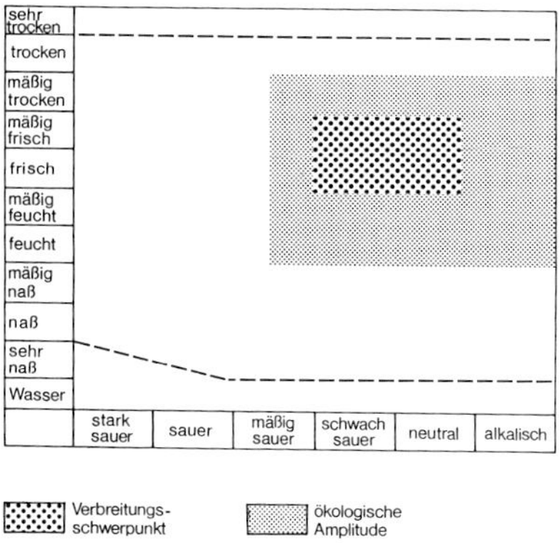

1 Zaun-Wicke *(Vicia sepium)*
Blüten: dunkelviolette Schmetterlingsblüten, zu 2–5 in blattachselständigen Trauben; Hülse kahl.
Blätter: 4–9 Fiederpaare mit Endranken.
Stengel: vierkantig und kletternd.
60–100 cm; 5–8.

2 Wald-Veilchen *(Viola reichenbachiana)*
Blüten: blau, einzeln in Blattachseln; Sporn 4–6 mm lang, schlank, violett, abwärts gebogen und an der Spitze abgerundet.
Blätter: herzförmig, stengel- und grundständig; Nebenblätter lanzettlich, ± lang gefranst gesägt.
10–20 cm; 4–6.

3 Goldnessel *(Lamiastrum galeobdolon)*
Blüten: goldgelbe Lippenblüten, Unterlippe mit 3 Zipfeln; Fruchtknoten vierteilig; blattachselständig.
Blätter: kreuzweise gegenständig, gestielt und unregelmäßig gezähnt; oft weißfleckig.
Stengel: vierkantig; blütenlose Triebe dem Boden anliegend, blühende Triebe aufrecht.
Ausläufer, 15–40 cm; 4–6.

4 Vielblütige Weißwurz
(Polygonatum multiflorum)
Blüten: weiß-grünlich, einseitswendig hängend, zu 2–5 blattachselständig; Früchte blauschwarze Beeren.
Blätter: länglich-eiförmig, stengelumfassend und wechselständig.
Stengel: rund und überhängend.
Dicke weiße, kriechende Rhizome.
30–70 cm; 5–6.

5 Wald-Segge *(Carex sylvatica)*
Blüten: oben mit 1 (–2) Staubblattähren, darunter mit 2–6 Fruchtblattähren; Ähren langgestielt und später überhängend.
Blätter: 4–8 mm breit, glänzend, schlaff, Niederblätter hellbraun.
Stengel: dreikantig.
Pflanze in lockeren Horsten; 20–70 cm; 5–6.

► s. S. 84

1
2
3
4
5

12. Goldnessel *(Lamiastrum galeobdolon)* -Gruppe

1 Berg-Weidenröschen
(Epilobium montanum)
Blüten: rosa, in lockerer, anfangs nickender Traube, Fruchtknoten unterständig; Kapsel weichhaarig, drüsig.
Blätter: bis zur Stengelmitte gegenständig; untere eiförmig, obere schmaler, lanzettlich; gesägt.
30–80 cm; 6–9.

2 Wald-Zwenke
(Brachypodium sylvaticum)
Blüten: in bogig überhängender Ähre; Ährchen ca. 2 cm lang, mit 15 mm langen, steifen Grannen.
Blätter: beiderseits behaart, dunkelgrün und schlaff, bis 35 cm lang.
Stengel: aufrecht und behaart.
40–80 cm; 7–8.

3 Einblütiges Perlgras *(Melica uniflora)*
Blüten: in lockerer, armblütiger Rispe, Ährchen braunrot, mit nur einer Blüte.
Blätter: grün, oberseits meist behaart; Blattscheiden verwachsen.
Kriechende weiße Rhizome.
Pflanze lockerrasig; 30–60 cm; 5–6.

4 Waldmeister *(Galium odoratum)*
Blüten: klein und weiß, trichterförmig in endständiger, verzweigter Trugdolde; Früchte mit steifen, hakigen Borsten.
Blätter: zu 6–9 quirlständig; einnervig, stachelspitzig.
Stengel: vierkantig und aufrecht; wie Blattrand rauh.
10–25 cm; 5.

5 Zwiebel-Zahnwurz
(Dentaria bulbifera)
Blüten: hellviolett, in Doldentrauben, mit je vier Blüten-, vier Kelch- und sechs Staubblättern.
Blätter: die unteren zwei- bis dreipaarig gefiedert, obere Blätter ungeteilt; in den Blattachseln dunkelbraune Brutknollen.
Wurzelstock mit zahnartigen Schuppen.
30–60 cm; 4–6.

Ähnlich: **Quirlblättrige Zahnwurz** *(Dentana enneaphyllos);* Blüten gelblich-weiß; mit drei quirlig genäherten Stengelblättern.

s. S. 82 ◄

1
2
3
4
5

13. Bingelkraut *(Mercurialis perennis)*-Gruppe

Vorkommen:
In Buchen-, Eichen-Hainbuchen-, Eddellaub- und Nadelmischwäldern.

Standort:
Nährstoff- und basenreiche, mäßig trockene bis mäßig feuchte Böden mit guter Streuzersetzung (Mull); eutrophe Braunerde, Mull-Rendzina.

Arten der Bingelkraut-Gruppe zeigen sehr gute Nährstoff- und Basenversorgung an und können zur Charakterisierung der anspruchsvollen Waldgesellschaften herangezogen werden.

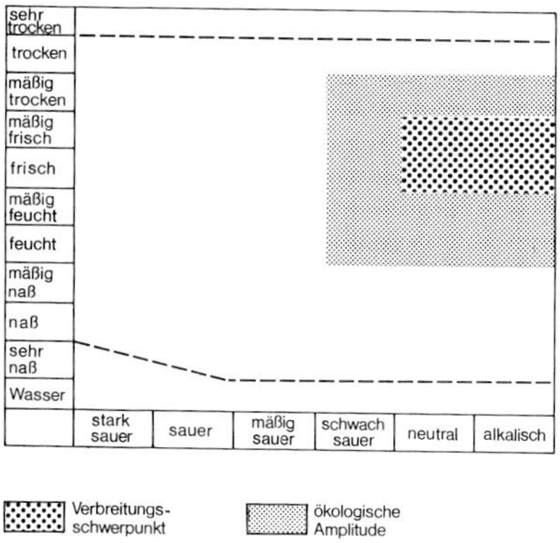

1 Nesselblättrige Glockenblume
(Campanula trachelium)
Blüten: blau, 3–4 cm lang und blattachselständig; in lockerer Traube.
Blätter: nesselblattartig, behaart, untere langgestielt, obere ± sitzend.
Stengel: scharfkantig und steifhaarig.
30–100 cm; 7–9.

2 Wald-Bingelkraut
(Mercurialis perennis)
Blüten: grün und unscheinbar, Pflanze zweihäusig (entweder mit Staubblatt- oder mit Fruchtblattblüten).
Blätter: eiförmig-lanzettlich und gesägt, gestielt und gegenständig.
Stengel: stielrund.
15–30 cm; 4–5.

3 Dunkles Lungenkraut
(Pulmonaria obscura)
Blüten: erst rötlich, später violett-blau, trichterförmig.
Blätter: untere herzförmig und langgestielt, obere schmaler und sitzend, rauh behaart.
Stengel: wie die Blätter rauh behaart.
15–30 cm; 3–5.
Ähnlich: das seltenere **Echte Lungenkraut** *(Pulmonaria officinalis),* aber mit gefleckten Blättern.

4 Wald-Sanikel *(Sanicula europaea)*
Blüten: weiß oder rötlich, in köpfchenförmigen Döldchen; Hülle klein, Hüllchen fehlend; Früchte hakig bestachelt (Tierverbreitung).
Blätter: untere langgestielt, handförmig, drei- bis fünfteilig, wintergrün; Stengelblätter ein bis zwei, kleiner.
20–50 cm; 5–6.

5 Grüne Nieswurz *(Helleborus viridis)*
Blüten: grün und glockig.
Blätter: grundständige Blätter bis 20 cm im Durchmesser, sieben- bis dreizehnteilig, gestielt, scharf gesägt.
Geschützt; bis 50 cm; 3–4.

6 Haselwurz *(Asarum europaeum)*
Blüten: dicht über dem Boden, einzeln und gestielt, braunrot.
Blätter: rundlich-nierenfömig, ledrig dunkelgrün.
Stengel: kriechend, mit Niederblättern.
Pflanze mit Pfeffergeruch und -geschmack.
Wintergrün; 5–10 cm; 3–5.

► s. S. 88, 90, 92

1
2
3
4
5
6

13. Bingelkraut *(Mercurialis perennis)* -Gruppe

1 Türkenbundlilie *(Lilium martagon)*
Blüten: fleischrot, dunkel gefleckt, nickend; Blütenblätter zurückgerollt.
Blätter: mittlere quirlständig, untere und obere wechselständig, sitzend.
Stengel: aufrecht.
Geschützt; 30–100 cm; 6–7.

2 Nickendes Perlgras *(Melica nutans)*
Blüten: braunrot und nickend, ohne Grannen; in armblütiger Traube.
Blätter: hellgrün.
Pflanze lockerrasig; 30–60 cm; 5–6.

3 Frühlings-Platterbse *(Lathyrus vernus)*
Blüten: Schmetterlingsblüten, zuerst rot, später violett; zu 3–8 in Trauben.
Blätter: mit 2–4 Fiederpaaren, ohne Ranken.
Stengel: kantig und ungeflügelt.
20–40 cm; 4–5.

4 Leberblümchen *(Hepatica nobilis)*
Blüten: blau, 6–9 Kron- und 3 Kelchblätter.
Blätter: dreilappig, gestielt.
Stengel: Blütenstiele aufrecht und behaart.
Geschützt; 5–15 cm; 3–4.

5 Seidelbast *(Daphne mezereum)*
Blüten: rotviolett und stark duftend; ungestielt, meist zu 2–3; vor den Blättern erscheinend; rote, giftige Steinfrüchte.
Blätter: wechselständig, an den Zweigenden gehäuft, schmal, kahl und ganzrandig.
Stengel: holzig, aufrecht und verzweigt.
Geschützt; 40–120 cm; 2–4.

s. S. 86 ◄

► s. S. 90 u. 92

1
2
3
4
5

13. Bingelkraut *(Mercurialis perennis)* -Gruppe

1 Christophskraut *(Actaea spicata)*
Blüten: klein und weiß, in Trauben; Staubblätter zahlreich; Frucht eine schwarze Beere.
Blätter: dreizählig, doppelt gefiedert.
30–60 cm; 5–6.

2 Wald-Trespe *(Bromus benekenii)*
Blüten: in langer, schlaff überhängender Rispe.
Blätter: gekielt und am Grunde behaart und mit Öhrchen.
Stengel: behaart.
Horstgras; 60–150 cm; 6–7.

3 Wald-Haargerste
(Hordelymus europaeus)
Blüten: in kräftiger Ähre (4–8 cm lang), Ährchen lang begrannt.
Blätter: grün und weich, Blattspreiten flach, ihre Scheiden zottig behaart.
Pflanze in lockeren Horsten; 60–120 cm; 6–7.

4 Wunder-Veilchen *(Viola mirabilis)*
Blüten: blaßlila, duftend.
Blätter: breit herzförmig, in der Jugend mit tütenförmig eingerollter Spreite.
Stengel: und Blattstiele einreihig behaart.
10–30 cm; 4–6.

5 Gelbes Windröschen
(Anemone ranunculoides)
Blüten: goldgelb, einzeln oder zu zweit, langgestielt; Früchte behaart, mit gebogenem Schnabel.
Blätter: quirlständig, fast sitzend, fingerförmig geteilt.
Stengel: nicht oder höchstens schwach behaart; Pflanze mit Rhizom.
10–20 cm; 3–5.

6 Mandel-Wolfsmilch
(Euphorbia amygdaloides)
Blüten: gelbgrün, in fünf- bis neunstrahliger Trugdolde, mit halbmondförmigen, gelben oder purpurnen Honigdrüsen.
Blätter: derb wintergrün, verkehrt-eiförmig.
Stengel: verholzend; Pflanze mit weißem Milchsaft.
30–60 cm; 4–5.

s. S. 86 u. 88 ◄

► s. S. 92

1
2
3
4
5
6

13. Bingelkraut *(Mercurialis perennis)* -Gruppe

1 Rotes Waldvöglein
(Cephalanthera rubra)
Blüten: rot, in 4- bis 12blütiger Ähre; Fruchtknoten gedreht.
Blätter: lanzettlich, etwa 4–10mal so lang wie breit.
Stengel: im oberen Teil dicht behaart.
Geschützt; 20–50 cm; 5–7.

2 Breitblättrige Sumpfwurz
(Epipactis helleborine)
Blüten: grünlich bis rot-violett, in reichblütiger Traube.
Blätter: länglich-eiförmig, stengelumfassend.
Geschützt; 20–60 cm; 6–8.

Ähnlich: **Rotbraune Sumpfwurz** *(Epipactis strorubens)*. Blütenstandachse mit dichten, weißlichen Flaumhaaren; Stengel und Blätter rot überlaufen; Blätter stengelumfassend, länger als die Stengelglieder. Geschützt; 30–60 cm; 6–8.

3 Kleinblättrige Sumpfwurz
(Epipactis microphylla)
Blüten: grünlich-weiß, in armblütiger Traube.
Blätter: klein, 2–3 cm lang, kürzer als die Stengelglieder, eiförmig-lanzettlich.
Geschützt; 10–40 cm; 6–8.

4 Weißes Waldvöglein
(Cephalanthera damasonium)
Blüten: gelblich-weiß, in 3- bis 8blütiger Ähre; Fruchtknoten gedreht.
Blätter: eiförmig bis lanzettlich, etwa dreimal so lang wie breit.
Stengel: kahl.
Geschützt; 20–50 cm; 5–6.

Ähnlich: das seltenere **Schwertblättrige Waldvöglein** *(Cephalanthera longifolia)*, aber mit schmaleren Blättern. Geschützt.

5 Vogel-Nestwurz *(Neottia nidus-avis)*
Blüten: hellbraun, in reichblütiger Traube.
Stengel: Pflanze ohne Blattgrün, kahl, mit bräunlichen scheidenartigen Schuppenblättern.
Geschützt; 15–40 cm; 5–6.

s. S. 86, 88 u. 90 ◄

1
2
3
4
5

14. Frauenfarn *(Athyrium filix-femina)* -Gruppe

Vorkommen
In Buchen-, Eichen-Hainbuchen-, Edellaub- und Nadelmischwäldern; auch auf oberflächlich verdichteten Waldwegen und Waldlichtungen.

Standort:
Frische bis feuchte Böden; hinsichtlich der Basenversorgung besitzt die Frauenfarn-Gruppe eine weite Amplitude, sie meidet lediglich die sauersten Standorte; (Para-)Braunerde, (Pseudo-)Gley.

In Buchen- und Hainbuchenwäldern besonders in frischen bis feuchten Ausbildungsformen.

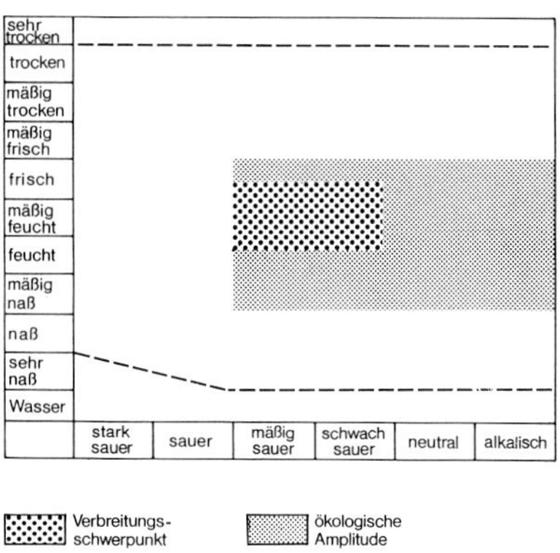

1 Rasen-Schmiele
(Deschampsia cespitosa)
Blüten: in bis zu 20 cm langen Rispen; abstehend, rauh.
Blätter: dunkelgrün, scharf gerieft, kahl, sehr rauh.
Horstgras; 30–120 cm; 7–8.

2 Gemeine Nelkenwurz
(Geum urbanum)
Blüten: gelb, langgestielt; Früchte mit Widerhaken (Tierverbreitung).
Blätter: untere Blätter unterbrochen gefiedert, obere dreizählig; behaart, mit großen Nebenblättern.
Stengel: flaumig behaart.
20–60 cm; 5–10.

3 Kriechender Günsel *(Ajuga reptans)*
Blüten: blaue Lippenblüten, zu 4–8 in blattachselständigen Scheinquirlen; Blüten nur mit deutlicher, dreilappiger Unterlippe, Oberlippe kurz und unscheinbar; Fruchtknoten vierteilig.
Blätter: eiförmig und kreuzweise gegenständig.
Stengel: vierkantig; Pflanze mit oberirdischen Ausläufern.
15–30 cm; 4–7.

4 Ruprechtskraut, Stinkender Storchschnabel *(Geranium robertianum)*
Blüten: zu zweit und rosa.
Blätter: langgestielt, aus drei bis fünf getrennten, fiederspaltigen Teilblättchen bestehend.
Stengel: drüsig behaart, rot überlaufen, verzweigt; wie die Blätter mit aufdringlichem Geruch.
15–150 cm; 5–10.

5 Gemeiner Frauenfarn
(Athyrium filix-femina)
Wedel hellgrün, zart, 2- bis 3fach gefiedert; im Umriß elliptisch-länglich, zur Basis und zum Wedelende zugespitzt.
Blattstiel kurz, mit schmal-lanzettlichen Spreuschuppen.
Sporenhäufchen auf der Blattunterseite länglich, mit Schleier.
30–100 cm; Sporenreife 7–9.

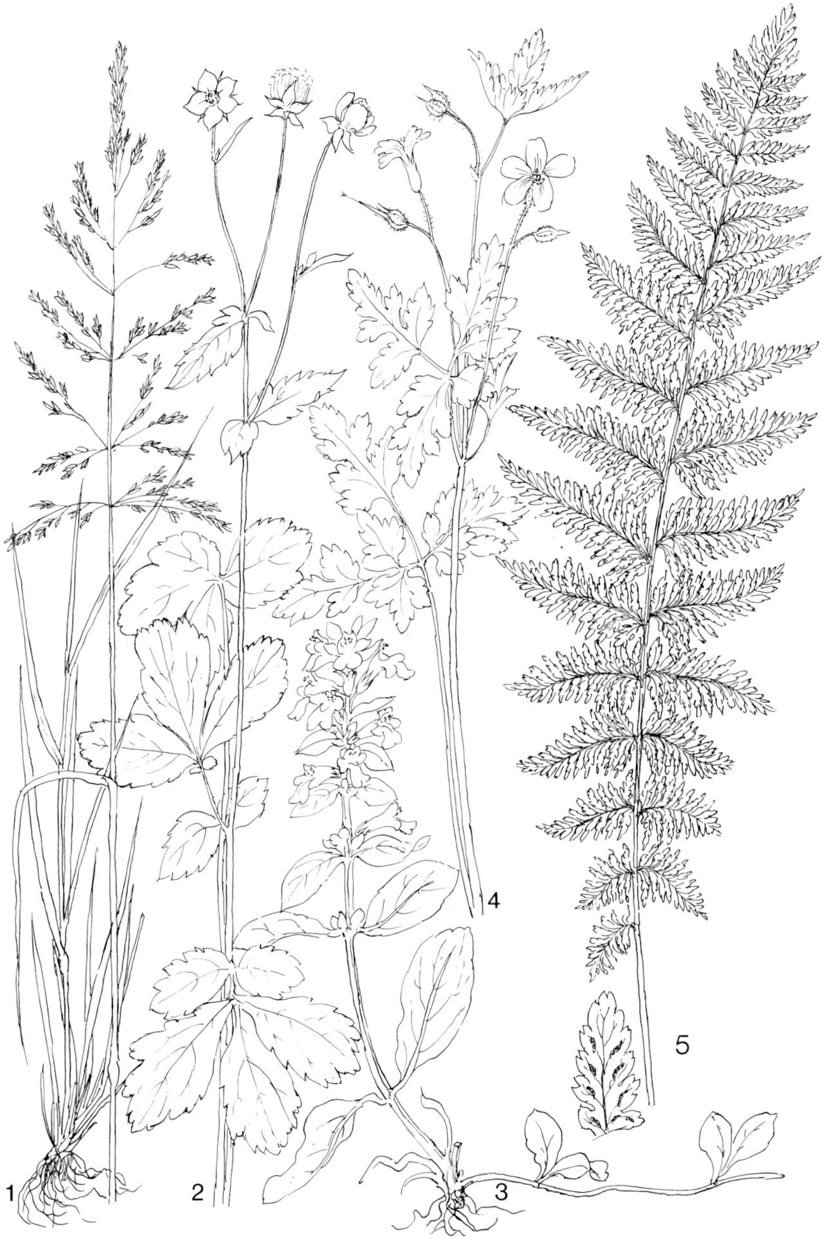
1
2
3
4
5

15. Hexenkraut *(Circaea lutetiana)* -Gruppe

Vorkommen:
In Buchen-, Eichen-Hainbuchen-, Edellaub- und Nadelmischwäldern.

Standort:
Nährstoffreiche, schwach saure bis alkalische, frische bis feuchte Böden; (Pseudo-)Gley, (Para-)Braunerde und deren Übergangsformen.

In Buchen- und Eichen-Hainbuchenwäldern zur Abgrenzung feuchter Ausbildungen geeignet.

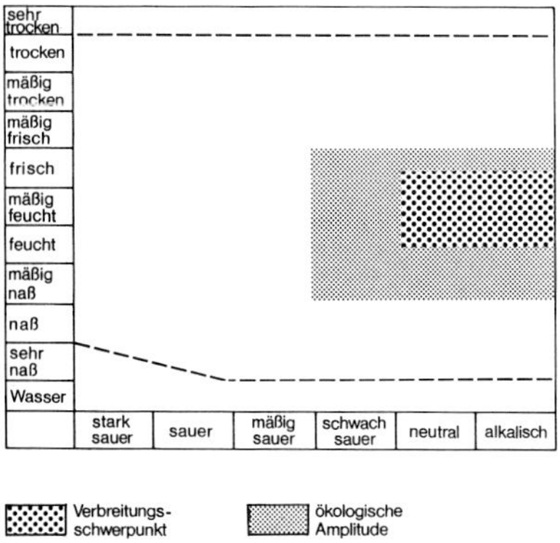

1 Riesen-Schwingel *(Festuca gigantea)*

Blüten: in großer (bis 40 cm langer) Rispe, früh schlaff überhängend; Ährchen grün, mit langen, oft geschlängelten Grannen.
Blätter: 5–15 mm breit, die nach oben gekehrte Unterseite stark glänzend, dunkelgrün, mit kräftigen, den Halm umfassenden Öhrchen; untere Blattscheiden rötlich.
Horstgras; 60–120 cm; 7–8.

2 Knotige Braunwurz
(Scrophularia nodosa)

Blüten: trübbraun, kugelig, mit zweilippigem Rand; in endständiger Rispe.
Blätter: länglich-eiförmig, scharf gesägt, kreuzweise gegenständig.
Stengel: vierkantig.
50–100 cm; 6–8.

3 Hohe Schlüsselblume *(Primula elatior)*

Blüten: schwefelgelb, trichterförmig und geruchslos; in vielblütigen Dolden.
Blätter: länglich-eiförmig, plötzlich in den Blattstiel verschmälert, beiderseits behaart.
Rosettenpflanze; 10–30 cm; 3–5.

4 Gold-Hahnenfuß
(Ranunculus auricomus)

Blüten: oft mit verkümmerten, gelben Blütenblättern; Frucht behaart, giftig.
Blätter: Grundblätter ungeteilt oder drei- bis siebenlappig; Stengelblätter fingerförmig geteilt, formenreich.
15–50 cm; 4–5.

5 Scharbockskraut *(Ranunculus ficaria)*

Blüten: mit 8–12 goldgelben Blütenblättern und meist drei Kelchblättern.
Blätter: rundlich-herzförmig, fettglänzend; oft mit weißen Brutknöllchen in den Blattachseln.
Stengel: niederliegend, Pflanze rasenbildend.
5–20 cm; 3–5.

6 Gewöhnliches Hexenkraut
(Circaea lutetiana)

Blüten: weiß oder rötlich in endständiger, lockerer Traube; Blütenblätter 2, tief zweispaltig; Früchte mit widerhakigen Borsten (Tierverbreitung).
Blätter: eiförmig bis schwach herzförmig, matt, auf den Nerven behaart; gegenständig.
Stengel: schwach behaart.
20–50 cm; 6–7.

Ähnlich: **Mittleres Hexenkraut** *(Circaea intermedia)*, aber Blätter deutlich herzförmig, glänzend und wie der Stengel kahl oder früh verkahlend.

► s. S. 98

1
2
3
4
5
6

15. Hexenkraut *(Circaea lutetiana)* -Gruppe

1 Wolliger Hahnenfuß
(Ranunculus lanuginosus)

Blüten: gelb, an behaarten Blütenstielen; Frucht mit hakenförmigem Schnabel.
Blätter: Grundblätter tief fünfteilig und gestielt; Stengelblätter dreiteilig und sitzend, behaart.
Stengel: rauhhaarig.
30–100 cm; 5–7.

2 Winter-Schachtelhalm
(Equisetum hyemale)

Sporenährentragende Sprosse wie die unfruchtbaren astlos, dunkelgrün mit weißlichen Stengelscheiden, rauh, mit 15–25 Rippen; Sporenähre spitz; Pflanze wintergrün.
30–90 cm; 6–8.

3 Schuppenwurz *(Lathraea squamaria)*

Blüten: dunkelrote Rachenblüten, in einseitswendiger, nickender Traube; Kelch 4spaltig, glockig; Blütenblätter zweilippig, kaum länger als der Kelch.
Blätter: Pflanze ohne grüne Blätter.
Stengel: bleichviolett mit rötlichen Schuppen, fleischig.
Schmarotzerpflanze; 10–15 cm; 3–5.

4 Gemeines Moschuskraut
(Adoxa moschatellina)

Blüten: grün, in lang gestielten, endständigen Köpfchen (fast würfelförmig).
Blätter: untere doppelt dreizählig, obere einfach dreizählig.
Stengel: kahl und zart.
5–15 cm; 3–4.

5 Großes Zweiblatt *(Listera ovata)*

Blüten: grünlich, mit langer und tief zweispaltiger Lippe; in vielblütiger Traube.
Blätter: zwei, eiförmig und gegenständig.
Stengel: unverzweigt und kräftig.
Geschützt; 20–50 cm; 5–6.

6 Aronstab *(Arum maculatum)*

Blüten: kolbiger Blütenstand, oben purpurn bis violett; von einem grünlich-weißen Hochblatt umgeben, das im unteren Teil eine Kesselfalle bildet (Bestäubung durch Insekten). Früchte leuchtend rot, giftige Beeren.
15–40 cm; 4–6.

7 Vierblättrige Einbeere
(Paris quadrifolia)

Blüten: eine einzelne grüne Blüte, mit meist acht Blütenhüllblättern und einer vierfädigen Narbe; Frucht eine schwarze giftige Beere.
Blätter: im vierblättrigen Blattquirl unter der Blüte, elliptisch-lanzettlich, netzartig.
10–30 cm; 5.

s. S. 96 ◄

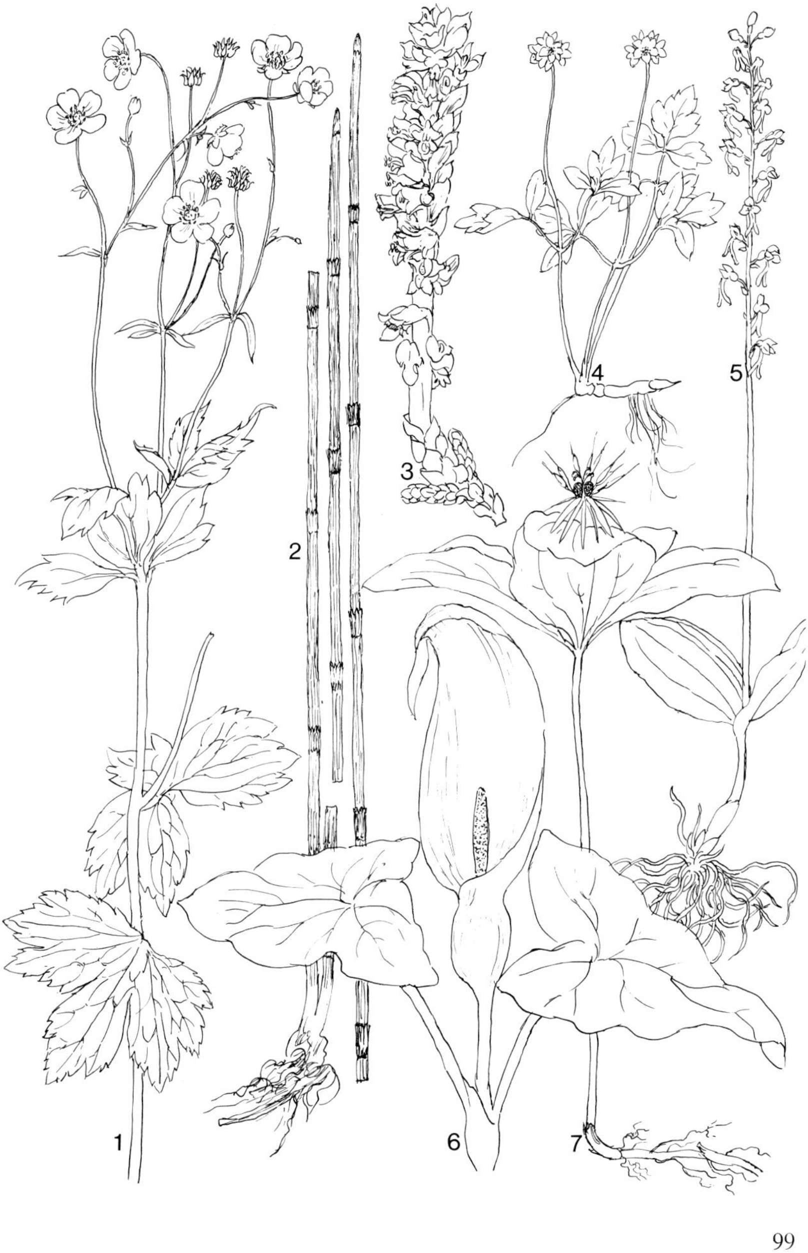
1
2
3
4
5
6
7

16. Lerchensporn *(Corydalis cava)* -Gruppe

Vorkommen
In Buchen-, Eichen-Hainbuchen- und Edellaubmischwäldern. Fehlt in Gebieten mit nährstoffarmen Böden; im norddeutschen Tiefland in Hartholzauen.

Standort:
Sehr nährstoff- und basenreiche, frische bis feuchte, lockere Böden; gute Streuzersetzung (Mull); eutrophe Braunerde, Gley, Mull-Rendzina.

Zeiger für sehr gute Nährstoff- und Basenversorgung sowie gute Durchlüftung.

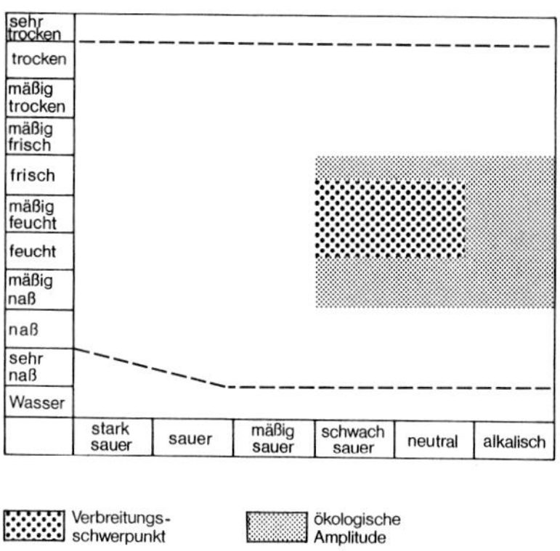

1 Hohler Lerchensporn *(Corydalis cava)*
Blüten: rot-violett, auch weiß, gespornt; in reichblütiger Traube.
Blätter: zwei, doppelt dreizählig, kahl; Tragblätter der Blüten eiförmig und ganzrandig.
Stengel: unverzweigt und kahl; mit hohler Wurzelknolle.
15–30 cm; 3–5.

Ähnlich: **Fester Lerchensporn** *(Corydalis solida),* aber mit voller Knolle, fingerförmigen Hochblättern und schuppenförmigem Niederblatt am Grund des Stengels. Nur 10–20 cm.

2 Frühlings-Knotenblume, Märzenbecher *(Leucojum vernum)*
Blüten: weiß, glockig und nickend, Blütenblätter 6, an der Spitze mit grünlichem Fleck.
Blätter: dunkelgrün glänzend, schmal-lineal.
Stengel: meist einblütig, Pflanze mit Zwiebel.
Geschützt; 10–30 cm; 2–4.

3 Wald-Goldstern *(Gagea lutea)*
Blüten: innen goldgelb, außen grün gestreift.
Blätter: nur ein grundständiges, breit-linealisches Blatt, an der Spitze kapuzenartig zusammengezogen.
Stengel: Pflanze mit Zwiebel.
Häufig in blütenlosen Exemplaren, dann mit schmaleren und kleineren Blättern.
10–30 cm; 3–5.

4 Bär-Lauch *(Allium ursinum)*
Blüten: weiß, in reichblütiger Scheindolde; Hüllblätter 6.
Blätter: meist 2, grundständig; stark nach Lauch riechend.
Stengel: schwach dreikantig; mit länglicher Zwiebel.
20–50 cm; 4–6.

5 Blaustern *(Scilla bifolia)*
Blüten: hellblau, zu 2–7 in einer Traube.
Blätter: meist 2, breit-lineal, parallelnervig.
Stengel: rund; Pflanze mit Zwiebel.
10–20 cm; 3–4.

1
2
3
4
5

17. Winkel-Seggen *(Carex remota)* -Gruppe

Vorkommen:
In Auenwäldern, aber auch in feuchten Buchen-, Eichen-Hainbuchen- und Nadelmischwäldern.

Standort:
Meist nährstoffreiche, aber oft basenarme, sickerfeuchte bis nasse Böden; Pseudo-(Gley).

Von den Arten der Winkel-Seggen-Gruppe kommen der Eisenhutblättrige Hahnenfuß und die Weiße Pestwurz in Bergwäldern vor. Die Zittergras-Segge ist in Nordwestdeutschland selten.

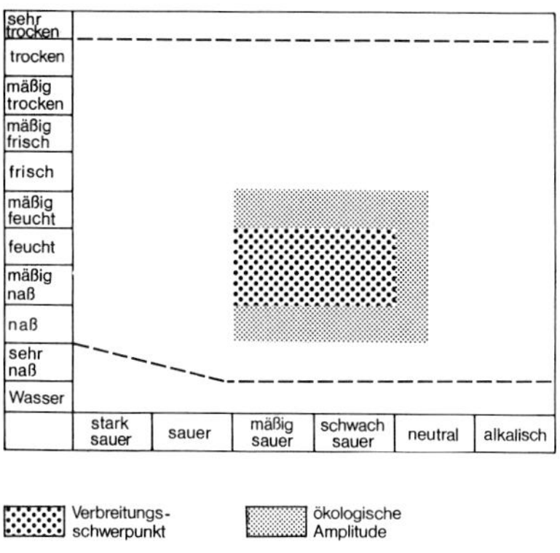

1 Eisenhutblättriger Hahnenfuß
(Ranunculus aconitifolius)
Blüten: weiß, 1–2 cm im Durchmesser; Blütenstand reichblütig; Blütenstiele flaumig behaart.
Blätter: am Grunde langgestielt, handförmig, 3- bis 7teilig; Stengelblätter sitzend.
Stengel: reich verzweigt, oberwärts schwach behaart.
30–120 cm; 5–7.

2 Hain-Gilbweiderich
(Lysimachia nemorum)
Blüten: gelb, ca. 10 mm breit, blattachselständig, einzeln an dünnen Stielen; Kelchzipfel pfriemlich.
Blätter: kurz gestielt, eiförmig zugespitzt und durchscheinend punktiert.
Stengel: kriechend.
10–30 cm; 5–7.

3 Winkel-Segge *(Carex remota)*
Blüten: in 5–9 Ährchen, untere weit voneinander entfernt; Ährchen unten mit Staubblättern, oben mit Fruchtblättern.
Blätter: 2–3 mm breit, schlaff und dunkelgrün; Tragblätter den Stengel überragend.
Stengel: dreikantig, schlaff, oft überhängend.
Horstpflanze; 30–50 cm; 5–7.

4 Hain-Sternmiere *(Stellaria nemorum)*
Blüten: weiß, mit 5 tief zweispaltigen Blütenblättern; doppelt so lang wie die Kelchblätter.
Blätter: länglich-eiförmig, am Rande bewimpert, oben sitzend, unten gestielt.
Stengel: rund und behaart, glasig, leicht brechend.
Pflanze mit Ausläufern; 20–40 cm; 5–8.

5 Berg-Ehrenpreis *(Veronica montana)*
Blüten: blaßlila, dunkel geadert; in blattachselständigen, armblütigen Trauben; Frucht flach, vorn ausgerandet (fast brillenförmig).
Blätter: langgestielt, rundlich-eiförmig, gekerbt-gesägt.
Stengel: kriechend, an der Spitze aufsteigend; gleichmäßig behaart.
10–30 cm; 5–6.

► s. S. 104

1
2
3
4
5

17. Winkel-Seggen *(Carex remota)* -Gruppe

1 Wald-Vergißmeinnicht
(Myosotis sylvatica)
Blüten: hellblau, in wenigblütigen, traubigen Blütenständen; Kelch abstehend behaart, Haare hakig gekrümmt.
Blätter: wie der Stengel behaart.
15–40 cm; 4–6.

2 Wald-Schachtelhalm
(Equisetum sylvaticum)
Sporenährentragende Sprosse anfänglich bleich und astlos, später grün und ästig wie die unfruchtbaren Sprossen. Äste verzweigt und bogig überhängend; Stengelscheiden mit drei bis sechs Zähnen.
15–50 cm; Sporenreife 4–6.

3 Weiße Pestwurz *(Petasites albus)*
Blüten: in traubig angeordneten, gelblichen Köpfchen; vor den Blättern erscheinend.
Blätter: groß, rundlich-herzförmig, ungleichmäßig gezähnt; Blattoberseite kurzhaarig rauh, Unterseite graufilzig behaart.
10–35 cm (zur Fruchtzeit bis 80 cm); 3–5.

4 Zittergras-Segge *(Carex brizoides)*
Blüten: in drei bis sechs, bis 2 cm langen Ähren, oben mit weiblichen und unten mit männlichen Blüten.
Blätter: schlaff überhängend, länger als der Stengel.
Stengel: schwach dreikantig, oben rauh.
Pflanze rasenbildend; 30–60 cm; 5–6.

s. S. 102 ◄

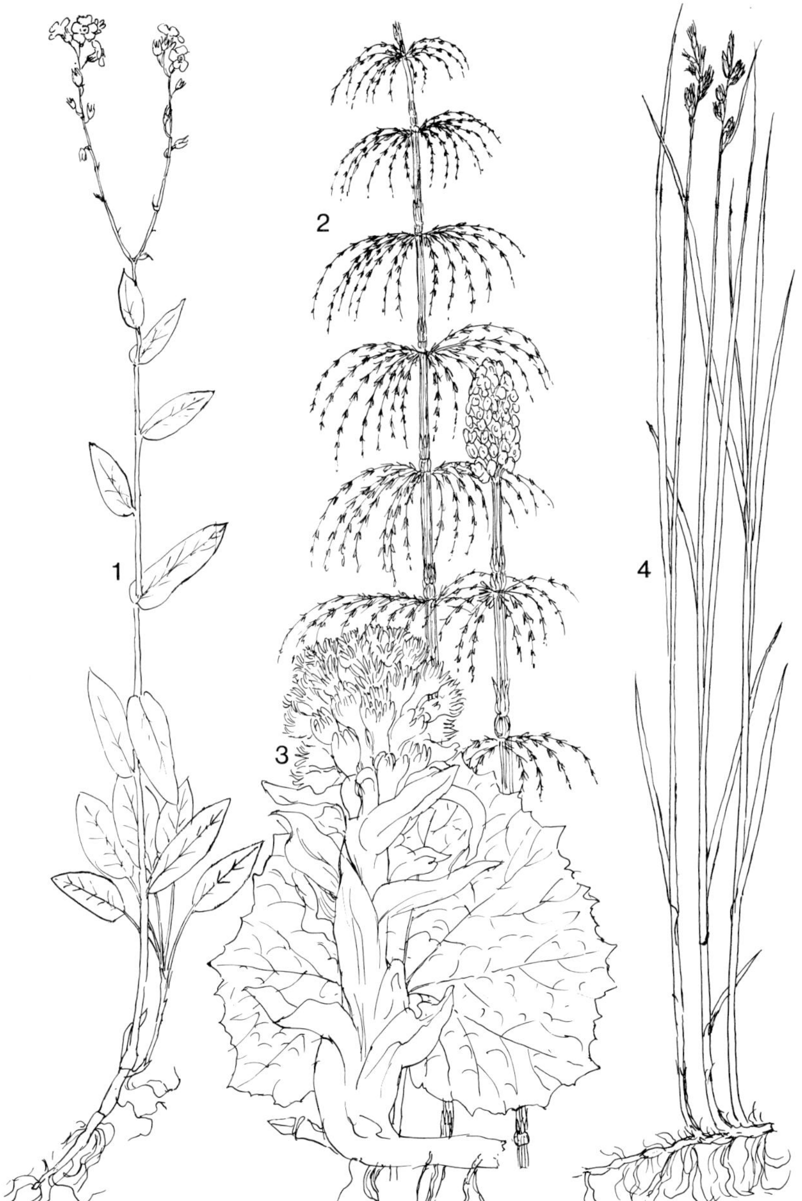
1
2
3
4

18. Wald-Ziest *(Stachys sylvatica)* -Gruppe

Vorkommen: In Edellaubmischwäldern, aber auch in feuchten Ausbildungen von Buchen-, Eichen-Hainbuchen- und Nadelmischwäldern; oft an Waldquellen, Bächen und feuchten Waldwegen.

Standort: Nährstoff- und basenreiche, feuchte bis nasse Böden; gute Streuzersetzung (Mull); Pseudo-Gley.
Arten der Wald-Ziest-Gruppe weisen auf Sickerfeuchte hin, d. h. auf bewegtes, sauerstoffreiches Wasser. Das großblütige Springkraut kommt im subkontinentalen Klimabereich ausschließlich in Edellaubmischwäldern vor, unter subatlantischen Klimabedingungen ist diese Art aber auch regelmäßig in Buchen- und Eichen-Hainbuchenwäldern zu finden.

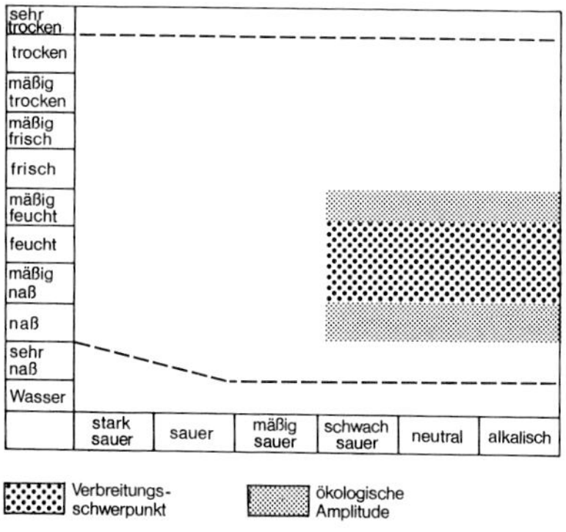

1 Wald-Ziest *(Stachys sylvatica)*
Blüten: dunkelpurpurne Lippenblüten, meist zu 6 in dicht übereinanderstehenden Scheinquirlen; Fruchtknoten vierteilig.
Blätter: nesselartig, dicht abstehend behaart, kreuzweise gegenständig.
Stengel: vierkantig, hohl; Pflanze mit unangenehmem Geruch.
30–100 cm, 6–9.

2 Riesen-Schachtelhalm
(Equisetum telmateia)
Sporenährentragende Sprosse astlos, bleich; Sporenähre gipfelständig, bis 6 cm lang.
Ährenlose Sprosse besonders am Sproßende ästig, ungefurcht, Stengelscheiden 2 cm lang; 20–40 zähnig.
30–120 cm; Sporenreife 4–5.

3 Hänge-Segge *(Carex pendula)*
Blüten: 1 endständige Staubblattähre, darunter 4–7 Fruchtblattähren, bis über 10 cm lang, grünlich, gestielt und überhängend.
Blätter: dunkelgrün glänzend, 10–20 mm breit, unterseits gekielt.
Stengel: dreikantig und glatt.
50–150 cm; 5–6.

4 Blutroter Ampfer *(Rumex sanguineus)*
Blüten: Hüllblätter grün, rot überlaufen und ganzrandig.
Blätter: nur bis zur Mitte des Blütenstandes.
Stengel: besonders am Grunde rot überlaufen.
30–80 cm; 7–8.

5 Großblütiges Springkraut
(Impatiens noli-tangere)
Blüten: goldgelb, innen rot punktiert, groß (2–3 cm lang), meist in drei- bis vierblütigen Trauben, hängend; zweiseitig symmetrisch, mit gekrümmtem Sporn; Samenverbreitung durch Schleuderfrüchte.
Blätter: eiförmig, grob gezähnt, wechselständig.
Stengel: ästig, zart durchscheinend.
30–80 cm; 6–9.

6 Wechselblättriges Milzkraut
(Chrysosplenium alternifolium)
Blüten: grünlich-gelb, in Trugdolden, von grünlich-gelben Hochblättern umgeben.
Blätter: lang gestielt, wechselständig, nierenförmig und tief gekerbt.
Stengel: dreikantig, zerstreut behaart.
Pflanze lockerrasig; 5–15 cm; 4–5.

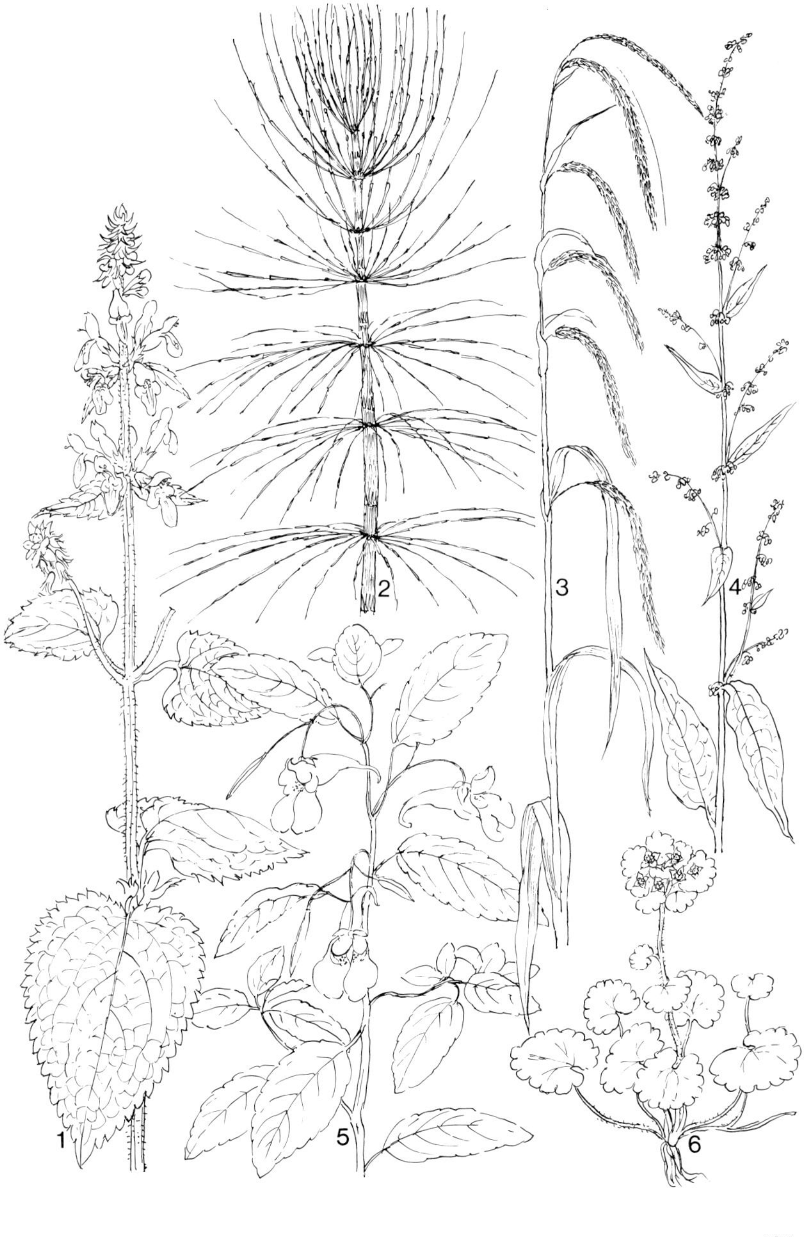
1
2
3
4
5
6

19. Mädesüß *(Filipendula ulmaria)* -Gruppe

Vorkommen:
In Auen- und Erlenbruchwäldern sowie in nassen Eichen-Hainbuchenwäldern; oft auf Lichtungen und an Waldrändern.

Standort:
Nasse Böden, gegenüber Nährstoff- und Basenversorgung ziemlich indifferent; Gley.

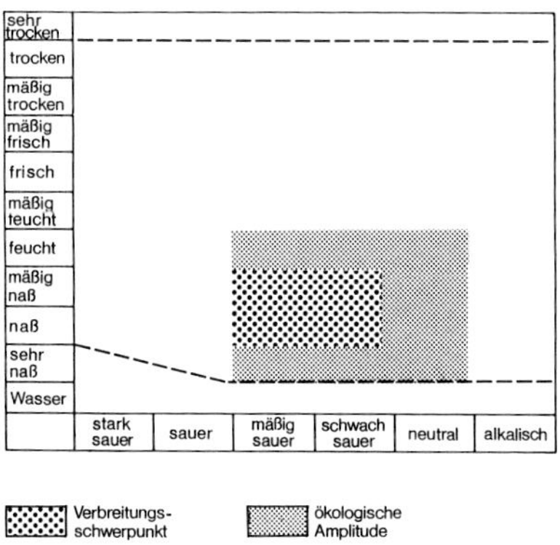

1 Sumpf-Distel *(Cirsium palustre)*
Blüten: in purpurroten Köpfchen; Hüllblätter mit Dornspitzen.
Blätter: untere Blätter fiederspaltig; unterseits spinnwebig behaart.
Stengel: stachelig geflügelt.
60–150 cm; 7–9.

2 Gemeiner Gilbweiderich
(Lysimachia vulgaris)
Blüten: gelb, in end- oder blattachselständigen Blütentrauben; Blütenkronblätter am Grunde röhrig verwachsen; Kelchzipfel rot gerandet; Frucht eine Kapsel.
Blätter: meist zu dritt, quirlständig.
Stengel: aufrecht, verzweigt und behaart.
50–120 cm; 6–8.

3 Wiesen-Schaumkraut
(Cardamine pratensis)
Blüten: lila, rosa oder weiß; Kreuzblüte; Staubbeutel gelb.
Blätter: unpaarig gefiedert; am Grund mit rundlich-eiförmigen, weiter oben mit linealischen Fiederblättern.
Stengel: rund und hohl.
20–50 cm; 4–6.

4 Flatter-Binse *(Juncus effusus)*
Blüten: durch das aufgerichtete Hochblatt scheinbar seitenständig, locker und ausgebreitet.
Stengel: grasgrün, glatt und glänzend; mit weißem Mark gefüllt.
30–100 cm; 6–8.

Ähnlich: **Blaugrüne Binse** *(Juncus inflexus)* aber Stengel blaugrün, gerillt; Mark gekämmert.
Ähnlich: **Knäuel-Binse** *(Juncus conglomeratus)* aber Stengel graugrün, glanzlos, feingestreift.
Blütenstand knäulig zusammengezogen.

5 Echtes Mädesüß *(Filipendula ulmaria)*
Blüten: klein, weiß und duftend; in ästigen Trugdolden.
Blätter: unterbrochen gefiedert, mit Nebenblättern.
Stengel: kantig und kahl.
50–150 cm; 6–8.

► s. S. 110

1
2
3
4
5

19. Mädesüß *(Filipendula ulmaria)* -Gruppe

1 Sumpf-Vergißmeinnicht
(Myosotis palustris)
Blüten: trichterförmig, mit ausgebreiteten Blütenkronzipfeln; in traubenartigen Blütenständen; Kelch anliegend behaart.
Blätter: länglich und behaart.
Stengel: meist aufsteigend; Grundachse ausläuferartig weit kriechend; oben meist abstehend behaart.
20–50 cm; 4–10.

2 Wald-Engelwurz *(Angelica sylvestris)*
Blüten: weiß bis hellrosa; in 20–40strahligen Dolden; Hülle fehlend, Hüllchen zahlreich.
Blätter: groß, zwei- bis dreifach gefiedert, Blattscheiden groß, bauchig aufgeblasen.
Stengel: hohl, rund, feingerillt und weißlich bereift.
80–200 cm; 7–8.

3 Kriechender Hahnenfuß
(Ranunculus repens)
Blüten: gelb, an langen, gefurchten Blütenstielen; Blüten- und Kelchblätter 5.
Blätter: dreizählig oder doppelt dreizählig gefiedert, mittleres Blättchen länger gestielt.
Stengel: liegend, bogig aufsteigend, mit langen, oberirdischen, an den Knoten wurzelnden Ausläufern.
10–40 cm; 5–7.

4 Bach-Nelkenwurz *(Geum rivale)*
Blüten: rötlich-gelb, von rotbraunen Kelchblättern umgeben; glockig und nikkend.
Blätter: langgestielt, unterbrochen gefiedert, mit großer Endfieder.
Stengel: aufrecht, mehrblütig, drüsig behaart.
20–60 cm; 4–6.

5 Gemeines Rispengras *(Poa trivialis)*
Blüten: in lockerer Rispe, Ährchen hellgrün, unbegrannt.
Blätter: oberseits matt, unterseits stark glänzend, gekielt.
Stengel: wie die Scheiden rauh; mit oberirdischen Kriechtrieben.
20–60 cm; 5–6.

6 Wald-Simse *(Scirpus sylvaticus)*
Blüten: in lockerer, weit ausladender Spirre; Ährchen schwärzlich-grün, zu 3–5köpfig gebüschelt.
Blätter: hellgrün, 8–12 mm breit, rinnig.
Stengel: hohl, dreikantig.
80–100 cm; 5–7.

s. S. 108 ◄

1
2
3
4
5
6

20. Sumpf-Seggen *(Carex acutiformis)* -Gruppe

Vorkommen:
In Auen- und Erlenbruchwäldern; oft an Waldrändern, auf Waldlichtungen und sumpfigen Waldwiesen; häufig außerhalb der Wälder in Ufergesellschaften und Sumpfwiesen.

Standort:
Nährstoff- und basenreiche, nasse Gleyböden.

Arten der Sumpf-Seggen-Gruppen werden durch zeitweilig hoch anstehendes Grundwasser, durch Quellnässe oder durch Überschwemmungen begünstigt.

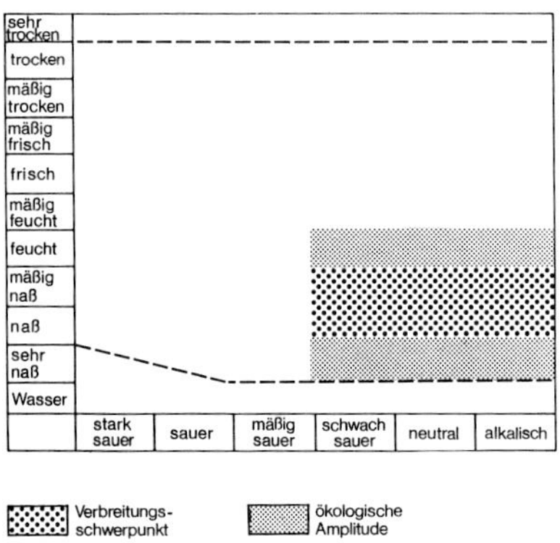

1 Bitteres Schaumkraut
(Cardamine amara)
Blüten: weiß, in Trauben; 4 Kelch- und Blütenblätter, 6 violette Staubblätter, Schotenfrüchte.
Blätter: unpaarig gefiedert.
Stengel: markig und kantig.
10–40 cm; 4–6.

2 Sumpf-Dotterblume *(Caltha palustris)*
Blüten: leuchtendgelb, mit zahlreichen Staubblättern; Kelchblätter blumenblattartig, Blütenblätter in Honigblätter umgewandelt.
Blätter: glänzend, dunkelgrün, rundlich bis nierenförmig, gekerbt.
Stengel: liegend bis aufsteigend, hohl und kahl.
15–50 cm; 3–5.

3 Sumpf-Segge *(Carex acutiformis)*
Blüten: an der Spitze mit 2–3 Staubblattähren, darunter 2–4 Fruchtblattähren; Ähren 2–6 cm lang, walzlich.
Blätter: 4–10 mm breit, graugrün; Blattscheiden am Grund braunrot.
Stengel: scharf dreikantig, rauh.
Pflanze mit Ausläufern; 30–100 cm; 5–6.

4 Gegenblättriges Milzkraut
(Chrysosplenium oppositifolium)
Blüten: gelb, in Trugdolden, von grünlichgelben Hochblättern umgeben.
Blätter: kurz gestielt, gegenständig, nierenförmig und tief gekerbt.
Stengel: vierkantig.
Pflanze dichtrasig; 5–15 cm; 4–5.

5 Sumpf-Pippau *(Crepis paludosa)*
Blüten: gelbe Korbblüten; Hüllblätter ± schwarzdrüsig; Haarkrone schmutzig weiß, spröde zerbrechend.
Blätter: obere Blätter herz-spießförmig, stengelumfassend, untere in den Stiel verschmälert, gezähnt und kahl.
Stengel: spärlich abstehend beblättert.
30–100 cm; 5–8.

► s. S. 114

1
2
3
4
5

20. Sumpf-Seggen *(Carex acutiformis)* -Gruppe

1 Kohldistel *(Cirsium oleraceum)*
Blüten: in gelblich-weißen Köpfchen, von dornig gewimperten, ungeteilten und bleichen Hochblättern umgeben.
Blätter: gelblich-grün, dornig gewimpert, weichstachelig und stengelumfassend, untere Blätter fiederspaltig.
50–150 cm, 6–9.

2 Rohr-Glanzgras *(Phalaris arundinacea)*
Blüten: in bleichgrüner bis rötlicher Rispe, Ährchen büschelig gehäuft.
Blätter: 10–35 cm lang, 6–16 mm breit, flach und fest, grün oder weißlich-grün.
Kräftiges, rohrartiges Gras; 100–200 cm; 6–7.

3 Wasserdost *(Eupatorium cannabinum)*
Blüten: hellrot; wenigblütige Köpfchen in dichten Doldenrispen.
Blätter: gegenständig, bis auf den Grund 3–5teilig und grob gesägt.
Stengel: unverzweigt, kurz behaart.
75–150 cm; 7–9.

4 Gemeiner Beinwell
(Symphytum officinale)
Blüten: rotviolett oder gelblich bis weiß; nickend.
Blätter: breit lanzettlich, steifhaarig; am Stengel herablaufend.
Stengel: ästig und ebenfalls rauhhaarig.
30–100 cm; 5–7.

5 Blut-Weiderich *(Lythrum salicaria)*
Blüten: purpurrot; in dichter Blütenähre; Kronblätter 6.
Blätter: lanzettlich und zugespitzt.
Stengel: kantig, kurz behaart.
50–100 cm; 7–9.

s. S. 112 ◄

1
2
3
4
5

21. Sumpffarn *(Thelypteris palustris)* -Gruppe

Vorkommen:
In Erlenbruchwäldern und Waldsümpfen.

Standort:
Mäßig nährstoff- und basenhaltiges, nasses Niedermoor.

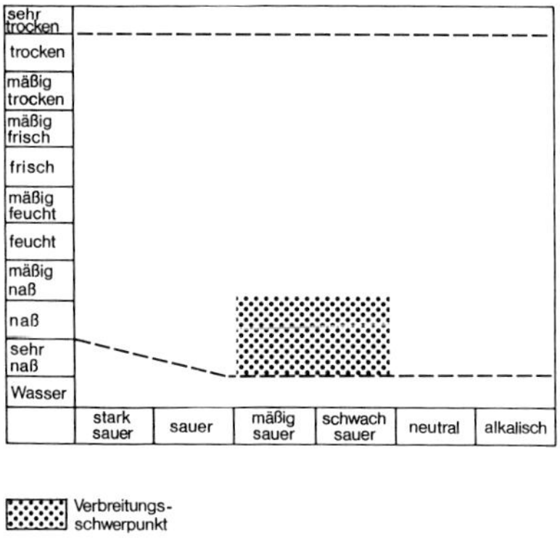

1 Schlangenwurz *(Calla palustris)*
Blüten: kolbiger Blütenstand von einem auffallenden, außen grün und innen weiß gefärbten, eiförmigen Hochblatt umgeben; rote Beeren.
Blätter: herzförmig, lang gestielt.
Stengel: kriechend.
10–30 cm; 5–7.

2 Sumpffarn *(Thelypteris palustris)*
Wedel hellgrün, einfach gefiedert; Blattstiel dünn, ohne Schuppen, etwa so lang wie die Spreite; sporentragende Fiedern am Rande umgerollt.
Pflanzen in Herden; 20–80 cm; Sporenreife 7–9.

3 Sumpf-Reitgras
(Calamagrostis canescens)
Blüten: in 10–25 cm langen Rispen; Ährchen schmal und kurz begrannt (1 mm).
Blätter: sehr lang und schmal, steif, am Rande rauh.
60–120 cm; 7–8.

4 Walzen-Segge *(Carex elongata)*
Blüten: in 8–12 aufrechten, dicht stehenden Ährchen; Ährchen unten mit Staubblättern, oben mit Fruchtblättern.
Blätter: hellgrün, glänzend und schlaff.
Stengel: scharf dreikantig, deutlich rauh.
Horstgras; 30–80 cm; 5–6.

5 Sumpf-Labkraut *(Galium palustre)*
Blüten: weiß und klein, in lockerer Rispe, Staubbeutel rot.
Blätter: lineal-lanzettlich, ohne Blattspitze, einnervig, zu 4 quirlständig.
Stengel: niederliegend bis aufsteigend, rauh und vierkantig.
15–60 cm; 5–8.

6 Sumpf-Haarstrang
(Peucedanum palustre)
Blüten: in 15–30strahliger Dolde; Hüll- und Hüllchenblätter breit hautrandig.
Blätter: 2–3fach gefiedert, Zipfel lineal-lanzettlich, weiß bespitzt.
Stengel: hohl, kantig gefurcht.
80–150 cm; 7–8.

1
2
3
4
5
6

22. Schwertlilien *(Iris pseudacorus)* -Gruppe

Vorkommen:
In Erlenbruch- und Auenwäldern; außerhalb der Wälder in Verlandungsgesellschaften und Wiesensümpfen.

Standort:
Extrem nasses, einen Teil des Jahres unter Wasser stehendes, nährstoff- und basenreiches Niedermoor.

Zur Schwertlilien-Gruppe gehören außerdem **Hopfen** und **Bittersüßer Nachtschatten** (s. S. 28), die an den Bäumen und Sträuchern emporklettern.

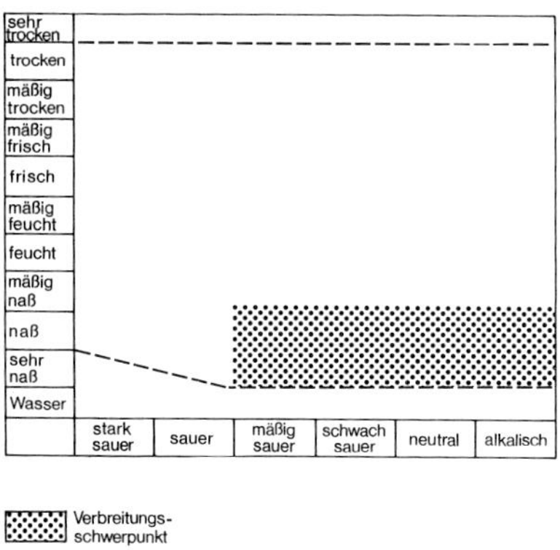

1 Gelbe Schwertlilie *(Iris pseudacorus)*
Blüten: gelb, mit 6 Blütenblättern, äußere größer und zurückgebogen, innere kleiner und aufrecht; Frucht eine Kapsel.
Blätter: schwertförmig, bis 3 cm breit.
Geschützt; 50–100 cm; 5–7.

2 Wasser-Minze *(Mentha aquatica)*
Blüten: hellviolette Lippenblüten in endständigen, dichten Köpfchen, darunter oft noch 1–2 kleinere Scheinquirle.
Blätter: eiförmig, gesägt und behaart, kreuzweise gegenständig, mit Pfefferminzgeruch.
Stengel: vierkantig, ± behaart.
20–80 cm; 7–9.

3 Wolfstrapp *(Lycopus europaeus)*
Blüten: weiße Lippenblüten, innen rot punktiert, in dichten blattachselständigen Scheinquirlen.
Blätter: buchtig gezähnt, kreuzweise gegenständig, nur am Grunde fiederspaltig.
Stengel: vierkantig und ästig.
20–80 cm; 7–9.

4 Teich-Schachtelhalm
(Equisetum fluviatile)
Fruchtbare und unfruchtbare Sprosse gleich gestaltet.
Stengel: glatt, fein gestreift; Scheiden eng anliegend, 15–20 zähnig, mit wenigen unregelmäßigen Ästen.
Sporenähre oben abgerundet.
30–120 cm; Sporenreife 5–6.

5 Scheinzypergras-Segge
(Carex pseudocyperus)
Blüten: 1 endständige Staubblattähre, darunter 4–6 langgestielte, überhängende Fruchtblattähren. Frucht lang geschnäbelt.
Blätter: gelbgrün und glänzend, 7–12 mm breit.
Stengel: scharf dreikantig, rauh.
40–80 cm; 6.

6 Riesen-Ampfer
(Rumex hydrolapathum)
Blüten: in reichblütigen, verzweigten Rispen, Blüttenhülle grün, rot überlaufen.
Blätter: breit-lanzettlich, groß, bis 1 m lang, am Grunde verschmälert.
80–200 cm; 7–8.

1
3
2
4
5
6

23. Eichenfarn *(Gymnocarpium dryopteris)* -Gruppe

Vorkommen:
In Buchen-, Schatthang- und Nadelmischwäldern des Berg- und Hügellandes.

Standort:
Luftfeuchte und schattige Lagen; saure bis schwach saure, frische bis feuchte Böden mit starker Moderauflage; oligo- bis mesotrophe Braunerde.

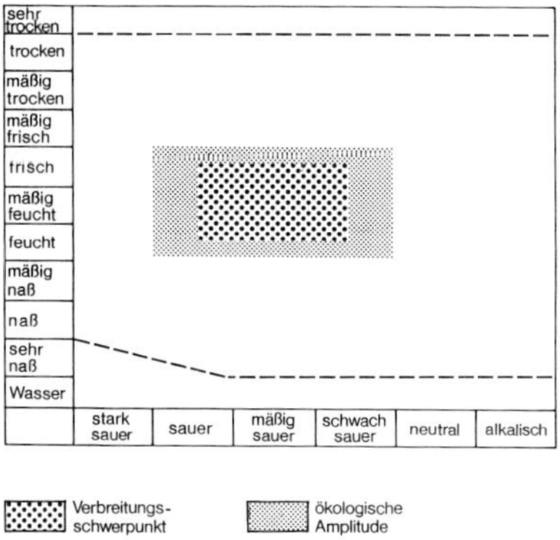

1 Breitblättriger Dornfarn
(Dryopteris dilatata)

Blätter: derb dunkelgrün, 2–3fach gefiedert, im Umriß dreieckig, bogig überhängend, 2–3mal so lang wie der Blattstiel; dieser am Grund mit vielen braunen Spreuschuppen mit dunklerem Mittelstreif. Sporenhäufchen mit nierenförmigem Schleier.
40–90 cm; Sporenreife 7–9.

2 Echter Eichenfarn
(Gymnocarpium dryopteris)

Kleiner und zarter Waldfarn; Wedel von dreieckigem Umriß, lang gestielt, doppelt gefiedert. Sporenhäufchen, auf der Blattunterseite rundlich ohne Schleier.
10–40 cm; Sporenreife 7–8.

3 Gemeiner Frauenfarn
(Athyrium filix-femina)

s. S. 94.

4 Buchenfarn *(Thelypteris phegopteris)*

Wedel einfach gefiedert, unterstes Fiederpaar abwärts gerichtet; Blattspreite hellgrün, unterseits kurzhaarig.
Sporenhäufchen auf der Blattunterseite rundlich, ohne Schleier.
10–40 cm; Sporenreife 7–9.

5 Gemeiner Wurmfarn
(Dryopteris filix-mas)

Wedel trichterförmig angeordnet, kräftig und dunkelgrün; meist zweifach gefiedert; Blattstiel mit braunen Spreuschuppen.
Sporenhäufchen auf der Blattunterseite mit nierenförmigem Schleier.
30–120 cm; Sporenreife 7–9.

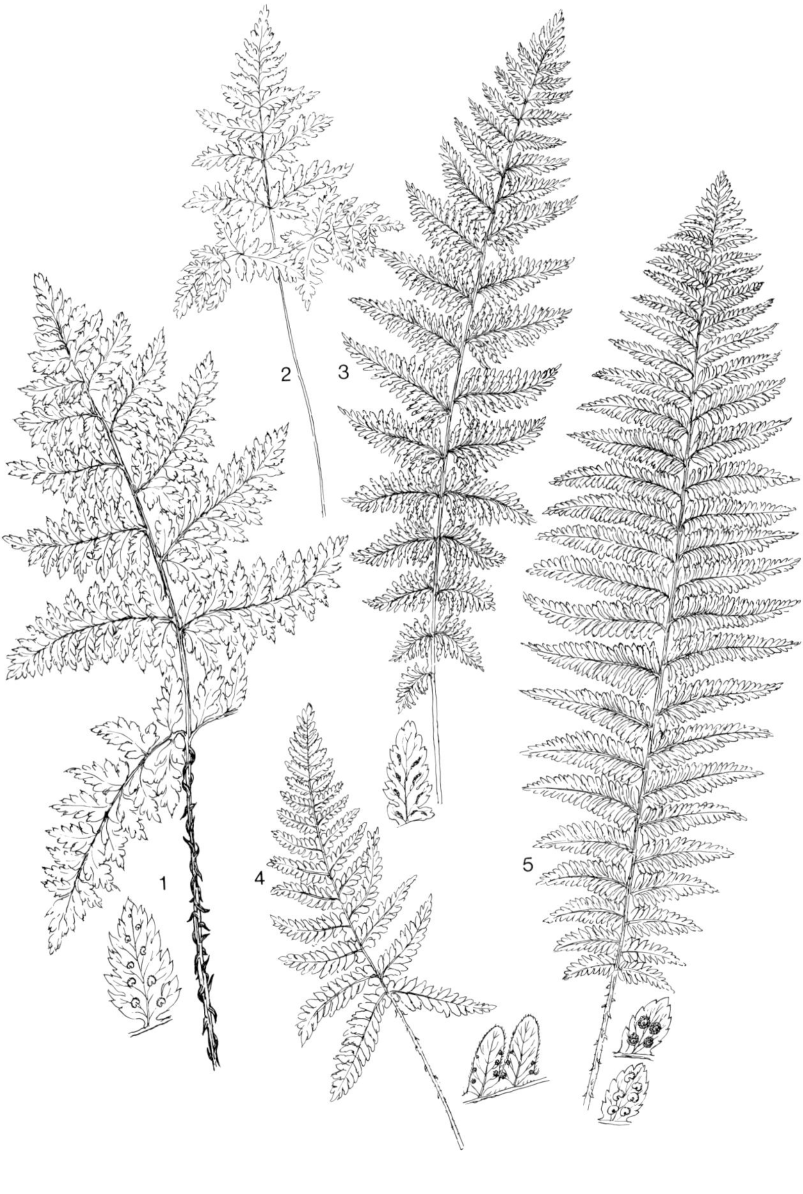
1
2
3
4
5

24. Silberblatt *(Lunaria rediviva)* -Gruppe

Vorkommen:
In edellaubholzreichen Hang- und Blockschuttwäldern des Berg- und Hügellandes.

Standort:
Schattige und luftfeuchte, stark geneigte, blockschuttreiche Hänge; frische bis feuchte, nährstoff- und meist basenreiche Böden guter Streuzersetzung (Mull); meso- bis eutrophe Braunerden; Mull-Rendzina.

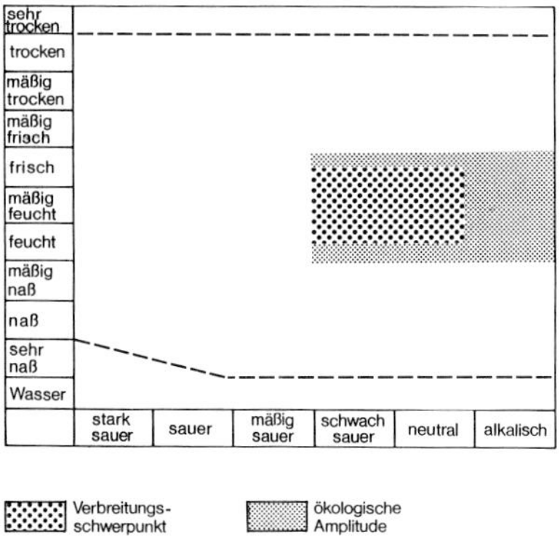

1 Ausdauerndes Silberblatt
(Lunaria rediviva)
Blüten: hellviolett und langgestielt, mit je 4 Blüten- und Kelchblättern sowie 6 Staubblättern; Schoten elliptisch-breitlanzettlich, an beiden Enden zugespitzt.
Blätter: herzförmig, stachelspitzig gezähnt und gestielt.
Stengel: aufrecht, kantig, kurz behaart.
Geschützt; 30–120 cm; 5–7.

2 Gelappter Schildfarn
(Polystichum aculeatum)
Wedel derb-lederig, wintergrün, dunkelgrün glänzend, doppelt gefiedert; Umriß lanzettlich; Fiederchen scharf gesägt, mit Stachelspitze.
Sporenhäufchen in zwei Reihen auf der Blattunterseite, mit rundlichem, schildförmigem Schleier. Blattstiel dicht spreuschuppig.
Geschützt; 30–80 cm; Sporenreife 7–8.

3 Zerbrechlicher Blasenfarn
(Cystopteris fragilis)
Wedel hellgrün und zart, 2–3fach gefiedert, in Büscheln wachsend; Sporangien in rundlichen Sporenhäufchen neben den Nerven auf der Unterseite der Blätter.
10–40 cm; Sporenreife 7–9.

4 Braunstieliger Streifenfarn
(Asplenium trichomanes)
Wedel einfach gefiedert, Fiedern rundlich, gegenständig; Blattstiele rotbraun bis schwarzbraun, schmal geflügelt.
5–30 cm; Sporenreife 7–8.

5 Hirschzunge *(Phyllitis scolopendrium)*
Wedel zungenförmig, mit herzförmigem Grund. Sporenhäufchen auf der Blattunterseite in Linien längs der Blattnerven. Blattstiel dicht mit Spreuschuppen besetzt.
Geschützt; 15–50 cm; Sporenreife 7–9.

6 Wald-Geißbart *(Aruncus dioicus)*
Blüten: gelblich-weiß und klein, in reichblütigen, langen Rispen; Pflanze zweihäusig.
Blätter: sehr groß, bis 1 m lang, zwei- bis dreifach dreizählig gefiedert.
Stengel: aufrecht und kahl.
Geschützt; bis 200 cm; 6–7.

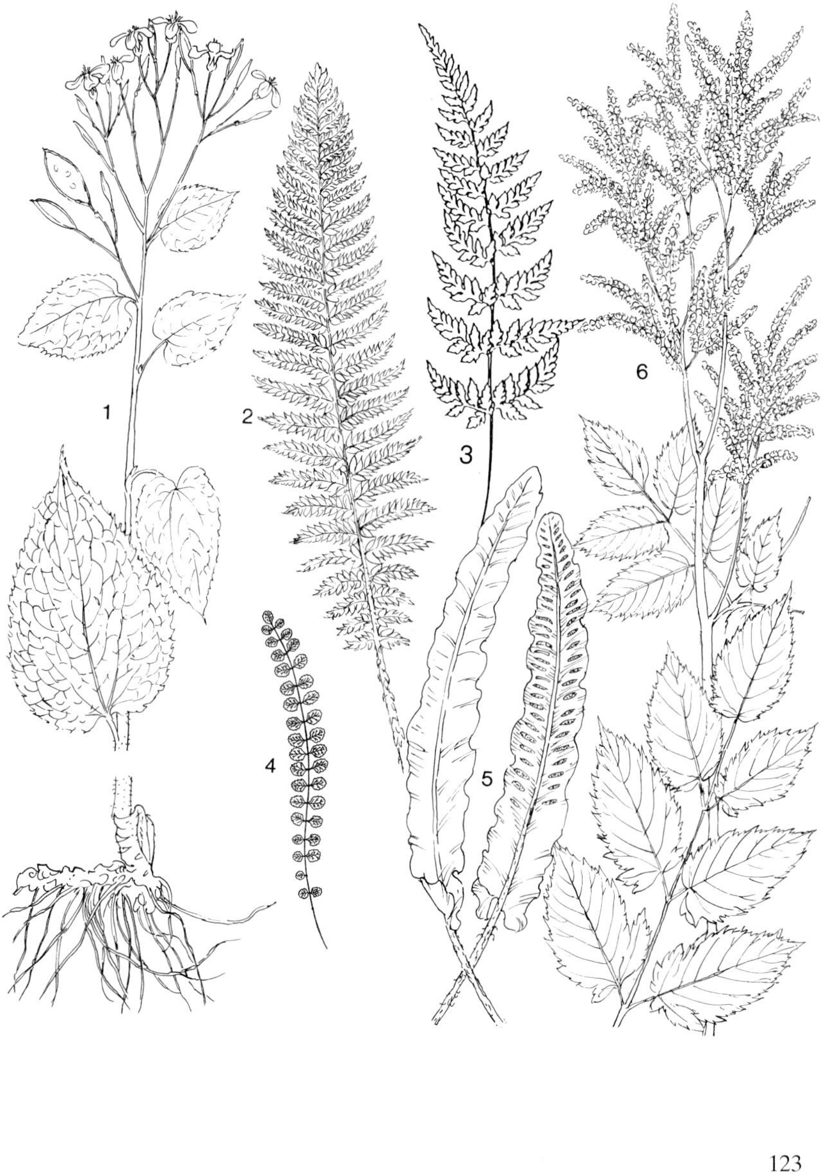
1
2
3
4
5
6

25. Brennessel *(Urtica dioica)* -Gruppe

Vorkommen:
In nährstoffreichen Ausbildungen verschiedener Waldgesellschaften; auch an Wegen und auf Waldlichtungen.

Standort:
Nährstoffreiche, mäßig saure bis alkalische, frische bis feuchte Böden; Mull-Rendzina, eutrophe Braunerde, Gley.

Zeiger für gute Stickstoffversorgung.

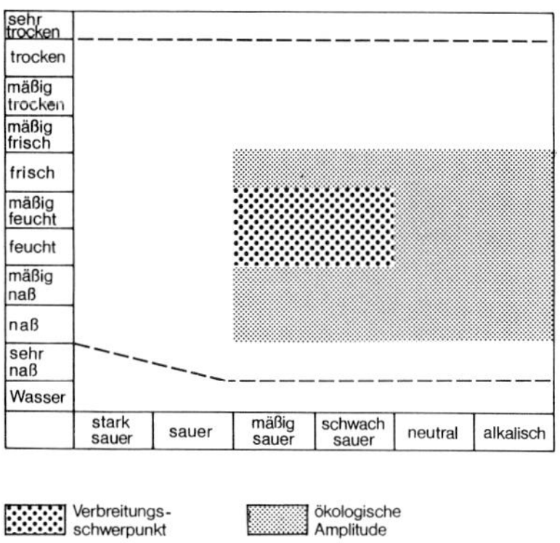

1 Große Brennessel *(Urtica dioica)*
Blüten: grün, in blattachselständigen Rispen; Pflanze zweihäusig (Pflanzen entweder mit Staubblatt- oder Fruchtblattblüten).
Blätter: gegenständig, am Grunde herzförmig oder abgerundet, grob gesägt, mit Brennhaaren.
30–120 cm; 6–9.

2 Kletten-Labkraut *(Galium aparine)*
Blüten: grünlichweiß und klein, in armblütigen, blattachselständigen Trugdolden; Früchte kugelig, dicht mit hakigen Borsten besetzt.
Blätter: mit Stachelspitze, zu 6–9 quirlständig; auf den Rippen und am Rand mit rückwärtsgerichteten Stacheln.
Stengel: kriechend oder klimmend, ästig, vierkantig, sehr rauh.
50–150 cm; 6–10.

3 Lauch-Hederich, Knoblauchsrauke *(Alliaria petiolata)*
Blüten: weiß, in Trauben; 4 Kelch- und 4 Blütenblätter, 6 Staubblätter; Früchte lange Schoten.
Blätter: untere Blätter lang gestielt, nieren-herzförmig; obere Blätter schmaler und spitz gezähnt; beim Zerreiben nach Knoblauch riechend.
30–100 cm; 4–6.

4 Gundermann, Gundelrebe *(Glechoma hederacea)*
Blüten: blauviolette Lippenblüten, zu 1–4 blattachselständig; Fruchtknoten vierteilig.
Blätter: oberseits glänzend, unterseits mattgrün, nierenförmig, gekerbt, kreuzweise gegenständig.
Stengel: vierkantig und weit kriechend, Blütentriebe aufsteigend.
Wintergrün; 10–20 (–40) cm; 3–6.

5 Taumel-Kälberkropf *(Chaerophyllum temulum)*
Blüten: weiß, in 6–12strahliger, zusammengesetzter Dolde, Hülle der Dolde fehlend oder ein- bis zweiblättrig, Hüllchen der Döldchen drei- bis achtblättrig.
Blätter: doppelt gefiedert, spärlich behaart.
Stengel: unter den Knoten deutlich verdickt, gerieft und steifhaarig, rot gefleckt.
30–100 cm; 5–7.

1
2
3
4
5

26. Geißfuß *(Aegopodium podagraria)* -Gruppe

Vorkommen:
In Auenwäldern; auch in nährstoffreichen Ausbildungen von Buchen- und Eichen-Hainbuchenwäldern.

Standort:
Nährstoff- und basenreiche, frische bis feuchte Böden; eutrophe Braunerde, Gley.

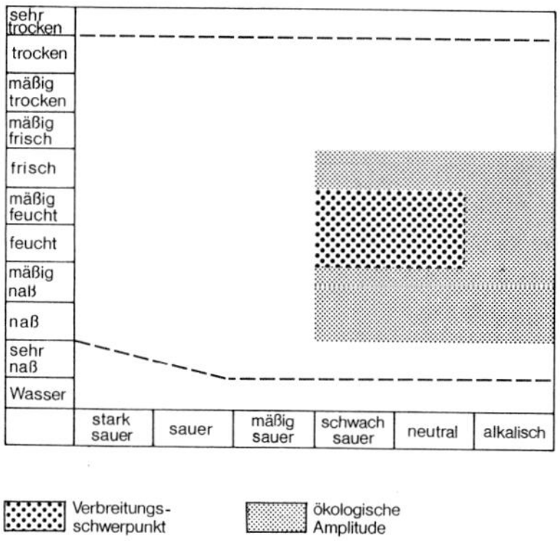

1 Geißfuß, Zaun-Giersch
(Aegopodium podagraria)
Blüten: weiß, in vielstrahligen Dolden; Hülle und Hüllchen fehlend.
Blätter: untere doppelt, obere einfach dreizählig.
Stengel: hohl, kantig und gefurcht, Pflanze mit Ausläufern.
50–160 cm; 5–8.

2 Hunds-Quecke *(Agropyron caninum)*
Blüten: in 5–20 cm langen Ährchen, diese zur Achse quergestellt, Ährchengrannen lang.
Blätter: 5–12 mm breit, grau-grün, beiderseits rauh; am Blattgrund mit Blattröhrchen.
Horstgras; 50–100 cm; 6–7.

3 Rote Lichtnelke *(Silene dioica)*
Blüten: rot, mit fünf tief zweispaltigen Blütenblättern; Kelch bauchig, fünfzähnig und behaart; Pflanze zweihäusig (entweder nur mit Staubblättern oder nur mit Fruchtblättern).
Blätter: gegenständig und ganzrandig.
Stengel: behaart.
30–80 cm; 4–7 (9).

4 Kratzbeere *(Rubus caesius)*
Blüten: weiß bis rötlich, in wenigblütigen Trauben; Früchte blau bereifte Beeren.
Blätter: dreizählig mit lanzettlichen Nebenblättern; wechselständig.
Stengel: kriechend, rund, mit kurzen Stacheln, blau bereift.
30–80 cm; 5–6.

5 Gefleckte Taubnessel
(Lamium maculatum)
Blüten: rote, große Lippenblüten, zu 3–5 in blattachselständigen Scheinquirlen; Fruchtknoten vierteilig.
Blätter: kreuzweise gegenständig, brennnesselähnlich.
Stengel: vierkantig, am Grunde oft rot überlaufen; mit Ausläufern.
20–60 cm; 4–9.

6 Efeublättriger Ehrenpreis
(Veronica hederifolia)
Blüten: klein und hellblau-hellila, einzeln blattachselständig; Staubbeutel zwei.
Blätter: drei- bis fünflappig; efeuähnlich, behaart, ziemlich lang gestielt.
Stengel: niederliegend oder aufsteigend.
5–30 cm; 3–5.

1
2
3
4
5
6

27. Wald-Weidenröschen (*Epilobium angustifolium*) -Gruppe

Nach Kahlhieb oder Windwurf entwickeln sich Schlagfluren. Sie werden durch die hohe Lichtintensität und die großen Niederschlagsmengen gefördert und zeichnen sich infolge der raschen Streuzersetzung durch eine gute Nährstoffversorgung (besonders mit Stickstoff) aus.
Stauden-Schlagfluren mit Tollkirsche, Wald-Trespe und Hain-Klette findet man auf Kalkgesteinsböden sowie auf basenreichem Silikatgestein, Schlagfluren mit Wald-Weidenröschen, Gemeinem Fingerhut und Wald-Kreuzkraut dagegen auf bodensauren Standorten. Als Pioniergehölze gesellen sich zu den Stauden schon bald Hänge-Birke, Sal-Weide, Zitter-Pappel, Vogelbeere sowie Holunder- und Brombeerarten.

1 Wald-Weidenröschen
(Epilobium angustifolium)
Blüten: rot, in endständiger, vielblütiger Traube; Fruchtknoten unterständig.
Blätter: wechselständig, lanzettlich.
Stengel: kahl und unverzweigt, oft rot überlaufen.
50–150 cm; 6–8.

2 Gemeiner Fingerhut
(Digitalis purpurea)
Blüten: rot, innen dunkel gefleckt, röhrig-glockig, in einseitswendiger Traube.
Blätter: am Grunde rosettig und gestielt, obere sitzend; Blattunterseite graufilzig behaart.
Stengel: aufrecht und einfach; graufilzig behaart.
50–120 cm; 6–8.

3 Land-Reitgras *(Calamagrostis epigeios)*
Blüten: in aufrechter, bis 30 cm langer, graugrüner Rispe.
Blätter: schilfartig, am Rande schneidend scharf.
60–150 cm; 6–8.

4 Wald-Kreuzkraut *(Senecio sylvaticus)*
Blüten: hellgelbe, kleine Köpfchen; mit etwas zurückgerollten Blütenblättern; in lockerer, doldiger Rispe.
Blätter: tief fiederspaltig, weichhaarig.
15–80 cm; 6–8.

5 Himbeere *(Rubus idaeus)*
Blüten: weiß, nickend, in armblütiger Rispe; Kelchblätter oft zurückgeschlagen; Frucht eine rote, eßbare Sammelfrucht.
Blätter: gefiedert und grob gesägt, unterseits weißfilzig behaart, wechselständig.
Stengel: feinstachelig.
50–120 cm; 5–6.

6 Wald-Ruhrkraut
(Gnaphalium sylvaticum)
Blüten: kleine Blütenköpfchen mit trokkenhäutigen, braun berandeten Hüllblättern; in weißfilzigen Ähren.
Blätter: schmal und einnervig, unterseits weißfilzig behaart.
Stengel: einfach und graufilzig behaart.
20–40 cm; 7–9.

► s. S. 130

1
2
3
4
5
6

27. Wald-Weidenröschen *(Epilobium angustifolium)* -Gruppe

1 Gemeiner Klettenkerbel *(Torilis japonica)*
Blüten: weiß oder rötlich, in 5–12strahligen Dolden; Hülle und Hüllchen vorhanden; Früchte behaart.
Blätter: meist 2fach gefiedert.
Stengel: fein gerillt und rauhhaarig.
30–125 cm; 6–8.

2 Fuchs-Kreuzkraut *(Senecio fuchsii)*
Blüten: leuchtendgelbe Blütenköpfchen in Scheindolden.
Blätter: gezähnt, kahl, bisweilen unterseits schwach behaart.
Stengel: oft rötlich überlaufen.
60–150 cm; 6–8.

3 Wald-Trespe *(Bromus ramosus)*
Blüten: in großer, lockerer und schlaff überhängender Rispe, auffallend begrannt.
Blätter: Blattscheiden, Blattgrund und Stengel rauhhaarig.
Horstgras; 60–150 cm; 6–8.

4 Hain-Klette *(Arctium nemorosum)*
Blüten: grünliche Blütenköpfchen in überhängenden Rispen, Hüllblätter mit hakenförmiger Spitze.
Blätter: sehr groß.
Stengel: rinnig und hohl.
100–250 cm; 7–8.

5 Tollkirsche *(Atropa belladonna)*
Blüte: braunviolett, glockig und nickend; Früchte glänzend schwarze, sehr giftige Beeren.
Blätter: drüsig behaart, eiförmig und in den Stiel übergehend.
Stengel: stark verzweigt und drüsig behaart.
60–150 cm; 6–7.

6 Wald-Erdbeere *(Fragaria vesca)*
Blüten: weiß mit 10 Kelch- und 5 sich am Rande berührenden Blütenblättern; Frucht eine rote eßbare Sammelfrucht.
Blätter: dreizählig, unterseits behaart.
Pflanze mit Ausläufern; 5–15 cm; 4–6.

s. S. 128 ◄

1
2
3
-4-
5
6

Waldgesellschaften

Wer mit offenen Augen durch den Wald geht, kann immer wieder beobachten, daß einzelne Pflanzenarten in gesetzmäßigen Kombinationen vorkommen und von bestimmten Standortbedingungen abhängig sind. Weniger auffällig und bekannt ist aber der Sachverhalt, daß sich die augenblickliche Artenzusammensetzung eines Waldes erst im Laufe eines langen Entwicklungsprozesses herausgebildet hat und weiterhin ständigen Veränderungen unterworfen ist. Bei diesem Prozeß spielt die Konkurrenz der einzelnen Arten untereinander eine wesentliche Rolle. Im Wettbewerb um geeignete Lebensbedingungen setzen sich die Arten durch, die den herrschenden Standortbedingungen besonders gut angepaßt sind.

Pflanzengesellschaften sind gesetzmäßige, standortabhängige und konkurrenzbedingte Kombinationen von Pflanzenindividuen, die sich mit ihrer Umwelt in einem dynamischen Gleichgewicht befinden.

Für das Verständnis der Pflanzengesellschaften hat sich die begriffliche Trennung zwischen den konkreten Pflanzenbeständen und den abstrakten Vegetationseinheiten als zweckmäßig erwiesen. Einen konkreten Pflanzenbestand bezeichnet man als Pflanzengemeinschaft; der Begriff Pflanzengesellschaft stellt dagegen einen bestimmten Typus dar und wird im abstrakten Sinne verwendet.

Die Erforschung der Pflanzengesellschaften fällt in das Gebiet der Pflanzensoziologie oder Vegetationskunde. Eine Einführung in die Grundlagen dieses Wissenschaftsbereiches geben zahlreiche Lehrbücher (Ellenberg 1956; Braun-Blanquet 1964; Fukarek 1964; Knapp 1971; Ellenberg und Müller-Dombois 1974; Wilmanns 1989).

Anfertigen von Vegetationsaufnahmen

Zu den wichtigsten Arbeitsverfahren der Pflanzensoziologie gehören Vegetationsaufnahmen. Sie bilden die Grundlage für die Erfassung, Beschreibung, Beurteilung und systematische Einordnung der Waldgesellschaften.

Eine Vegetationsaufnahme ist eine Zusammenstellung aller Pflanzenarten, die auf einer bestimmten Probefläche vorkommen. Sie wird durch Angaben über das mengenmäßige Vorkommen der einzelnen Arten sowie den Fundort und die dort wirkenden Standortfaktoren ergänzt.

Bei einem Gang durch ein Waldgebiet reihen sich die Eindrücke von der Mannigfaltigkeit des Gesehenen leicht beziehungslos aneinander und vermischen sich zu einem diffusen und zufälligen Bild. Wer die gesetzmäßige Artenzusammensetzung der Wälder genauer kennenlernen und die Ursachen für ihr Vorkommen ergründen will, sollte sein Augenmerk auf einen einzelnen Standort konzentrieren und hier eine Vegetationsaufnahme anfertigen.

Nachdem man sich einen Überblick über ein Waldgebiet verschafft hat, wird eine geeignete Untersuchungsfläche ausgewählt. Dafür gilt folgender Grundsatz:

Probeflächen müssen homogene Standortbedingungen aufweisen und sich durch eine einheitliche Verteilung der Vegetation auszeichnen. Sie müssen eine ausreichende Größe besitzen und alle Arten enthalten, die für den gewählten Standort typisch sind (s. Abb. 2).

Im einzelnen sind folgende Gesichtspunkte zu beachten:
- Die Probefläche darf nicht verschiedene Pflanzengesellschaften umfassen; sie darf z. B. nicht zur Hälfte in einem Laubwald, zur anderen in einem Nadelholzbestand liegen.
- Die Probefläche darf nicht von Wegen, Fahrspuren, Bächen oder dgl. durchquert werden.
- Die Probefläche muß einheitliche Lichtverhältnisse aufweisen; sie darf z. B. nicht gleichzeitig Teile einer Lichtung und des Waldinneren einnehmen.
- Die Probefläche muß eine einheitliche Lage und Hangneigung besitzen; sie darf z. B. nicht teilweise am Hang liegen, wenn sich der andere Teil in einer Hangmulde befindet.

Um die Artenzusammensetzung eines Waldes hinreichend zu erfassen, sollte die Größe der Probefläche nicht kleiner als 100 m^2 sein. Für wissenschaftliche Untersuchungen müssen die Flächen mindestens 200 m^2 groß sein und in artenarmen Waldgesellschaften sogar 400 m^2. Verfahren zur Bestimmung der Mindestgröße von Probeflächen **(Minimum-Areal)** werden in vegetationskund-

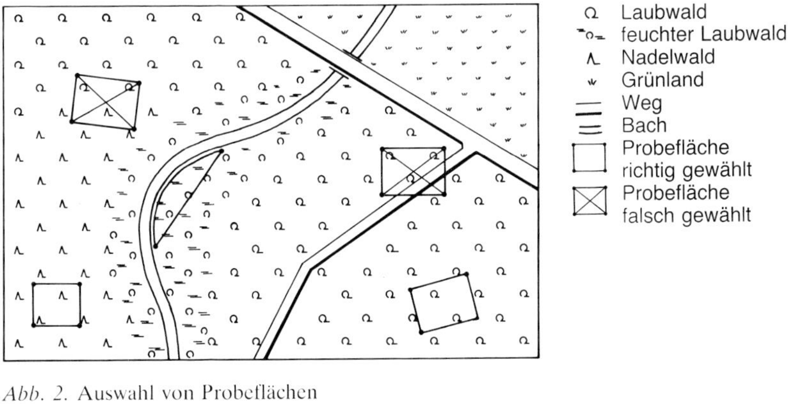

Abb. 2. Auswahl von Probeflächen

lichen Lehrbüchern beschrieben. Die Form der Aufnahmeflächen richtet sich ganz nach den örtlichen Gegebenheiten des Untersuchungsgebietes; sie wird in einem einheitlichen Bestand quadratisch, an einem Bachlauf langgestreckt-rechteckig und in einer Mulde unregelmäßig oder ausgebuchtet sein.

Die günstigste **Zeit für Vegetationsaufnahmen** ist die Periode, in der möglichst alle Arten anzutreffen sind. In Laubwäldern mit einem reichen Frühjahrsaspekt ist das die Zeit von Ende April bis Anfang Juni. Pflanzensoziologische Untersuchungen, die hier im Juli oder August durchgeführt werden, ergeben wegen des Fehlens der Frühjahrspflanzen ein unvollständiges Bild und sollten nach Möglichkeit im kommenden Frühjahr überprüft und ergänzt werden. In anderen Waldgesellschaften können bis in den September hinein Vegetationsaufnahmen angefertigt werden.

Für die Vegetationsaufnahmen haben sich Vordrucke nach dem Beispiel der Tab. 1 bewährt. Danach werden Angaben zu folgenden Punkten notiert: laufende Nummer, Name des Erfassers, Waldart, Funddatum, Fundort (mit Angabe der Nummer des Meßtischblattes), Höhe über dem Meeresspiegel (nach Angaben in Karten), Hanglage und Hangneigung, Boden (nach eigenen Beobachtungen, geologischen und bodenkundlichen Karten), Größe der Probefläche. Außerdem sind Angaben über Höhe und Deckungsgrade der einzelnen Schichten erforderlich.

Hauptbestandteil jeder Vegetationsaufnahme ist die **Artenliste.** Man notiert dazu die Arten in der Reihenfolge des Auffindens so untereinander, daß links etwas Platz bleibt für die später zu schätzende Menge (s. Tab. 1).

Für die Charakterisierung eines Pflanzenbestandes ist es wichtig, ob die einzelnen Arten häufig oder weniger häufig vertreten sind (Häufigkeit) und wie groß ihr Deckungsgrad ist. Als **Deckungsgrad** einer Pflanzenart wird die Fläche verstanden, die bedeckt würde, wenn alle oberirdischen Pflanzenteile dieser Art auf den Boden projiziert würden (s. Abb. 3). Zur Beurteilung des Deckungsgrades wird zunächst geschätzt, ob eine Pflanzenart mehr oder weniger als 50 % der Probefläche bedeckt. Dann engt man den Bereich immer weiter ein.

Es hat sich als zweckmäßig erwiesen, die Schätzung der Häufigkeit und des Deckungsgrades zu kombinieren und als **Menge** (= **Artmächtigkeit**) zu bestimmen. Zur Schätzung der Menge bedient man sich einer siebenteiligen Skala.

Skala zur Schätzung der Menge (= Artmächtigkeit) n. BRAUN-BLANQUET

5	=	75–100 % der Fläche deckend
4	=	50– 75 % der Fläche deckend
3	=	25– 50 % der Fläche deckend
2	=	5– 25 % der Fläche deckend
1	=	Individuen zahlreich, aber weniger als 5 % deckend
+	=	Individuen wenig vorhanden, nur wenig Fläche deckend (das Zeichen „+" wird „Kreuz" gesprochen)
r	=	selten, rar

Tabelle 1. **Beispiel einer Vegetationsaufnahme**

Nr. der Vegetationsaufnahme: 1			
Bearbeiter: H. Hofmeister	Schichtung		
Waldart: Buchenwald			
Funddatum: 3.5.1988			
Fundort: Hainholzberg bei Hönze/Hildesheimer Wald, ca. 300 m nördl. Steinbruch, MTB Sibbesse 3925/1		Höhe (m)	Deckung (%)
Höhe ü. N. N.: 240 m ü. N.N.	B_1	25 m	60 %
Hanglage und Neigung: Süd 15°	B_2	–	–
Geolog. Untergrund u. Boden: Muschelkalk, Rendzina, pH-Wert 6,5	Str.	1 m	>2 %
	Kr.	0,3 m	75 %
Größe der Probefläche: 200 m²	M	–	–

B_1 4	Rotbuche	Kr 1	Zaun-Wicke
Str +	Rotbuche	1	Maiglöckchen
+	Feld-Ahorn	1	Frühlings-Platterbse
+	Zweigriffliger Weißdorn	+	Wald-Haargerste
+	Seidelbast	+	Wald-Knäuelgras
		+	Erdbeer-Fingerkraut
Kr 1	Rotbuche J	+	Busch-Windröschen
+	Rotbuche K	+	Aronstab
+	Esche J	1	Gelbes Windröschen
+	Elsbeere J	1	Wald-Veilchen
+	Schwarzer Holunder	+	Goldnessel
3	Wald-Bingelkraut	+	Leberblümchen
3	Waldmeister	1	Nickendes Perlgras
2	Einblütiges Perlgras	+	Nesselblättrige Glockenblume
+	Efeu	+	Finger-Segge

Rotbuchen, Deckungsgrad 80 %

Eichen und Birken, Deckungsgrad 60 %
Eichen 40 %, Birken 20 %

Abb. 3. Deckungsgrad der Baumschichten in einem Buchen- und in einem Birken-Stieleichenwald

In dieser Skala berücksichtigen die Werte 5, 4, 3 ausschließlich den Deckungsgrad, die Ziffern 2, 1 und + dagegen auch die Individuenzahl.

Die Schätzung der Menge erfolgt am besten im Anschluß an die Erstellung der Artenliste, indem man die notierten Arten noch einmal durchgeht und dazu die jeweilige Schätzung vornimmt. Wächst die Pflanze außerhalb der Probefläche, aber in demselben Bestand, wird dies durch Einklammern des Pflanzennamens angedeutet; auf die Schätzung der Menge wird verzichtet.

Beim Anfertigen von Vegetationsaufnahmen fallen bisweilen Arten durch ihren üppigen oder auch kümmerlichen Wuchs auf. Die unterschiedliche **Wuchskraft** (= **Vitalität**) einer Pflanze in verschiedenen Beständen kann wichtige Hinweise auf die Besonderheiten eines Standortes liefern. Maiglöckchen zeigen z. B. auf tiefgründigen Böden eine üppige Vitalität, während sie auf flachgründigen nur kümmerlich entwickelt sind und nur ein einziges kleines Laubblatt ausbilden.

Bezeichnung der Vitalität
• üppige Vitalität
○ geschwächte Vitalität
Das Zeichen für Vitalität wird hinter die Schätzwerte der Menge gesetzt, z. B. 1° oder $3^{\bullet}$

Verschiedentlich vermerken Pflanzensoziologen auch Beobachtungen über die **Geselligkeit** (= **Soziabilität**) in der Vegetationsaufnahme. Man versteht darunter die unterschiedliche Verteilung der einzelnen Arten in der Probefläche;

manche Arten wachsen einzeln, andere in Horsten, und wieder andere bilden dichte Herden. Da die Soziabilität aber ein vorwiegend artspezifisches Merkmal ist, wird sie heute meistens fortgelassen.

Vegetationsaufnahmen vermitteln einen anschaulichen Eindruck von der Zusammensetzung der untersuchten Pflanzenbestände. Um aber von der Kenntnis der untersuchten Einzelbestände mit ihren speziellen Besonderheiten zu allgemeingültigen Aussagen zu gelangen, muß man die Vegetationsaufnahmen miteinander vergleichen. Ausführliche Anleitungen für einen tabellarischen Vergleich geben ELLENBERG (1956), KNAPP (1971), REICHELT und WILMANNS (1973) sowie MÜLLER-DOMBOIS und ELLENBERG (1974). Auf Möglichkeiten der Computerauswertung verweist z. B. SPATZ (in ELLENBERG 1979).

Für die Geländearbeit werden folgende Arbeitsmittel benötigt:
- Bestimmungsbuch
- Notizbuch mit fester Unterlage und Schreibgerät (weicher Bleistift bei Regen)
- Klemmhefter mit Vordrucken für Vegetationsaufnahmen (s. Tab. 1)
- topografische Karten
- Klappspaten oder auch kräftiges Messer zur Untersuchung der obersten Bodenhorizonte
- Hellige-Pehameter oder pH-Papier
- verdünnte Salzsäure zur Bestimmung des Kalkgehalts des Bodens (Vorsicht, ätzende Wirkung!)

Charakterisierung von Waldgesellschaften

Bestimmte Pflanzengesellschaften wie Röhrichte, Schutt- und Ackerunkrautgesellschaften setzen sich aus Arten zusammen, die annähernd gleich hoch sind. Hier wachsen die am Aufbau der Gesellschaft beteiligten Arten in einer Schicht nebeneinander. Im Vergleich dazu zeichnen sich Wälder durch einen „stockwerkartigen“ Bestandsaufbau aus. Besonders vielfältig ist die **Schichtung** in artenreichen Laubwäldern (s. Abb. 4). Über der Moosschicht und einer mehrfach gegliederten Krautschicht sind zahlreiche Sträucher entwickelt. Darüber erheben die Bäume ihre Kronen. In einer unteren Baumschicht kommen z. B. Hainbuche und Feld-Ahorn vor, in einer höheren Eichen, Rotbuche und Esche. Dem oberirdischen Stockwerksaufbau entsprechend gibt es auch eine Schichtung der Wurzelhorizonte.

Die Schichtung ist in den einzelnen Waldgesellschaften recht unterschiedlich ausgeprägt und stellt ein wesentliches Strukturmerkmal der jeweiligen Pflanzengesellschaft dar. In der Abb. 5 sind die Schichten eines Waldmeister-Buchenwaldes und eines Birken-Stieleichenwaldes dargestellt.

Der Waldmeister-Buchenwald besteht aus nur zwei Schichten. Unter dem hohen Kronendach der Rotbuche finden andere Gehölze aus Lichtmangel keine Möglichkeit zur Ausbildung einer zweiten Baum- und Strauchschicht.

Abb. 4. Laubwald und seine Schichtung

Die üppige Krautschicht wird von einer großen Zahl schattenertragender Waldbodenpflanzen gebildet.

Der Birken-Stieleichenwald besitzt dagegen einen stärker geschichteten Bestandsaufbau. Durch das lückige Kronendach der Stiel-Eichen und Birken gelangt genügend Licht in das Bestandesinnere, wo verschiedene Gehölze eine Strauch- und untere Baumschicht bilden. Darunter gedeihen lichtbedürftige Gräser und Kräuter. In der Moosschicht findet man eine große Zahl von Moosen und Flechten, die den bodensauren Standort anzeigen.

Die Schichtung eines Waldes wird stark von der Bewirtschaftungsform beeinflußt. Niederwald- und Mittelwaldwirtschaft begünstigen die Ausbildung einer üppigen Strauchschicht.

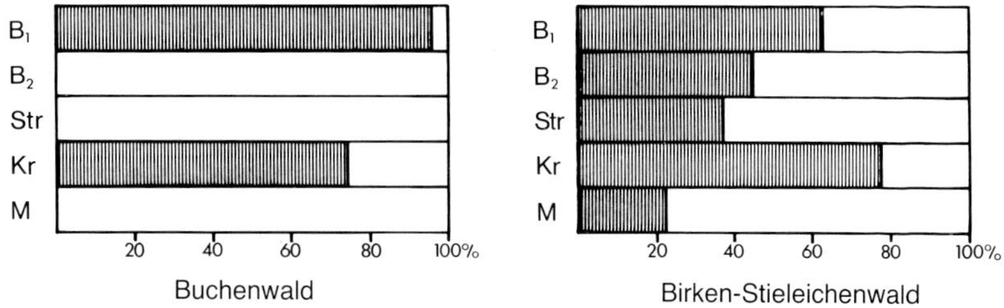

Abb. 5. Schichtungsdiagramme eines Buchen- und eines Birken-Stileichenwaldes

Das Erscheinungsbild der sommergrünen Laubwälder Mitteleuropas wird aber auch durch seinen jahreszeitlichen Entwicklungsgang geprägt. Im Laufe des Jahres wechseln Wälder in mehr oder weniger starkem Maße ihr Aussehen, ihren **Aspekt.** Diese Aspekte fallen durch besondere Entwicklungszustände wie Belaubung, farbenreiche Blühperioden, Blattfärbung oder das Vorherrschen einzelner Pflanzenarten auf. Neben einem Frühjahrsaspekt unterscheiden wir den Sommer-, Herbst- und Winteraspekt (s. Tafel 149 u. S. 221).

In anspruchsvollen Laubmischwäldern bestimmen vor der Belaubung zahlreiche **Frühblüher** wie Märzenbecher, Wald-Goldstern, Busch-Windröschen, Scharbockskraut und Hohler Lerchensporn das Waldbild. Bald danach bilden Bär-Lauch, Waldmeister und Einblütiges Perlgras den Vollfrühjahrsaspekt. Während des Sommers ist von den Frühblühern nichts mehr zu finden, die oberirdischen Teile sind abgestorben. Das Aussehen des Waldes wird von Herden des Wald-Bingelkrautes, des Waldmeisters und des Perlgrases geprägt. Nur gelegentlich wird das vorherrschende Grün durch die Blüten des Wald-Ziests und des Gewöhnlichen Hexenkrauts unterbrochen.

Jede Waldgesellschaft besitzt ihren eigenen und charakteristischen jahreszeitlichen Entwicklungsgang. Neben Gesellschaften mit Frühjahrsaspekt gibt es andere, die durch vorherrschende Gräser und Zwergsträucher (wie Heidelbeere) keinen besonderen Höhepunkt besitzen und das ganze Jahr hindurch einen nahezu gleichbleibenden Eindruck vermitteln.

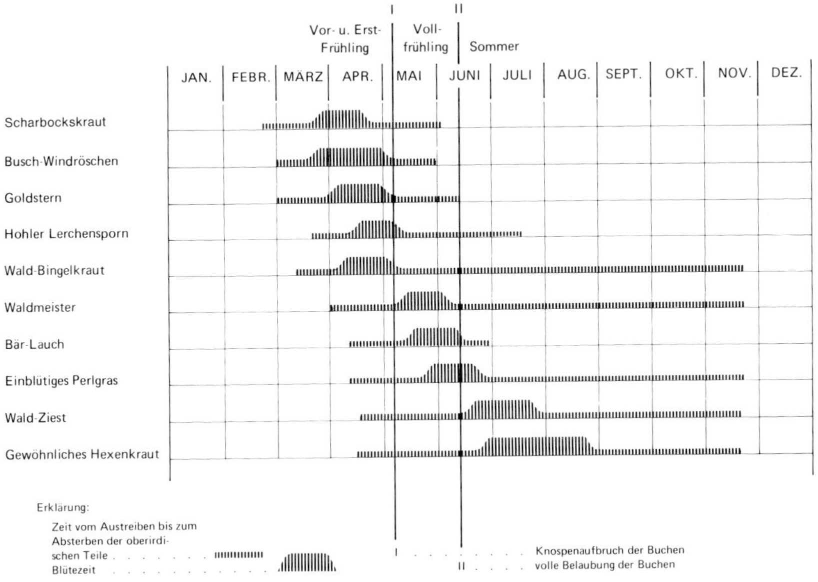

Abb. 6. Blütezeitdiagramm eines Bärlauch-Waldmeister-Buchenwaldes

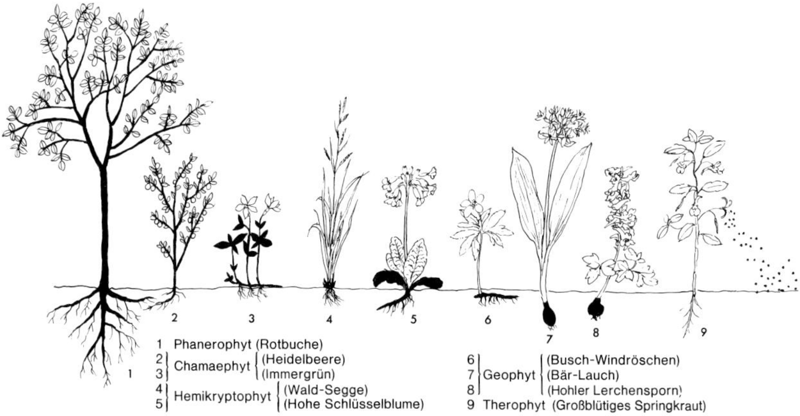

Abb. 7. Lebensformen von Waldpflanzen

Beobachtet man einen bestimmten Waldbestand über eine ganze Vegetationsperiode hinweg und notiert dazu den Entwicklungszustand auffallender Pflanzen (knospend, blühend, fruchtend, entlaubt . . .), kann man durch ein Blütezeitdiagramm ein anschauliches Bild der jahreszeitlichen Entwicklung einer Gesellschaft erhalten (s. Abb. 6).

Zur Charakterisierung von Waldgesellschaften lassen sich auch die **Lebensformen** heranziehen (Abb. 7).

Zu einer Lebensform werden Pflanzen zusammengefaßt, die gleichartige Anpassungserscheinungen an die Umwelt aufweisen. Nach der Lage der Überdauerungsorgane zur Oberfläche während der Vegetationsruhe werden Bäume, Sträucher, Zwergsträucher und Kriechstauden, Erdoberflächenpflanzen, Erdpflanzen und Einjährige unterschieden.

Die Erneuerungsknospen der Bäume **(Phanerophyten)** liegen höher als 5 m und die der Sträucher **(Nanophanerophyten)** höher als 0,5 m über dem Boden und sind extremen Kälteperioden stärker ausgesetzt als die Erneuerungsknospen anderer Lebensformen. Blattfall und Knospenschutz sowie besondere Blattstrukturen (Hartblatt, Nadelblatt, Rollblatt) sind wirksame Anpassungseinrichtungen der Phanerophyten.

Bei den Zwergsträuchern und Kriechstauden **(Chamaephyten)** befinden sich die Erneuerungsknospen in einer Höhe bis zu 50 cm über dem Boden. Holzige Zwergsträucher wie Heidelbeere und krautige Kriechstauden wie Goldnessel gehören diesem Typus an. Die Wirksamkeit der Schutzeinrichtungen wird durch den dichten Wuchs und die geringe Höhe (Bedeckung mit Schnee) erzielt.

Bei den Erdoberflächenpflanzen **(Hemikryptophyten)** sterben die oberirdi-

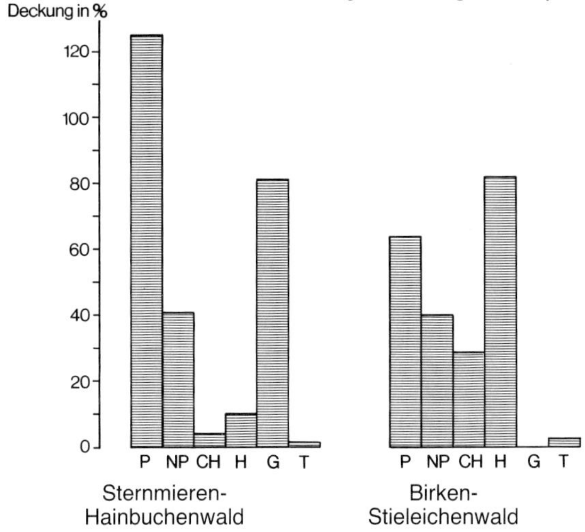

Abb. 8. Lebensformenspektren eines Sternmieren-Hainbuchenwaldes und eines Birken-Stieleichenwaldes

schen Pflanzenteile im Herbst ab. Die Überdauerungsorgane liegen unmittelbar oberhalb der Erdoberfläche und werden durch alte Blattscheiden, durch Streu und schon geringe Schneedecken geschützt.

Die Überwinterungsorgane der Erdpflanzen **(Geophyten)** liegen im Boden und sind den Einwirkungen der ungünstigen Jahreszeit entzogen. Die gespeicherten Reservestoffe ermöglichen den Pflanzen, innerhalb kurzer Zeit vor der Belaubung ihre Blätter und Blüten zu entwickeln. Schon im Sommer ist von den oberirdischen Teilen dieser Pflanzen nichts mehr zu finden. Das Busch-Windröschen gehört mit seinem unterirdischen Erdstengel, der gleichzeitig Überdauerungs-, Speicher- und Wanderorgan ist, zu den Rhizomgeophyten. Neben den Rhizomgeophyten gibt es Knollengeophyten (Hohler Lerchensporn, Scharbockskraut) und Zwiebelgeophyten (Bär-Lauch, Märzenbecher, Wald-Goldstern).

Die Einjährigen **(Therophyten)** überstehen den Winter in Form von Samen (z. B. Großblütiges Springkraut). Mit dem ersten Frost des Herbstes stirbt die gesamte Pflanze ab. Die junge Pflanze muß im Frühjahr und Sommer die zum Blühen und Fruchten notwendigen Stoffe selbst aufbauen und ist dadurch an nährstoffreiche Standorte gebunden.

Die Zugehörigkeit der verschiedenen Waldpflanzen zu bestimmten Lebensformen kann dem Verzeichnis der Waldpflanzen im Anhang des Buches entnommen werden.

Pflanzengesellschaften unterscheiden sich durch die unterschiedliche Kombination einzelner Lebensformen. Das Vorherrschen bzw. das Zurücktreten einer Gruppe liefert interessante Hinweise auf die Zusammensetzung einer Pflanzengesellschaft und die dort herrschenden Lebensbedingungen. In der Abb. 8 ist die Verteilung der Lebensformen in einem Sternmieren-Hainbuchenwald und einem Birken-Stieleichenwald in Form von zwei **Lebensformspektren** veranschaulicht. Für die Erstellung dieses Diagramms wurden die Lebensformen aller in den beiden ausgewählten Waldbeständen vorkommenden Pflanzenarten ermittelt, der Gesamtdeckungsgrad der verschiedenen Lebensformen errechnet und als Säulendiagramm wiedergegeben. Die Schätzung der Deckungsgrade in den zu diesem Zweck angefertigten Vegetationsaufnahmen erfolgt in Form von Prozentangaben. Bäume stellen die kennzeichnende Lebensform des Waldes dar; die anderen Lebensformen dagegen können von Waldtyp zu Waldtyp variieren. Das Spektrum des Sternmieren-Hainbuchenwaldes läßt neben Bäumen und Sträuchern eine deutliche Vorherrschaft der Geophyten erkennen (Busch-Windröschen, Scharbockskraut, Moschuskraut, Wald-Goldstern und Vielblütige Weißwurz), während Oberflächenpflanzen und Zwergsträucher zurücktreten. Die Dominanz der Geophyten weist auf eine gute Nährstoffversorgung des Bodens hin. Der bodensaure Birken-Stieleichenwald zeichnet sich dagegen neben den Bäumen durch die Erdoberflächenpflanzen (grasartige Horstpflanzen wie Draht-Schmiele, Rotes Straußgras, Weiches Honiggras) und Zwergsträucher (Heidelbeere) sowie durch das Fehlen von Erdpflanzen aus.

Für Waldstandorte ist, wie die Beispiele des Sternmieren-Hainbuchenwaldes und des Birken-Stieleichenwaldes zeigen, das nahezu völlige Zurücktreten der Therophyten charakteristisch. In den Fällen, in denen entgegen dieser Regel Therophyten in größerer Zahl, mit stärkerem Deckungsgrad und üppigerem Wuchs vorkommen, können wichtige Rückschlüsse auf veränderte Standortfaktoren wie starker Lichteinfall (Windbruch, Kahlschlag), starkes Begehen durch Menschen oder frühere Besiedlung gezogen werden.

Das Erscheinungsbild eines Waldbestandes läßt sich mit Hilfe der Kriterien Schichtung, Aspekte und Lebensformen anschaulich und treffend wiedergeben. Daneben sollte aber auch das gesamte Artengefüge, das in Form von Vegetationsaufnahmen (s. S. 135) erfaßt wird, analysiert und beschrieben werden. Dazu bieten sich die ökologischen Gruppen der Waldbodenpflanzen an.

Ökologische Gruppen stellen ein einfaches Mittel dar, jeden konkreten Pflanzenbestand anzusprechen und ihn sowohl soziologisch als auch ökologisch zu deuten.

An der Zusammensetzung eines bestimmten Waldbestandes sind nur relativ wenige ökologische Gruppen beteiligt. Gruppen mit andersartigen Standortbedingungen fehlen oder treten zurück. Mit Hilfe der gesetzmäßig ausgebildeten Kombinationen von ökologischen Gruppen lassen sich die verschiedenen Waldtypen leicht und zuverlässig beschreiben.

Bei der **Charakterisierung eines Waldes** geht man in der Regel von der Präsenz aus, d. h. von der Gegenwart der einzelnen Arten, ohne Individuenzahl oder deren Deckungsgrad zu berücksichtigen. Nach der Anleitung der Tab. 2 läßt sich der prozentuale Anteil der am Gesellschaftsaufbau beteiligten ökologischen Gruppen ermitteln.

Tabelle 2. **Ermittlung der ökologischen Gruppen eines Waldbestandes**

Arbeitsanleitung:

1. Anfertigen einer Vegetationsaufnahme
2. Ermitteln, zu welchen ökologischen Gruppen die Waldbodenpflanzen gehören (s. Anhang, S. 257); Notieren der Namen (bzw. der Nummern) der Gruppen
3. Zusammenstellen der ermittelten ök. Gruppen zu einer Tabelle
4. Auszählen der absoluten Häufigkeit
5. Errechnen der relativen Häufigkeit

1. Liste der Waldbodenpflanzen (s. Vegetationsaufnahme 1, S. 135)	2. Ermitteln der Zugehörigkeit zu ökologischen Gruppen	
Wald-Bingelkraut	13	Bingelkraut-Gruppe
Waldmeister	12	Goldnessel-Gruppe
Einblütiges Perlgras	12	Goldnessel-Gruppe
Efeu	11	Busch-Windröschen-Gruppe
Zaun-Wicke	12	Goldnessel-Gruppe
Maiglöckchen	9	Maiglöckchen-Gruppe
Frühlings-Platterbse	13	Bingelkraut-Gruppe
Wald-Haargerste	13	Bingelkraut-Gruppe
Wald-Knäuelgras	11	Busch-Windröschen-Gruppe
Erdbeer-Fingerkraut	11	Busch-Windröschen-Gruppe
Busch-Windröschen	11	Busch-Windröschen-Gruppe
Aronstab	15	Hexenkraut-Gruppe
Gelbes Windröschen	13	Bingelkraut-Gruppe
Wald-Veilchen	12	Goldnessel-Gruppe
Goldnessel	12	Goldnessel-Gruppe
Leberblümchen	13	Bingelkraut-Gruppe
Nickendes Perlgras	13	Bingelkraut-Gruppe
Finger-Segge	9	Maiglöckchen-Gruppe
Nesselblättrige Glockenblume	13	Bingelkraut-Gruppe

3. Zusammenstellung der ökologischen Gruppen		4. absolute Häufigkeit	5. relative Häufigkeit
Gr. 9	Maiglöckchen-Gruppe	2 Arten	11%
Gr. 11	Busch-Windröschen-Gruppe	4 Arten	21%
Gr. 12	Goldnessel-Gruppe	5 Arten	26%
Gr. 13	Bingelkraut-Gruppe	7 Arten	37%
Gr. 15	Hexenkraut-Gruppe	1 Art	5%

Im vorliegenden Beispiel herrschen Arten der Bingelkraut-Gruppe vor. Dazu gesellen sich in auffallendem Maße Arten der Goldnessel- und Busch-Windröschen-Gruppe, während die Maiglöckchen-Gruppe nur zweimal vertreten ist. Die Hexenkraut-Gruppe kommt nur einmal vor und fällt daher nicht ins Gewicht. Andere ökologische Gruppen fehlen dem untersuchten Waldbestand ganz. Aus dem Ökogramm (s. S. 41) ist zu ersehen, daß die ermittelten Gruppen in ihren ökologischen Standortansprüchen weitgehend übereinstimmen und daher im Ökoprogramm dicht beieinander stehen.

Da die ökologischen Gruppen von ihrer Umwelt abhängig sind, kann man aus ihrem Vorkommen auch Rückschlüsse auf den Standort ziehen und ihn ohne aufwendige Untersuchungsverfahren schnell und treffend beurteilen. Für den untersuchten Waldbestand könnte aus den Standortangaben der ermittelten ökologischen Gruppen folgende Beurteilung resultieren: Aus dem starken Hervortreten der Bingelkraut-Gruppe ist zu erkennen, daß es sich um einen recht nährstoff- und basenreichen Standort mit guter Streuzersetzung und guter Wasserversorgung handelt. Darauf weisen auch Arten der Goldnessel-Gruppe hin, die ihren Verbreitungsschwerpunkt auf nährstoffreichen, schwach sauren bis alkalischen, mäßig trockenen bis frischen Böden besitzen. Die Busch-Windröschen-Gruppe ist aufgrund ihrer weiten ökologischen Amplitude weniger gut zur Standortbeurteilung geeignet. Das Vorkommen der Maiglöckchen-Gruppe und das Fehlen von Feuchtezeigern unterstreichen den mäßig frischen Standortcharakter.

Eine gegenüber ökologischen Gruppen differenzierte Standortbeurteilung ist mit Hilfe von **Zeigerwerten** möglich.

Zeigerwerte sind zahlenmäßige Angaben über die Beziehungen der Pflanzen zu ihren abiotischen Standortfaktoren.

Zwischen Zeigerwerten und ökologischen Gruppen besteht ein enger Zusammenhang, da Arten mit ähnlichen Zeigerwerten eine ökologische Gruppe bilden. Angaben über das ökologische Verhalten der einzelnen Waldpflanzen sind nach Ellenberg (Zeigerwerte der Gefäßpflanzen Mitteleuropas, 1979) im Anhang dieses Buches zusammengestellt. Für die Gehölze wurden die Zeigerwerte außerdem bei der Beschreibung der einzelnen Arten vermerkt. Das ökologische Verhalten wird gegenüber den Standortfaktoren **Licht (L), Bodenreaktion (R)** und **Stickstoffversorgung (N)** in einer neunteiligen und gegenüber der **Feuchtigkeit (F)** in einer zwölfteiligen Skala angegeben. Darin bedeutet 1 das geringste und 9 bzw. 12 das größte Ausmaß des jeweiligen Standortfaktors. Eine genauere Erläuterung der gebrauchten Symbole findet man im Anhang des Buches auf S. 257. Es muß ausdrücklich betont werden, daß die Reaktionszahlen mit den pH-Werten nicht identisch sind.

Das praktische Vorgehen der **Standortbeurteilung mit Zeigerwerten** wird anhand eines Bärlauch-Waldmeister-Buchenwaldes erläutert (s. Tab. 3). Hinter die Artnamen schreibt man die Zeigerwerte von F, R, N und L. Dabei werden die Arten der Baumschicht weggelassen, da Gehölze in der Regel vom Forstmann eingebracht sind und die Standortverhältnisse weniger gut anzeigen. Es muß außerdem beachtet werden, daß jede Art nur einmal bewertet wird. Der Jungwuchs der Bäume bleibt unberücksichtigt, wenn dieselben Arten auch in der Strauchschicht vorkommen. Für die Berechnung der mittleren Zeigerwerte ist in erster Linie das Vorkommen der einzelnen Arten entscheidend, so daß die Mengenangaben in der Vegetationsaufnahme vernachlässigt werden können. Aus den Einzelangaben für die Standortfaktoren F, R, N und L lassen sich die Durchschnittswerte, d. h. die mittlere Feuchtezahl (Fm), die mittlere Reaktionszeit (Rm), die mittlere Stickstoffzahl (Nm)

Bärlauch *(Allium ursinum)*

Hohler Lerchensporn *(Corydalis cava)*

Tafel 1: Frühblüher

Wald-Goldstern *(Gagea lutea)*

Märzenbecher *(Leucojum vernum)*

Tabelle 3. **Standortbeurteilung mit Hilfe von Zeigerwerten**

Vegetationsaufnahme		Schichtung		
			Höhe	Deckung
1. Waldart:	Buchenwald			
2. Fundort: Elm-Reitlingstal, Meßtischblatt 3730 Mulde am SW-Hang des Herzberges				
3. Funddatum:	25. 5. 1975	B_1	28 m	75 %
4. Höhe ü. N.N.:	220 m	B_2	–	–
5. Hanglage u. Neigung:	Mulde, von Rinnsal durchzogen	Str.	–	–
6. Angaben zum Boden:	tiefgründige, basenreiche Braunerde (Anschwemmungsboden)	Kr.	40 cm	100 %
7. Größe der Probefläche:	100 m^2	M	–	–

Artenliste:		Zeigerwerte F	R	N	L
B.:	Rotbuche[1]	–	–	–	–
	Berg-Ahorn[1]	–	–	–	–
Str.:	Rotbuche	5	x	x	3
Kr.:	Bär-Lauch	6	7	8	2
	Scharbockskraut	7	7	7	4
	Großblütiges Springkraut	7	7	6	4
	Winkel-Segge	8	x	x	3
	Ruprechtskraut	x	x	7	4
	Blutroter Ampfer	8	7	7	4
	Wald-Ziest	7	7	7	4
	Große Brennessel	6	6	8	x
	Kriechender Hahnenfuß	7	x	x	6
	Riesen-Schwingel	7	6	6	4
	Busch-Windröschen	x	x	x	x
	Aronstab	7	7	8	3
	Wald-Segge	5	7	5	2
	Gewöhnliches Hexenkraut	6	7	7	4
	Esche J	x	7	7	4
	Rotbuche J[2]	–	–	–	–
	Wald-Sauerklee	6	4	7	1
	Wald-Zwenke	5	6	6	4
	Frauenfarn	7	x	6	4
	Hohe Schlüsselblume	6	7	7	6
	Waldmeister	5	x	5	2
	Summe der Zeigerwerte:	115	92	114	68
	Zahl der bewerteten Arten:	18	14	17	19
	Mittlere Zeigerwerte:	~6,4	~6,6	~6,7	~3,6

[1] Arten der B. unberücksichtigt.

[2] bereits im Str. berücksichtigt.

und die mittlere Lichtzahl (Lm) errechnen, indem man die einzelnen Zeigerwerte addiert und durch die Zahl der jeweils berücksichtigten Werte dividiert. Auf diese Weise erhält man die mittleren Zeigerwerte, die in instruktiver Weise die Standortbedingungen eines Waldbestandes charakterisieren. Aus den mittleren Zeigerwerten erkennt man, daß der untersuchte Bärlauch-Waldmeister-Buchenwald einen frischen bis feuchten, gut mit Basen und Stickstoff versorgten Standort besiedelt.

So überzeugend die Beurteilung eines Waldstandortes mit Hilfe von Zeigerwerten in vielen Fällen ist, so muß an dieser Stelle doch vor einer voreiligen und kritiklosen Anwendung gewarnt werden. Häufig kommen in einem Bestand eine ganze Reihe von Pflanzenarten vor, die gegenüber einem oder mehreren Standortfaktoren indifferent sind und leicht das Ergebnis verfälschen. Da die Zeigerwerte lediglich einen Mittelwert wiedergeben, wird bei dieser Methode außerdem die weite ökologische Amplitude, durch die sich viele Arten auszeichnen, nicht ausreichend berücksichtigt. Die Bewertung der Standortverhältnisse durch Zeigerwerte sollte daher nach Möglichkeit durch ökologische Messungen ergänzt und bestätigt werden.

Bedeutung und Möglichkeit der Arbeit mit ökologischen Gruppen und Zeigerwerten werden besonders deutlich, wenn ein Vergleich von mehreren Waldbeständen durchgeführt wird. Gerade die Unterschiede im Aussehen und der Zusammensetzung verschiedenartiger Waldgesellschaften führen zu der Frage nach dem Grund für die Verschiedenartigkeit, lenken zu den eigentlichen ökologischen Problemstellungen und lassen Ziel und den Sinn ökologischen Arbeitens deutlich werden.

Als Beispiel einer vergleichenden Untersuchung wird in Abb. 9 das Vegetationsprofil aus dem Elm, einem Muschelkalkhöhenzug im nördlichen Harzvorland, vorgestellt. Für das Erfassen ökologischer Zusammenhänge erweist es sich als günstig, wenn die Standortfaktoren auf engem Raum variieren: Hanglage mit unterschiedlicher Neigung, Lichteinstrahlung, Windeinwirkung, Wasserführung; geologischer Untergrund (Buntsandstein, Muschelkalk, Löß) und unterschiedliche Bodentypen (mit unterschiedlicher Tiefgründigkeit, Nährstoffversorgung, Wasserhaushalt).

An sechs typischen Stellen des Profils wurden Vegetationsaufnahmen angefertigt und die Kombinationen der ökologischen Gruppen ermittelt. Die Busch-Windröschen-Gruppe ist im Untersuchungsgebiet an allen Standorten verbreitet. Über ihre Abhängigkeit von bestimmten Standortfaktoren lassen sich keine Aussagen machen. Die Bingelkraut- und Goldnessel-Gruppe meiden die Lößstandorte. Sie werden hier durch Arten der Draht-Schmielen- und Dornfarn-Gruppe ersetzt. Hexenkraut- und Frauenfarn-Gruppe fehlen auf dem trockenen und warmen Südhang, an dem die Maiglöckchen-Gruppe entwickelt ist. Die Wiesen-Schlüsselblumen-Gruppe nimmt den extrem flachgründigen und warmen Oberhang ein, während die Lerchensporn-Gruppe auf den nährstoffreichen Böden der Hochfläche und Mulde wächst und die Springkraut-Gruppe nur in den feuchten Mulden vorkommt.

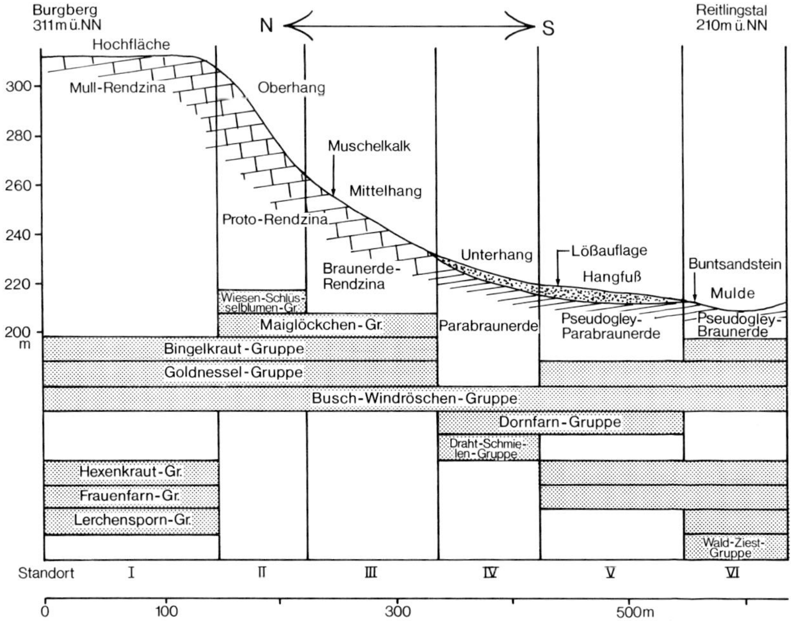

Abb. 9. Standortbeurteilung mit ökologischen Gruppen – Vegetationsprofil im Elm bei Braunschweig

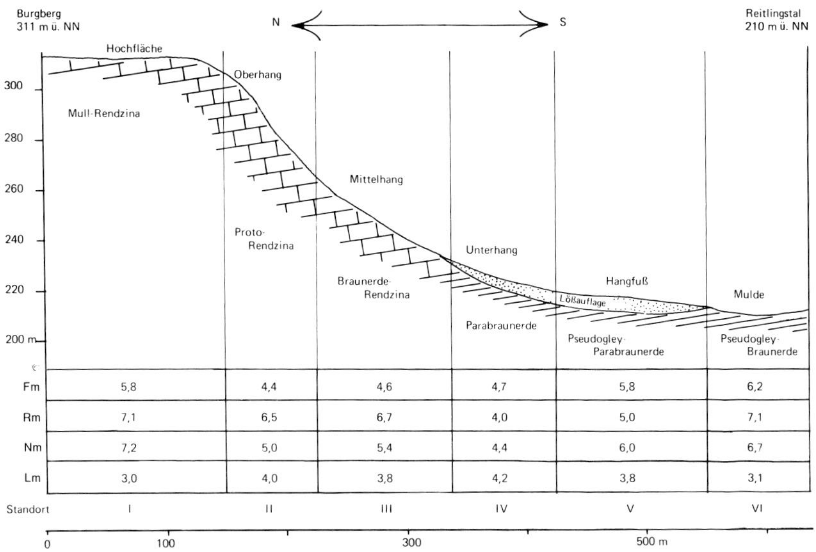

Abb. 10. Standortbeurteilung mit Zeigerwerten – Vegetationsprofil im Elm bei Braunschweig

Frühjahr

Sommer

Tafel 2: Aspekte im Buchenwald

Herbst

Winter

Noch besser als eine einzelne ökologische Gruppe ist die Kombination von ökologischen Gruppen zur soziologischen und ökologischen Kennzeichnung der einzelnen Waldgesellschaften geeignet. Das gemeinsame Auftreten von Hexenkraut-, Frauenfarn- und Lerchensporn-Gruppe (Standort I und VI) unterstreicht den nährstoff- und basenreichen, frischen bis feuchten Standortcharakter, wobei die am Standort VI zusätzlich auftretende Springkraut-Gruppe die größere Feuchtigkeit der Mulden anzeigt. Das Vorkommen von Maiglöckchen- und Wiesen-Schlüsselblumen-Gruppe sowie das Fehlen von Frische- und Feuchtezeigern charakterisieren die extrem trockenen, flachgründigen Kalkböden in sonnseitiger Hanglage (Standort II und III). Die Kombination der Draht-Schmielen-Gruppe, der Dornfarn-Gruppe und das Fehlen der Bingelkraut-Gruppe (Standort IV) zeigt die nährstoff- und basenärmsten Standorte des Untersuchungsgebietes an.

Die Beurteilung der einzelnen Standorte wird durch die mittleren Feuchte-, Reaktions-, Stickstoff- und Lichtzahlen ergänzt (s. Abb. 10). Die größte Feuchtigkeit herrscht in der Mulde vor, es folgen Hochfläche und Hangfuß (Standort V). Die Böden der Hanglagen sind dagegen relativ trocken, wobei der Feuchtigkeitsgehalt vom Oberhang zum Unterhang hin allmählich zunimmt. Im Hinblick auf die Basenversorgung besitzen die Standorte IV und V mit ihren niedrigen mittleren Reaktionszahlen eine Sonderstellung. Die Böden sind ausgesprochen basenarm. Die höchsten Reaktionszahlen wurden für den Bär-Lauch-Buchenwald auf der Hochfläche und in der Mulde errechnet. Die Werte liegen hier sogar höher als an den stark geneigten Kalkhängen der Standorte II und III. Die Böden der Hochfläche und der Mulde sind gut mit Stickstoff versorgt, während die stark geneigten Hänge und entbasten Lößstandorte wesentlich stickstoffärmer sind. Der Lichteinfall ist an den Südhängen höher als auf der Hochfläche und in der Senke.

Entwicklung der ursprünglichen Waldvegetation

Für die Ausbildung der ursprünglichen Vegetation Mitteleuropas ist die im Verlauf der Erdgeschichte erfolgte Floren- und Vegetationsentwicklung von großer Bedeutung. Besonders wichtig und gut erforscht sind die Veränderungen, die sich seit dem Höhepunkt der letzten Vereisung vor etwa 20 000 Jahren abgespielt haben. Nach den Ergebnissen pollenanalytischer Untersuchungen lassen sich eine Reihe gut ausgeprägter Waldperioden unterscheiden (s. Abb. 11).

In der Späteiszeit herrschten unter arktischen Klimabedingungen baumlose Tundren mit grasartigen und lichtbedürftigen Arten vor, zu denen sich Gehölze wie Zwerg-Birke und Strauchweiden gesellten. Am Ende der Späteiszeit wanderten als erste Bäume Birke und Kiefer ein und bildeten eine baumarme Tundra.

Mit zunehmender Erwärmung breiteten sich in der Vorwärmezeit (um 8000

Zeit	Zeitalter	Abschnitte der Spät- und Nacheiszeit	Vorherrschende Vegetation	Kulturstufen
-1000 -Chr. Geb.	Nacheiszeit	Nachwärmezeit (Subatlantikum)	stark genutzte Wälder u. Forsten Buchen- und Buchenmischwald	Geschichtliche Zeit Eisenzeit
-1000 -2000 -3000		Späte Wärmezeit (Subboreal)	Buchen- und Eichenmischwald	Eisenzeit Bronzezeit
-4000 -5000		Mittlere Wärmezeit (Atlantikum)	Eichenmischwald mit Eichen, Ulmen, Linden, Eschen	Bronzezeit Jungsteinzeit
-6000 -7000		Frühe Wärmezeit (Boreal)	haselreicher Eichenmischwald haselreicher Kiefernwald	Mittelsteinzeit
-8000		Vorwärmezeit (Praeboreal)	Birken- u. Kiefernwald	Mittelsteinzeit
-9000 -10000	Späteiszeit	Späteiszeit (subarktische Zeit)	baumarme Tundra Birken- u. Kiefernwald baumarme Tundra	Altsteinzeit
-11000 -12000		Hocheiszeit (arktische Zeit)	baumlose Tundra	Altsteinzeit

Abb. 11. Vegetationsentwicklung in der Nacheiszeit (nach Overbeck und Straka in Ehrendorfer 1978)

v. Chr.) Birke und Kiefer immer weiter aus und bildeten mehr oder weniger dichte Birken-Kiefernwälder.

In der frühen Wärmezeit kam es zur Ausbildung von haselreichen Kiefernwäldern und nach einer verstärkten Einwanderung von Eichen und Ulmen zur Vorherrschaft haselreicher Eichenmischwälder.

Mit Erreichen des Klimaoptimums, bei dem die Temperaturen im Mittel 2,5–4 °C höher lagen als heute, setzten sich in der mittleren Wärmezeit anspruchsvolle Laubholzarten wie Linde, Ahorn und Esche durch und bildeten zusammen mit Eiche und Ulme Eichenmischwälder, die für ungefähr 4000 Jahre das Landschaftsbild Mitteleuropas bestimmten.

Die erste Wärmezeit war durch abnehmende Temperaturen gekennzeichnet und stellte mit dem erstmaligen Auftreten von Rotbuche, Hainbuche und Tanne einen Übergang zur Buchenwaldzeit dar.

Mit dem weiteren Absinken der Temperaturen und der Zunahme der Niederschläge waren in der Nachwärmezeit Klimabedingungen gegeben, die eine starke Ausbreitung der Buche ermöglichten. Sie drang in die Eichenmischwälder und in die fichtenreichen Bergwälder vor und wandelte diese allmählich in Buchenwälder um.

Dieser in erster Linie durch das Klima hervorgerufene Entwicklungsprozeß wurde seit der späten Wärmezeit zunächst geringfügig und seit der Zeit der mittelalterlichen Rodungen stark durch Eingriffe des Menschen beeinflußt.

Die ursprüngliche Vegetation, wie sie vor dem ersten Eingreifen des Menschen angetroffen wurde, bestand aus sommergrünen Laubwäldern, in denen die Rotbuche fast immer eine dominierende Rolle spielte. In den tieferen Lagen kamen daneben Eichen, auf trockenen Sandböden Kiefern und in höheren Gebirgslagen Fichten vor.

Übersicht über die berücksichtigten Waldgesellschaften

Die in unserem Klimabereich verbreiteten Laubwaldgesellschaften lassen sich aufgrund der Beeinflussung durch Klima, Boden und Mensch in eine Vielzahl verschiedener Vegetationseinheiten untergliedern. Im Ökogramm der Abb. 12 sind die Waldgesellschaften des Flach- und Hügellandes in Abhängigkeit von Feuchtigkeit und Basenversorgung des Bodens dargestellt. Daraus ist zu ersehen, daß Buchenwälder eine weite ökologische Amplitude besitzen und auf allen Böden mit mittleren Standortansprüchen vorkommen. Bei größerer Feuchtigkeit werden sie von Eichen-Hainbuchenwäldern, unter trockenen Standortbedingungen durch wärmeliebende Eichenmischwälder und bei Basen- und Nährstoffarmut durch bodensaure Eichenmischwälder ersetzt. Nasse Böden werden von Auenwäldern und Bruchwäldern besiedelt; Nadelwälder bevorzugen montane Gebiete und bleiben in dieser Darstellung weitgehend unberücksichtigt.

Seidelbast *(Daphne mezereum)*

Leberblümchen *(Hepatica nobilis)*

Tafel 3: Pflanzenarten der Kalkbuchenwälder

Wiesen-Schlüsselblume *(Primula veris)*

Frühlings-Platterbse *(Lathyrus vernus)*

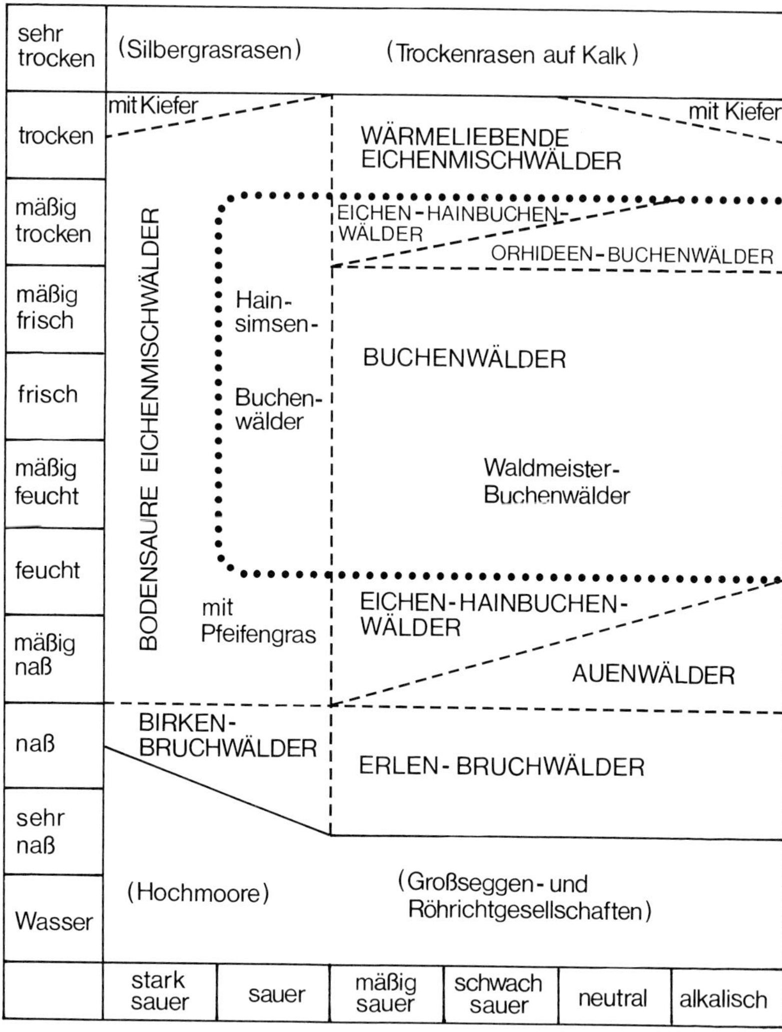

Abb. 12. Standortansprüche mitteleuropäischer Laubwaldgesellschaften (nach ELLENBERG 1982)

Zusammenstellung der berücksichtigten Waldgesellschaften

1. Buchen- und Buchenmischwälder, *Fagion sylvaticae*
   Seggen-Buchenwald, *Carici-Fagetum*
   Haargersten-Buchenwald, *Hordelymo-Fagetum*
   Waldmeister-Buchenwald, *Galio odorati-Fagetum*
   Tannen-Buchenwald, *Galio-Abietetum*

2. Eichen-Hainbuchen-Mischwälder, *Carpinion betuli*
   Labkraut-Hainbuchenwald, *Galio-Carpinetum*
   Sternmieren-Hainbuchenwald, *Stellario-Carpinetum*

3. Wärmeliebende Eichenmischwälder, *Quercion pubescenti-petraeae*
   Steinsamen-Elsbeeren-Traubeneichenwald, *Lithospermo-Quercetum petraeae*
   Fingerkraut-Traubeneichenwald, *Potentillo albae-Quercetum petraeae*

4. Bodensaure Eichenmischwälder, *Quercion robori-petraeae* und *Luzulo-Fagion*
   Birken-Stieleichenwald, *Betulo-Quercetum roboris*
   Hainsimsen-Traubeneichenwald, *Luzulo-Quercetum*
   Buchen-Traubeneichenwald, *Fago-Quercetum*
   Hainsimsen-Buchenwald, *Luzulo-Fagetum*

5. Hang- und Blockschuttwälder, *Tilio-Acerion*
   Ahorn-Eschen-Schatthangwald, *Aceri-Fraxinetum*
   Ahorn-Linden-Hangschuttwald, *Aceri-Tilietum*

6. Auenwälder, *Alno-Padion* und *Salicion albae*
   Winkelseggen-Erlen-Eschenwald, *Carici remotae-Fraxinetum*
   Hainmieren-Schwarzerlenwald, *Stellario nemorum-Alnetum glutinosae*
   Traubenkirschen-Erlen-Eschenwald, *Pruno padi-Fraxinetum*
   Eichen-Eschen-Ulmen-Auenwald, *Querco-Ulmetum minoris*
   Silberweiden-Auenwald, *Salicetum albae*

7. Bruchwälder, *Alnion glutinosae*
   Walzenseggen-Erlen-Bruchwald, *Carici elongatae-Alnetum glutinosae*
   Moorseggen-Erlen-Bruchwald, *Carici laevigatae-Alnetum glutinosae*

8. Nadelwälder
   Reitgras-Fichtenwald, *Calamagrostio villosae-Piceetum*
   Beerstrauch-Tannenwald, *Vaccinio-Abietetum*
   Weißmoos-Kiefernwald, *Leucobryo-Pinetum*
   Rauschbeeren-Kiefern-Moorwald, *Vaccinio uliginosi-Pinetum sylvestris*
   Rauschbeeren-Fichten-Moorwald, *Vaccinio uliginosi-Piceetum*
   Rauschbeeren-Birken-Moorwald, *Vaccinio uliginosi-Betuletum pubescentis*

Schlüssel zum Bestimmen von Waldgesellschaften

1 Laub- und Nadel-Laubmischwälder 2

1* Nadelwälder; Laubgehölze können beigemischt sein 20

2 Laubwälder mit vorherrschender Rotbuche (Buchenwälder) 3

2* Laubwälder ohne vorherrschende Rotbuche 9

3 Buchenwälder mit Tanne; in höheren Berglagen Süddeutschlands **Tannen-Buchenwald** S. 168

3* Buchenwälder ohne Tanne 4

4 Buchenwälder mit Arten der Draht-Schmielen-, Heidelbeeren- und Dornfarn-Gruppe; auf bodensauren Standorten 5

4* Buchenwälder mit Arten der Busch-Windröschen- und Goldnessel-Gruppe; auf Standorten mäßiger bis guter Basenversorgung 6

5 Buchenwälder mit Weißer Hainsimse; im Berg- und Hügelland **Hainsimsen-Buchenwald** S. 180

5* Buchenwälder ohne Weiße Hainsimse; in der norddeutschen Tiefebene **Buchen-Traubeneichenwald** S. 178

6 Buchenwälder mit Elsbeere, Feld-Ahorn, Mehlbeere, Liguster, Berberitze, Wolligem Schneeball und Arten der Wiesen-Schlüsselblumen- und Maiglöckchen-Gruppe; auf sommerwarmen, ± trockenen Kalkböden **Seggen-Buchenwald** S. 161

6* Buchenwälder, in denen die genannten Gehölze und ökologischen Gruppen fehlen oder nur sporadisch auftreten; auf frischen Böden 7

7 Buchenwälder mit Zwiebel-Zahnwurz; Mittelgebirge ab ca. 500 m ü. N. N. **Zwiebelzahnwurz-Waldmeister-Buchenwald** S. 168

7* Buchenwälder ohne die genannten Arten 8

8 Buchenwälder mit vielen Arten der Bingelkraut-Gruppe (Wald-Haargerste, Wald-Bingelkraut, Nesselblättrige Glockenblume, Haselwurz); auf ± frischen Kalk- und Tonmergelböden; in NW-Deutschland bevorzugt an Hängen sonnseitiger Exposition **Haargersten-Buchenwald** S. 163

8* Buchenwälder, in denen Arten der Bingelkraut-Gruppe zurücktreten; auf Braunerden und Parabraunerden **Waldmeister-Buchenwald** S. 164

9 Laubmischwälder, in denen Feuchte- und Nässezeiger vorherrschen oder regelmäßig vertreten sind; entweder im Überflutungsbereich von Bächen, Flüssen, Strömen oder auf Torfböden 14

9* Laubmischwälder, in denen Nässezeiger fehlen oder nur selten auftreten; weder im Überflutungsbereich von Fließgewässern noch auf Torfböden 10

10 Laubmischwälder mit Berg-Ahorn, Esche, Berg-Ulme, Rotbuche, Sommer-Linde und Arten der Silberblatt-Gruppe **Edellaubholzreiche Hang-** und **Blockschuttwälder** S. 183

10* Laubmischwälder mit Stiel-Eiche oder Trauben-Eiche; nicht an Schatthängen der Gebirge 11

11 Artenarme Eichenmischwälder mit Eichen, Birken, Vogelbeere, Faulbaum und Arten der Draht-Schmielen-, Heidelbeeren- und Adlerfarn-Gruppe; auf

Frauenschuh *(Cypripedium calceolus)*

Rotes Waldvöglein *(Cephalanthera rubra)*

Tafel 4: Geschützte Pflanzen

Kleines Wintergrün *(Pyrola minor)*

Türkenbund-Lilie *(Lilium martagon)*

nährstoff- und basenarmen Sand- und Silikatgesteinsböden (bodensaure Eichenmischwälder) 12

11* Artenreiche Mischwälder mit anspruchsvolleren Artengruppen; auf Böden mäßiger bis guter Basenversorgung 13

12 Bodensaure Eichenmischwälder auf den ärmsten Sandböden; im subatlantisch getönten Klimabereich der nordwestdeutschen Tiefebene **Birken-Stieleichenwald** S. 175

12* Bodensaure Eichenmischwälder mit Weißer Hainsimse und Arten der Dornfarn-Gruppe; auf nährstoff- und basenarmen Böden des Hügellandes und unteren Berglandes **Hainsimsen-Traubeneichenwald** S. 178

13 Eichenmischwälder mit vielen wärmeliebenden Arten wie Elsbeere, Flaum-Eiche, Mehlbeere, Liguster, Berberitze, Wolligem Schneeball und Arten der Wiesen-Schlüsselblumen- und Maiglöckchen-Gruppe; an den trockensten und wärmsten Standorten, die noch vom Wald eingenommen werden S. 173 **Wärmeliebende Eichenmischwälder**

13* Eichenmischwälder mit deutlichem Hervortreten der Hainbuche und Arten der Busch-Windröschen- und Goldnessel-Gruppe; sowohl auf frischen bis feuchten als auch auf trockenen und warmen Standorten der Tiefebene und des Hügellandes **Eichen-Hainbuchen-Mischwälder** S. 170

14 Laubmischwälder mit Artengruppen, die Feuchtigkeit anzeigen (Winkel-Seggen-, Wald-Ziest-, Mädesüß- und Sumpf-Seggen Gruppe) und solchen, die in Buchenmischwäldern ihren Verbreitungsschwerpunkt besitzen (Busch-Windröschen-, Goldnessel- und Bingelkraut-Gruppe); im Überflutungsbereich von Bächen, Flüssen und Strömen (Auenwälder) 15

14* Laubmischwälder mit Artengruppen, die Nässe anzeigen (Schwertlilien-, Sumpflappenfarn-, Blutaugen- und Rauschbeeren-Gruppe; auf Niedermoor oder Hochmoortorf (Bruch- und Moorwälder) 19

15 Auenwälder mit Arten der Winkel-Seggen-Gruppe; an Bächen und kleineren Flüssen 18

15* Auenwälder mit Arten der Brennessel- und Geißfuß-Gruppe; an Flüssen und Strömen 16

16 Auenwälder mit Silber-Weide, anderen schmalblättrigen Weiden und Schwarz-Pappel; in unmittelbarem Uferbereich **Silberweiden-Auenwald** S. 191

16* Auenwälder ohne Vorherrschaft von Weiden; auch in größerer Entfernung von Flüssen und Strömen 17

17 Auenwälder mit dominierender Schwarz-Erle und hoher Stetigkeit der Traubenkirsche **Traubenkirschen-Erlen-Eschenwald** S. 188

17* Auenwälder mit Esche, Stiel-Eiche, Feld- und Flatter-Ulme **Eichen-Eschen-Ulmen-Auenwald** S. 189

18 Auenwälder mit Esche und Schwarz-Erle; am Rande kleiner Bäche oder in nassen Quellmulden des Berg- und Hügellandes **Winkelseggen-Erlen-Eschenwald** S. 185

18* Auenwälder mit Vorherrschaft der Schwarzerle und massenhaftem Auftreten der Hain-Sternmiere; im Überflutungsbereich von Bächen und kleinen Flüssen, im Gebirge auch an sickernassen Hängen und in quelligen Mulden **Hainmieren-Schwarzerlenwald** S. 186

19 Bruchwälder mit vorherrschender Schwarzerle und Arten der Sumpflappenfarn- und Schwertlilien-Gruppe; auf Niedermoorböden **Walzenseggen-Erlenbruchwald** S. 193

19* Bruchwälder mit Moor-Birke und Arten der Rauschbeeren-Gruppe; auf Torf **Birken-Moorwald** S. 201

20 Kiefernwälder 21

20* Fichten- und Tannenwälder 22

21 Kiefernwälder mit Arten der Draht-Schmielen- und Heidekraut-Gruppe; auf nährstoffarmen Sandböden in kontinental getönten Klimabereichen; viele Kiefernforsten des Flachlandes zeigen eine ähnliche Zusammensetzung **Weißmoos-Kiefernwald** S. 199

21* Kiefernwälder mit Arten der Rauschbeeren-Gruppe; auf nährstoffarmen Hochmoorböden der höheren Mittelgebirge **Rauschbeeren-Kiefern-Moorwald** S. 200

22 Nadelwälder mit Tanne und Fichte **Beerstrauch-Tannenwald** S. 196

22* Nadelwälder ohne Tanne (Fichtenwälder) 23

23 Fichtenwälder mit Draht-Schmielen- und Heidelbeeren-Gruppe sowie montane Arten der Rippenfarn-Gruppe; auf sauren, mineralischen Böden der höheren Mittelgebirge; viele Fichtenbestände des Flach-, Hügel- und Berglandes sind Forsten und zeigen eine ähnliche Zusammensetzung **Reitgras-Fichtenwald** S. 195

23* Fichtenwälder mit Arten der Rauschbeeren-Gruppe; am Rande von Hochmooren der höheren Mittelgebirge **Rauschbeeren-Fichten-Moorwald** S. 200

Beschreibung der häufigsten Waldgesellschaften

1. Buchen- und Buchenmischwälder, *Fagion sylvaticae* Pawl. 28

Buchenwälder stellen im westlichen Mitteleuropa den vorherrschenden Waldtyp dar und werden nur auf extremen Standorten, z. B. auf vernäßten Böden, auf trockenen und nährstoffarmen Sanden, in besonders warmen und trockenen Hanglagen und in Gebieten, die von Spätfrösten gefährdet sind, durch andere Waldgesellschaften ersetzt. Sie haben ihren Verbreitungsschwerpunkt in den Mittelgebirgen; im Hügelland sind sie heute weitgehend auf die landwirtschaftlich nicht nutzbaren Kuppen und Geländerücken zurückgedrängt. Im Bereich der Tiefebene kommen Buchenwälder z. B. im Jungmoränengebiet Schleswig-Holsteins vor.

Buchenwälder sind hochwüchsige Hallenwälder. Die bis über 30 m hohen Rotbuchen, denen sich gelegentlich auch andere Baumarten zugesellen, bilden ein dichtes Kronendach und lassen nur einen geringen Teil des Sonnenlichts in das Bestandesinnere eindringen. Für die Ausbildung einer Strauchschicht reichen die Lichtverhältnisse in der Regel nicht aus. Am Boden ist eine den

Abb. 13. Physiognomie eines Buchenwaldes im Siebengebirge bei Bonn

jeweiligen Standortbedingungen entsprechende mehr oder weniger üppige Krautschicht entwickelt. Hier findet man Pflanzenarten, die zeitig im Jahr blühen und bereits vor der Laubentfaltung der Bäume ihre vegetative Entwicklung abgeschlossen haben. Daher zeichnen sich viele Buchenwaldtypen durch einen farbigen Frühjahrsaspekt aus.

Einen Überblick über die verschiedenen Buchenwaldgesellschaften liefert die folgende Übersicht:

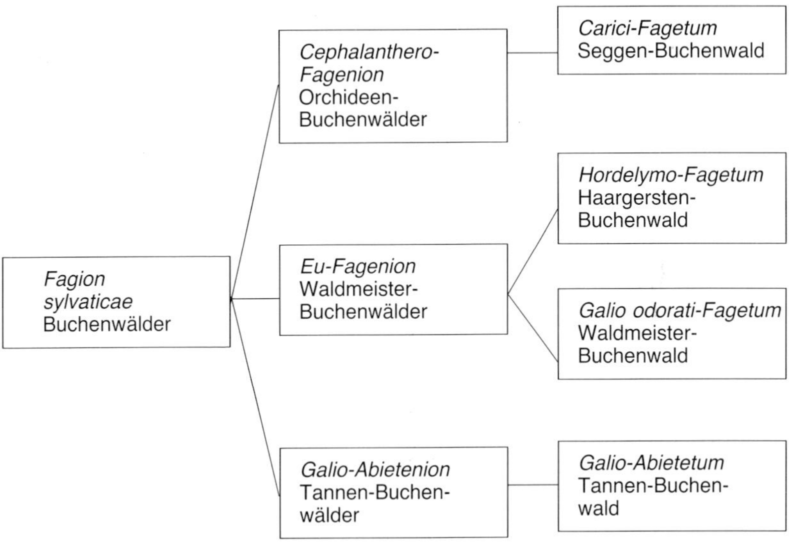

1.1 **Seggen-Buchenwald,** *Carici-Fagetum* Moor 52 (Orchideen-Buchenwald, *Cephalanthero-Fagetum* Oberd. 57)

An steil geneigten, flachgründigen Kalksteinhängen des Berg- und Hügellandes kommt der Seggen-Buchenwald („Hang-Buchenwald") vor. In der Baumschicht dominieren niedrige und schlechtwüchsige Buchen; dazu gesellen sich Lichtholzarten wie Trauben-Eiche, Feld-Ahorn und Elsbeere. Eine Strauchschicht kann gebietsweise üppig entwickelt sein. Die artenreiche, aber meist lückige Krautschicht setzt sich aus vielen wärmeliebenden Pflanzenarten zusammen; darunter sind die diagnostisch wichtigen Seggen (Finger-, Berg- und Blaugrüne Segge) und die Orchideen (Waldvöglein- und Sumpfwurz-Arten sowie Vogel-Nestwurz; „Orchideen-Buchenwald").

Bäume: Rotbuche; daneben Trauben-Eiche, Feld-Ahorn, Elsbeere; gelegentlich Mehlbeere, Eibe.

Sträucher: Seidelbast, Weißdorn- und Rosen-Arten, Rote Heckenkirsche, Roter Hartriegel, Berberitze, Gemeiner Liguster, Wolliger Schneeball; („Strauch-Buchenwald").

Abb. 14. Seggen-Buchenwald in den Sieben Bergen bei Alfeld/Leine

Charakteristische ökologische Gruppen:
Wiesen-Schlüsselblumen-Gruppe: Wiesen-Schlüsselblume, Straußblütige Wucherblume, Blauroter Steinsame, Pfirsichblättrige Glockenblume, Rauhes Veilchen, Schwalbenwurz, Blaugras, Langblättriges Hasenohr.
Maiglöckchen-Gruppe: Maiglöckchen, Finger-Segge, Berg-Segge, Wald-Labkraut, Schwarze Platterbse, Gewöhnliche Akelei, Acker-Glockenblume.
Bingelkraut-Gruppe: Weißes-, Rotes- und Schwerblättriges Waldvöglein, Kleinblättrige Sumpfwurz, Frühlings-Platterbse, Türkenbund-Lilie, Nickendes Perlgras, Leberblümchen.

Vorkommen: Selten; auf sommerwarmen und trockenen, meist sonnseitigen Hängen des Berg- und Hügellandes mit flachgründigen Rendzina-, Terrafusca- und Tonmergel-Böden; infolge der exponierten Hanglage Laubabwehung und Feinerdeabspülung; außerdem hohe Strahlungsintensität und zeitweilig begrenzte Wasserversorgung und Stoffumsetzung. In sommerwarmen Gebieten (Kaiserstuhl, Mainfranken, Fränkische und Schwäbische Alb) gut ausgebildet und auf Hängen verschiedener Exposition; im subatlantischen Klimabereich (südniedersächsisches und hess. Bergland, Kalkeifel) auf extrem flachgründige, steil geneigte Sonnenhänge beschränkt, floristisch verarmt.

Nutzung und Bewertung: Wuchsleistung der Rotbuche gering. Ästhetisch ansprechende Pflanzengesellschaft mit vielen seltenen und gefährdeten Pflanzenarten; Bestände sollten als Schutzwald ausgewiesen und zusammen mit angrenzenden Kalkhalbtrockenrasen, wärmeliebenden Saumgesellschaften und Haftdoldengesellschaften der Äcker in Schutzgebiete einbezogen werden.

1.2 **Haargersten-Buchenwald,** *Hordelymo-Fagetum* Kuhn 37 (incl. Platterbsen-Buchenwald, *Lathyro-Fagetum* Hartm. 53)

Der Haargersten-Buchenwald ist auf den mehr oder weniger frischen kalkhaltigen Böden des Berg- und Hügellandes anzutreffen („frischer Kalkbuchenwald“) und unterscheidet sich vom Waldmeister-Buchenwald durch das regelmäßige Vorkommen von Wald-Haargerste, Wald-Bingelkraut, Nesselblättriger Glockenblume, Gelbem Windröschen, Aronstab und Haselwurz. In der Baumschicht kommen neben der vorherrschenden gutwüchsigen Rotbuche Edellaubhölzer vor. Floristisch und ökologisch nimmt der Haargersten-Buchenwald eine Mittelstellung zwischen dem Waldmeister- und dem Seggen-Buchenwald ein.

Bäume: Rotbuche; Berg-Ahorn, Esche, Berg-Ulme, Feld-Ahorn, Elsbeere, Hainbuche, Trauben-Eiche; in höheren Lagen auch Tanne.

Sträucher: Weißdorn-Arten, Rote Heckenkirsche, Roter Hartriegel.

Charakteristische ökologische Gruppen:

Bingelkraut-Gruppe: Wald-Haargerste, Wald-Bingelkraut, Gelbes Windröschen, Nesselblättrige Glockenblume, Dunkles Lungenkraut und Haselwurz.

Goldnessel-Gruppe: Goldnessel, Wald-Veilchen, Vielblütige Weißwurz, Zaun-Wicke, Wald-Segge, Waldmeister, Einblütiges Perlgras, Wald-Zwenke.

Daneben: Busch-Windröschen- und Maiglöckchen-Gruppe.

Vorkommen: Weit verbreitet auf Kalk- oder Tonmergelstandorten; Verbreitungsschwerpunkt in Süddeutschland (Schwäbische und Fränkische Alb, Mainfranken; weiter im Norden (Rhön, Fulda-Werra-Gebiet, Thüringisches Mittelgebirge, Niedersächsisches Berg- und Hügelland, Paderborner Platte, Eifel) besonders in wärmebegünstigten Hanglagen; auf nährstoff- und basenreichen Braunerden und Rendzinen sowie deren Übergangsformen mit mullartigem Moder. Die Böden unterliegen keiner so starken Abtragung wie im Seggen-Buchenwald und besitzen eine mittlere Wasserkapazität.

Nutzung und Bewertung: Waldbestände mit guter Wuchsleistung von Rotbuche und Edellaubhölzern. Ersatzgesellschaften: Nadelholzforsten, Wirtschaftswiesen und Halbtrockenrasen sowie Unkrautgesellschaften der Kalkäcker.

Waldgesellschaft mit vielfältigen Ausbildungsformen und farbigen Blühaspekten:

Ausbildungsformen:

a. Maiglöckchen-Haargersten-Buchenwald,
Hordelymo-Fagetum convallarietosum

Trennarten: Maiglöckchen-Gruppe (Maiglöckchen, Finger-Segge, Berg-Segge, Wald-Labkraut), Bingelkraut-Gruppe (Frühlings-Platterbse, Seidelbast, Türkenbund-Lilie, Leberblümchen).

Standort: Hänge sonnenseitiger Exposition; oft als Übergang zum Seggen-Buchenwald.

b. Bärlauch-Haargersten-Buchenwald,
Hordelymo-Fagetum allietosum

Waldtyp mit auffallendem Frühjahrsaspekt. Im Vorfrühling blühen bereits Märzenbecher und Wald-Goldstern. Bald danach überzieht der Lerchensporn mit seinen violetten und weißen Blütenständen den Waldboden. Nach der Belaubung bestimmen die saftiggrünen Blätter und etwas später die weißen Blütendolden des Bär-Lauchs das Waldbild.

Trennarten: Lerchensporn-Gruppe (Bär-Lauch, Hohler Lerchensporn, Wald-Goldstern, Märzenbecher).

Standort: Kalkplateaus mit höheren Niederschlägen und Schatthänge; Mull-Rendzinen, tiefgründigere Braunerden und kolluvialer Lehm; Böden zeichnen sich durch gute Wasser- sowie hohe Nährstoff- und Basenversorgung aus. Biologisch aktive Mullböden mit artenreicher Bodenfauna, die für raschen und vollständigen Abbau der abgestorbenen Pflanzenteile sorgt.

c. Typischer Haargersten-Buchenwald, *Hordelymo-Fagetum typicum*

Trennarten: Keine.

Standort: Kalkböden verschiedener Hanglage und unterschiedlicher Mächtigkeit.

1.3 Waldmeister-Buchenwald,
Galio odorati-Fagetum Sougnez et Thill 59
(Perlgras-Buchenwald, *Melico-Fagetum* Lohm. et Seib. 54)

Der Waldmeister-Buchenwald gehört zu den häufigsten Waldgesellschaften Mitteleuropas und kommt in vielen verschiedenen Ausbildungsformen vor. In der Baumschicht sind neben der vorherrschenden Rotbuche oft Esche und Berg-Ahorn vertreten. Unter dem dichten Kronendach breitet sich eine üppige Krautschicht mit vielen Mullbodenpflanzen aus. Bezeichnend ist der reiche Wechsel auffallender Blühaspekte.

Bäume: Rotbuche; daneben Berg-Ahorn, Esche; gelegentlich Berg-Ulme, Trauben-Eiche und in höheren Lagen Süddeutschlands Tanne.

Sträucher: nur vereinzelt, meistens Jungwuchs der Bäume.

Charakteristische ökologische Gruppen:

Abb. 15. Bärlauch-Haargersten-Buchenwald mit Hohlem Lerchensporn im Elm/Südniedersachsen

Abb. 16. Waldmeister-Buchenwald im südlichen Niedersachsen

Goldnessel-Gruppe: Waldmeister, Einblütiges Perlgras, Wald-Zwenke, Goldnessel, Wald-Veilchen, Vielblütige Weißwurz, Zaun-Wicke, Wald-Segge.
Busch-Windröschen-Gruppe: Busch-Windröschen, Flattergras, Große Sternmiere, Efeu.

Vorkommen: Weit verbreitet; vom Flachland (z. B. Jungmoränenlandschaft Schleswig-Holsteins) bis zu den Alpen; auf allen Böden mit mittlerer bis guter Nährstoff- und Basenversorgung sowie ausgeglichenem Wasserhaushalt; vorwiegend auf tiefgründigen Böden (in erster Linie Braunerden, aber auch Parabraunerden, Pelosole und kulluviale Lehme; „Braunerdebuchenwald"). Im Gegensatz zum Platterbsen-Buchenwald auf Böden mit fehlendem oder geringem Kalkeinfluß.

Nutzung und Bewertung: Aufgrund der günstigen Nährstoff- und Wasserversorgung der Wuchsorte hohe Leistungsfähigkeit der Rotbuche; viele Bestände sind jedoch in Nadelholzforste, in Äcker und in den höheren Lagen der Gebirge in Grünland umgewandelt.
Waldmeister-Buchenwälder sollten in ihrer großen Ausbildungsvielfalt möglichst naturnah erhalten bleiben.
Ausbildungsformen:

a. Bärlauch-Waldmeister-Buchenwald, *Galio-Fagetum allietosum*
Pflanzengesellschaft mit ausgeprägtem Frühjahrsaspekt.
Trennarten: Lerchensporn-Gruppe (Bär-Lauch, Hohler Lerchensporn, Wald-Goldstern, Märzenbecher) und Hexenkraut-Gruppe (Scharbockskraut, Hohe Schlüsselblume, Gold-Hahnenfuß, Aronstab, Gewöhnliches Hexenkraut).
Standort: Nährstoff- und basenreiche Braunerden oder Kolluvien mit guter Streuzersetzung und Wasserversorgung; Schatthänge sowie Täler und Mulden.

b. Typischer Waldmeister-Buchenwald, *Galio-Fagetum typicum*
Der ausgeglichene Standortcharakter wird durch das Fehlen von Arten unterstrichen, die Feuchtigkeit oder Trockenheit bzw. Basenarmut oder Basenreichtum anzeigen. Busch-Windröschen- und Goldnessel-Gruppe bilden das Artengefüge dieser Gesellschaft.

c. Hexenkraut-Waldmeister-Buchenwald, *Galio-Fagetum circaeetosum*
Diese Waldgesellschaft wird durch Arten gekennzeichnet, die Sickerfeuchtigkeit anzeigen.
Trennarten: Hexenkraut-Gruppe (Gewöhnliches Hexenkraut, Scharbockskraut, Hohe Schlüsselblume, Knotige Braunwurz, Aronstab) und Wald-Ziest-Gruppe (Wald-Ziest, Großblütiges Springkraut).
Standort: Besonders an Hängen nördlicher und östlicher Exposition sowie am Hangfuß und in Mulden, kleinflächig auf oberflächlich verdichteten Stellen; auf Böden mit Vergleyungs- und Pseudovergleyungserscheinungen; bevorzugt in niederschlagsreichen Gebieten.

d. Seegras-Waldmeister-Buchenwald,
Galio-Fagetum caricetosum brizoidis
Das Seegras bildet mit seinen überhängenden Trieben ausgedehnte Bestände, aus denen andere Arten nur wenig hervortreten.

Abb. 17. Eichenfarn-Waldmeister-Buchenwald im Hildesheimer Wald

Standort: Pseudovergleyte Böden mittlerer Basenversorgung in ebener Lage oder an schwach geneigten Hängen; Verbreitungspunkt in Süddeutschland, im Nordwesten fehlend.

e. Eichenfarn-Waldmeister-Buchenwald,
Galio-Fagetum dryopteridetosum

Großwedelige Horste des Wurm-, Frauen- und Breitblättrigen Dornfarns erheben sich über den ausgedehnten Herden des zarten Eichenfarns.

Standort: Schwach saure, tiefgründige Böden mit einer modrigen Auflage; an luftfeuchten Schatthängen. Der Moder bildet die Ernährungsgrundlage für die Entwicklung der Mykorrhizapilze, die eine wichtige Rolle bei der Keimung der Farnsporen spielen.

f. Waldschwingel-Waldmeister-Buchenwald,
Galio-Fagetum festucetosum

Der Charakter dieser Gesellschaft wird in auffallender Weise durch kräftige Horste des Wald-Schwingels geprägt, der sich auf den Ablagerungen des Buchenlaubes üppig entwickelt und dichte Bestände bildet.

Standort: Auf saurem Ausgangsgestein oder auf oberflächlich entbasten Böden (z. B. auf Löß).

g. Hainsimsen-Waldmeister-Buchenwald, *Galio-Fagetum luzuletosum*

Trennarten: Draht-Schmielen-Gruppe (Weiße Hainsimse, Draht-Schmiele, Pillen-Segge, Wald-Ehrenpreis).

Standort: Nährstoff- und basenarme Böden; oft an windexponierten und ausgehagerten Waldrändern.

h. Zwiebelzahnwurz-Waldmeister-Buchenwald,
Dentario bulbiferae-Fagetum Lohm. 62

Der Zwiebelzahnwurz-Waldmeister-Buchenwald ist ab ungefähr 500–600 m ü. N.N. in den Mittelgebirgen des nordwestlichen Mitteleuropas (Harz, Rhön, Habichtswald, Meißner, Vogelsberg, Westerwald, etwas seltener im Taunus, Sauerland und in der Eifel) zu finden. Er zeichnet sich durch das Hervortreten der Zwiebel-Zahnwurz aus.

1.4 **Tannen-Buchenwald,** *Galio rotundifolii-Abietetum* Wrab. 59

Tannen-Buchenwälder lösen in der montanen Stufe Süd- und Mitteldeutschlands die Buchenwaldgesellschaften ab. Sie werden auch als „Berg-Mischwälder“ bezeichnet und sind schon aus der Ferne an dem unterschiedlichen Grün der Laub- und Nadelgehölze zu erkennen. Der stufige Bestandsaufbau aus verschiedenen Baumarten verleiht ihnen ein charakteristisches Gepräge. Mit der Rotbuche bildet die Weiß-Tanne die Baumschicht; dazu gesellen sich Fichte und Berg-Ahorn. In der Krautschicht kommen viele Arten vor, die man auch in den tiefer gelegenen Buchenwaldgesellschaften antrifft. Daneben gedeihen Pflanzenarten, die ihren Verbreitungsschwerpunkt in montanen Pflanzengesellschaften besitzen, z. B. Hasenlattich, Quirlblättrige Weißwurz, Wald-Schwingel, Wald-Reitgras und Rundblättriges Labkraut.

Abb. 18. Tannen-Buchenwald im Stadtforst Baden-Baden

Bäume: Rotbuche, Weiß-Tanne; daneben Fichte, Berg-Ahorn, Vogelbeere.

Sträucher: Selten; Trauben-Holunder, Rote Heckenkirsche, Stechpalme (nur im atlantischen Klima das Schwarzwaldes), Hasel, Weißdorn-Arten.

Charakteristische ökologische Gruppen:

Dornfarn-Gruppe: Hasenlattich, Quirlblättrige Weißwurz, Wald-Schwingel, Wald-Reitgras, Rundblättriges Labkraut, Gewöhnlicher Dornfarn, Wald-Sauerklee, Behaarte Hainsimse, Schattenblume.

Frauenfarn-Gruppe: Frauenfarn, Rasen-Schmiele, Kriechender Günsel, Wald-Schachtelhalm.

Daneben: Goldnessel-, Busch-Windröschen- und Eichenfarn-Gruppe.

Vorkommen: Verbreitet in der montanen Höhenstufe (Schwarzwald, Schwäbische Alb, Frankenwald, Bayerischer Wald); meist in klimatisch günstiger Hanglage; als Bodentyp werden Braunerden mittlerer bis guter Basenversorgung bevorzugt.

Nutzung und Bewertung: Gute Wuchsleistung der Baumarten. Naturnahe Bestände sind selten geworden, der Anteil der Tanne ist stark rückläufig (Gefährdung durch „Sauren Regen" und hohen Wildbesatz), viele Bestände sind durch Fichtenforste ersetzt. Im Gebiet der Tannen-Buchenwälder sind

Äcker nur in geringem Umfang, Mähwiesen und Fettweiden dagegen häufiger vorhanden.
Waldgesellschaft von hohem ästhetischem Reiz und großem Erholungswert (z. B. Nationalpark Bayerischer Wald); der Erhalt und Schutz naturnaher Bestände ist dringend erforderlich.

2. Eichen-Hainbuchen-Mischwälder, *Carpinion betuli* Oberd. 57

Eichen-Hainbuchenwälder kommen im Flach- und Hügelland vor. Sie sind auf Standorten entwickelt, auf denen die Rotbuche der Konkurrenz von Hainbuche und Eiche unterlegen ist. Das trifft sowohl für wechselfeuchte und schlecht durchlüftete Böden als auch für kontinental getönte Klimabereiche sowie für sommerwarme und trockene Hanglagen zu.

Viele Eichen-Hainbuchen-Waldbestände sind durch Nieder- oder Mittelwaldbetrieb als Sekundärgesellschaft aus ehemaligen Rotbuchenwäldern hervorgegangen.

In Eichen-Hainbuchenwäldern herrschen in der oberen Baumschicht Stiel- oder Trauben-Eichen vor. Darunter bilden Hainbuchen eine zweite Schicht. In naturnahen Beständen lassen die Baumkronen Sträuchern wenig Licht zur vollen Entfaltung. Eine dichte Strauchschicht ist nur in Wäldern anzutreffen, die stark vom Menschen beeinflußt sind. Die Bodenvegetation ist fast immer üppig entwickelt. Sie besitzt in den reicheren Ausbildungen einen ausgeprägten Frühjahrsaspekt.

Bäume: Stiel-Eiche, Trauben-Eiche, Hainbuche; daneben Berg-Ahorn, Feld-Ahorn, Esche, Vogelbeere, Winter-Linde, Rotbuche, Vogel-Kirsche.

Sträucher: Hasel, Weißdorn-Arten, Rote Heckenkirsche, Roter Hartriegel, Schwarzdorn, Gewöhnlicher Schneeball, Pfaffenhütchen.

Charakteristische ökologische Gruppen:
Busch-Windröschen-Gruppe: Busch-Windröschen, Flattergras, Große Sternmiere, Efeu, Hain-Rispengras, Wald-Knäuelgras, Dreinervige Nabelmiere, Erdbeer-Fingerkraut, Schatten-Segge, Katharinenmoos.
Goldnessel-Gruppe: Wald-Veilchen, Vielblütige Weißwurz, Goldnessel, Waldmeister, Einblütiges Perlgras, Wald-Segge, Wald-Zwenke.

Nutzung und Bewertung: Gute Wuchsleistung der Baumarten; wegen der hohen Wertschätzung als Bau- und Mastholz jahrhundertelange Förderung der Eichen. Ausgedehnte Bestände sind heute in Ackerflächen (Anbau anspruchsvoller Kulturarten) oder in Grünland (Mähwiesen, Fettweiden, Magerrasen) umgewandelt. Als Waldgesellschaft mit einer vielfältigen Flora und Fauna erhaltens- und schützenswert, besonders in Gebieten, in denen Eichen-Hainbuchenwälder nur als Reste erhalten sind.
Bei den Eichen-Hainbuchenwäldern lassen sich zwei Assoziationen unterscheiden.

2.1 **Waldlabkraut-Eichen-Hainbuchenwald,** *Galio-Carpinetum* Oberd. 57

Diese subkontinentale Waldgesellschaft ist in den wärmeren Gebieten Mittel- und Süddeutschlands verbreitet und in Nordwestdeutschland nur relativ selten zu finden. Sie besiedelt Standorte, die wenigstens zeitweilig austrocknen, und läßt sich durch Elsbeere, Eingriffligen Weißdorn sowie Wald-Labkraut und gebietsweise durch Verschiedenblättrigen Schwingel, Berg-Segge und Maiglöckchen gegen den Sternmieren-Eichen-Hainbuchenwald abgrenzen.
Ausbildungsformen:

a. Wiesen-Schlüsselblumen-Waldlabkraut-Hainbuchenwald, *Galio-Carpinetum primuletosum*

Trennarten: Wiesen-Schlüsselblumen-Gruppe (Wiesen-Schlüsselblume, Straußblütige Wucherblume, Blauroter Steinsame, Pfirsichblättrige Glockenblume, Schwalbenwurz); Bingelkraut-Gruppe (Wald-Bingelkraut, Nesselblättrige Glockenblume, Haselwurz, Frühlings-Platterbse, Türkenbund-Lilie)
Standort: Trockene, warme und basenreiche Böden; im subatlantisch getönten Klimabereich auf flachgründigem Kalkverwitterungsgestein in sonnseitiger Exposition. Übergangsstellung zum Steinsamen-Elsbeeren-Traubeneichenwald.

b. Haselwurz-Waldlabkraut-Hainbuchenwald, *Galio-Carpinetum asaretosum*

Trennarten: Bingelkraut-Gruppe (Haselwurz, Frühlings-Platterbse, Türkenbund-Lilie, Nesselblättrige Glockenblume, Wald-Bingelkraut, Dunkles Lungenkraut, Wald-Sanikel).
Standort: Verbreitet in Süddeutschland (z. B. Fränkische Platte) auf nährstoffreichen, meist tiefgründigen Böden in Mulden und Tälern sowie an Schatthängen.

c. Typischer Waldlabkraut-Hainbuchenwald, *Galio-Carpinetum typicum*

Mittelstellung hinsichtlich der Standortansprüche und der floristischen Zusammensetzung.

d. Hainsimsen-Waldlabkraut-Hainbuchenwald, *Galio-Carpinetum luzuletosum*

Trennarten: Gehölze (Wald-Geißblatt, Faulbaum, Rotbuche, Vogelbeere, Hänge-Birke); Draht-Schmielen-Gruppe (Draht-Schmiele, Weiße Hainsimse); Dornfarn-Gruppe (Gewöhnlicher Dornfarn, Behaarte Hainsimse, Schattenblume).
Standort: Nährstoff- und basenarme, in der Regel sandige Böden.

2.2 **Sternmieren-Eichen-Hainbuchenwald,** *Stellario-Carpinetum* Oberd. 57

Diese subatlantische Waldgesellschaft besitzt ihren Verbreitungsschwerpunkt in Nordwestdeutschland, kommt aber auch auf frischen Talböden Süddeutsch-

Abb. 19. Sternmieren-Eichen-Hainbuchenwald bei Freiburg

lands vor. Sie bevorzugt Böden, die durch Grund- oder Stauwasser beeinflußt sind, und ist außerdem auf trockenen und sandigen Böden zu finden.
Ausbildungsformen:

a. Waldziest-Eichen-Hainbuchenwald, *Stellario-Carpinetum stachyetosum*
Trennarten: Gehölze (Esche, Ulme, Schwarz-Erle); Wald-Ziest-Gruppe (Wald-Ziest, Großblütiges Springkraut), Hexenkraut-Gruppe (Gewöhnliches Hexenkraut, Hohe Schlüsselblume, Gold-Hahnenfuß, Riesen-Schwingel, Scharbockskraut, Aronstab), Mädesüß-Gruppe (Mädesüß, Wiesen-Schaumkraut), Brennessel-Gruppe (Große Brennessel, Gundermann).
Standort: Feuchte, nährstoff- und basenreiche Lehm- und Tonböden mit guter Streuzersetzung (Mull); oft in Mulden und Senken, Böden vergleyt oder pseudovergleyt; Übergangsstellung zu Auenwäldern.

b. Typischer Eichen-Hainbuchenwald, *Stellario-Carpinetum typicum*
Trennarten: Keine
Standort: Der Typische Eichen-Hainbuchenwald nimmt hinsichtlich seiner Standortansprüche eine Mittelstellung ein. Er bevorzugt frische Böden mittleren Basengehalts.

Abb. 20. Steinsamen-Elsbeeren-Traubeneichenwald mit Flaum-Eiche und Blaurotem Steinsamen am Kaiserstuhl

c. Geißblatt-Eichen-Hainbuchenwald, *Stellario-Carpinetum loniceretosum*
Trennarten: Gehölze (Wald-Geißblatt, Faulbaum, Rotbuche, Vogelbeere, Hänge-Birke), Draht-Schmielen-Gruppe (Draht-Schmiele, Weiße Hainsimse), Dornfarn-Gruppe (Gewöhnlicher Dornfarn, Behaarte Hainsimse, Schattenblume, Kleingabelzahnmoos).
Standort: Nährstoff- und basenarme, in der Regel sandige Böden; Übergangsstellung zu bodensauren Eichen-Mischwäldern.

3. Wärmeliebende Eichenmischwälder, *Quercion pubescenti-petraeae* Br.-Bl. 32

Die wärmeliebenden Eichenmischwälder besitzen ihre Hauptverbreitung im Übergangsbereich von sommergrünen Laubmischwäldern zu den immergrünen mediterranen Steineichenwäldern im Süden und zu den kontinentalen Steppengebieten im Südosten. In Deutschland kommen sie nur kleinflächig und inselartig in den sommerwärmsten Landschaften vor. Aufgrund ihrer isolierten

Lage dürfte es sich dabei um Relikte der nacheiszeitlichen Wärmezeit handeln. Wärmeliebende Eichen-Mischwälder gehören zu den wertvollsten Pflanzengesellschaften Deutschlands.

3.1 **Steinsamen-Elsbeeren-Traubeneichenwald,** *Lithospermo purpurocaerulei-Quercetum petraeae* Br.-Bl. 32

Der Elsbeeren-Traubeneichenwald gedeiht auf den wärmsten und trockensten Standorten, die überhaupt noch vom Wald eingenommen werden. Am Aufbau der lichten, krüppeligen, etwa 5–10 m hohen Baumschicht sind Trauben-Eiche, Flaum-Eiche, Elsbeere und Feld-Ahorn beteiligt. In der Strauch- und Krautschicht herrschen lichtbedürftige und trockenheitsertragende Arten vor.

Bäume: Trauben-Eiche, Flaum-Eiche, Elsbeere; Feld-Ahorn, Feld-Ulme, Mehlbeere, Winter-Linde, Speierling.

Sträucher: Liguster, Berberitze, Wolliger Schneeball, Hasel, Roter Hartriegel, Rote Heckenkirsche, Weißdorn- und Rosen-Arten, Kreuzdorn.

Charakteristische ökologische Gruppen:

Wiesen-Schlüsselblumen-Gruppe: Pfirsichblättrige Glockenblume, Blauroter Steinsamen, Rauhes Veilchen, Schwalbenwurz, Hirsch-Haarstrang.

Maiglöckchen-Gruppe: Salomonssiegel, Nickendes Leimkraut, Immenblatt, Schwarze Platterbse, Maiglöckchen, Wald-Labkraut, Finger-Segge, Berg-Segge, Berg-Johanniskraut, Astlose Graslilie.

Vorkommen: Selten; unter submediterran getönten Klimabedingungen mit milden Wintern; im Oberrheingebiet (z. B. Kaiserstuhl), an Neckar, Mosel, Main, Tauber und in der Schwäbischen Alb; an steil geneigten, extrem trockenen und warmen Hängen; auf basenreichem Substrat.

Nutzung und Bewertung: Als Eichen-Mischwald wirtschaftlich ohne größere Bedeutung; Umwandlung in Kiefernforsten, Trockenrasen und Weinberge. Wegen seiner landschaftsprägenden Wirkung, der Seltenheit und Vielfalt der vorkommenden und gefährdeten Pflanzen- und Tierarten von höchstem Naturschutzwert.

3.2 **Fingerkraut-Traubeneichenwald,** *Potentillo albae-Quercetum petraeae* Libb. 33

Der Fingerkraut-Traubeneichenwald kommt nur äußerst selten unter subkontinentalen Klimabedingungen in Süddeutschland vor (z. B. Steigerwaldvorland) und bevorzugt hier wechseltrockene Böden mit mäßiger Nährstoffversorgung.

Die Baumschicht, an deren Zusammensetzung neben der Trauben-Eiche auch Kiefer und Winter-Linde beteiligt sein können, ist höher als im Steinsamen-Elsbeeren-Traubeneichenwald. Zu den kennzeichnenden Merkmalen dieser Gesellschaft gehört das gleichzeitige Auftreten von Zeigerpflanzen für Basenreichtum, Basenarmut, Wechselfeuchtigkeit und lichten Standortcharakter.

4. Bodensaure Eichenmischwälder, *Quercion robori-petraeae* Br.-Bl. 32

Bodensaure Eichenmischwälder besitzen ihren Verbreitungsschwerpunkt im atlantischen Klimabereich und sind dementsprechend in Westeuropa besonders typisch ausgebildet. In Deutschland kommen sie hauptsächlich auf den nährstoffarmen pleistozänen Sanden der nordwestdeutschen Tiefebene und daneben auf basenarmen Verwitterungsböden des Berg- und Hügellandes vor. Zum Osten hin wird ihr Areal mit Zunahme der Kontinentalität begrenzt, hier tritt die Wald-Kiefer als landschaftsbestimmendes Element immer mehr in Erscheinung. Viele Bestände der Eichenmischwälder sind durch Niederwaldwirtschaft und starke Beweidung aus bodensauren Buchenwäldern hervorgegangen und stellen sekundäre Waldtypen dar.

Das Bild dieser Wälder wird durch das Auftreten der Stiel-Eiche, Trauben-Eiche, Hänge-Birke, Vogelbeere und Zitter-Pappel, durch eine artenarme Krautschicht mit säuretoleranten und lichtbedürftigen Arten sowie das Vorhandensein vieler Moose, Flechten und Pilze bestimmt.

Charakteristische ökologische Gruppen:
Draht-Schmielen-Gruppe: Draht-Schmiele, Wiesen-Wachtelweizen, Siebenstern, Salbei-Gamander, Pillen-Segge, Rotes Straußgras, Harz-Labkraut, Glattes Habichtskraut, Weiches Honiggras.
Rippenfarn-Gruppe: Adlerfarn, Rippenfarn.
Heidelbeeren-Gruppe: Heidelbeere, Besen-Gabelzahnmoos, Schlafmoos, Rotstengelmoos.

4.1 **Birken-Stieleichenwald,** *Betulo-Quercetum roboris* Tx. 37

Der Birken-Stieleichenwald stellt die potentielle natürliche Vegetation auf den ärmsten Sandböden im Bereich der nordwestdeutschen Tiefebene dar. Stiel-Eiche und Birken bilden ein lockeres Kronendach, unter dem sich eine mehr oder weniger üppige Strauch- und Krautschicht mit vielen grasartigen Pflanzenarten entwickelt hat. Rotbuchen sind an der Bildung der Baumschicht in der Regel nicht beteiligt. Auf dem Waldboden breitet sich eine üppige Moosdecke aus. Auffällige Blühaspekte fehlen der Gesellschaft mit Ausnahme der Blühperiode von Siebenstern, Wachtelweizen und Habichtskräutern.

Bäume: Stiel-Eiche, Hänge-Birke, Vogelbeere; Trauben-Eiche, Zitter-Pappel, Wald-Kiefer.

Sträucher: Jungwuchs der Bäume, Faulbaum, Wald-Geißblatt.

Charakteristische ökologische Gruppen:
Heidekraut-Gruppe: Heidekraut, Schaf-Schwingel, Weißmoos, Flechten.
Daneben: Draht-Schmielen- und Heidekraut-Gruppe.

Vorkommen: Früher weit verbreitet, heute selten und kleinflächig, unter subatlantischen Klimabedingungen Nordwestdeutschlands; auf moder- bis roh-

Abb. 21. Kiefernforst auf Binnendünen im NSG Neumühlen bei Verden

humusbedeckten basen- und nährstoffarmen Sandböden (Schmelzwasser- und Flugsandablagerungen).

Nutzung und Bewertung: Aufgrund der ungünstigen Bodenbedingungen nur mäßige Wuchsleistung der Baumarten; jahrhundertelange Übernutzung durch Holz- und Streuentnahme sowie durch intensive Beweidung; starker Rückgang der einstmals großen Flächen durch Rodung, Umwandlung in Ackerflächen und Wiederaufforstung verheideter Gebiete mit Wald-Kiefer.

Der Eichen-Birkenwald ist heute bis auf kleine Reste vernichtet und gehört zu den stark gefährdeten Pflanzengesellschaften. Die Erhaltung aller naturnahen Bestände ist dringend erforderlich.

Ausbildungsformen:

a. Typischer Birken-Stieleichenwald, *Betulo-Quercetum typicum*

Produktionsschwächste Ausbildung; selten und durch Umwandlung in landwirtschaftliche Nutzflächen und Kiefernforsten sowie durch Stickstoff-Immissionen aus Luft und Niederschlag bedroht.

Trennarten: Keine.

Standort: Grundwasserferne, trockene, extrem nährstoffarme Sandböden (Bänder-Parabraunerden über Sanden und Dünen).

Abb. 22. Birken-Stieleichenwald in der Lüneburger Heide bei Celle

b. Pfeifengras-Birken-Stieleichenwald, *Betulo-Quercetum molinietosum*
Trennarten: Moor-Birke und Pfeifengrasgruppe (Pfeifengras, Glockenheide, Blutwurz, Torfmoosarten).
Standort: Grundwassernahe oder unter dem Einfluß von Staufeuchtigkeit stehende Böden (Gleye, Pseudogleye).

4.2 **Hainsimsen-Traubeneichenwald,** *Luzulo-Quercetum petraeae* Knapp 48

Der Hainsimsen-Traubeneichenwald kommt auf nährstoffarmen Böden des Hügel- und unteren Berglandes vor. Die Baumschicht wird von der Trauben-Eiche beherrscht; eine Strauchschicht ist nur schwach entwickelt; die Krautschicht setzt sich aus Zwergsträuchern, Gräsern, Farnen und Kräutern zusammen, die den bodensauren Standort anzeigen. Eine Moosdecke ist ebenfalls vorhanden.

Viele Bestände sind durch Niederwaldwirtschaft aus Hainsimsen-Buchenwäldern hervorgegangen und zeichnen sich in diesem Falle durch eine stärkere Beteiligung der Rotbuche aus.

Bäume: Trauben-Eiche; daneben Stiel-Eiche, Rotbuche, Hänge-Birke, Vogelbeere, Winter-Linde.

Sträucher: Jungwuchs der Bäume, Wald-Geißblatt, Himbeere, Hasel.

Charakteristische ökologische Gruppen:
Draht-Schmielen- und *Heidelbeeren-Gruppe.*
Dornfarn-Gruppe: Wald-Reitgras, Gewöhnlicher Dornfarn, Behaarte Hainsimse, Schattenblümchen, Wald-Sauerklee.
Busch-Windröschen-Gruppe: Busch-Windröschen, Große Sternmiere, Efeu, Hain-Rispengras, Flattergras, Dreinervige Nabelmiere, Gewöhnliche Goldrute.

Vorkommen: Auf nährstoff- und basenarmen Böden des Hügellandes und unteren Berglandes (z. B. Mittelrheingebiet, Pfälzer Wald, Schwarzwald, Franken, Hessisches und Niedersächsisches Bergland).

Nutzung und Bewertung: Mäßige bis schwache Wuchsleistung der Trauben-Eiche; Umwandlung vieler Bestände in Nadelholzforsten.

Hoher Naturschutzwert der wärmeliebenden Ausbildungsformen wegen der Seltenheit der hier vorkommenden Pflanzen- und Tierarten.

4.3 **Buchen-Traubeneichenwald,** *Fago-Quercetum petraeae* Tx. 55 (*Holco-Quercetum robori-petraeae* Lemée 37, *Deschampsio-Fagetum* Pass. 56, *Violo-Quercetum petraeae* Oberd. 57)

Der Buchen-Traubeneichenwald besitzt viel Ähnlichkeit mit dem Birken-Stieleichenwald. Er unterscheidet sich aber davon durch die Vorherrschaft der Rotbuche,den höheren Anteil der Trauben-Eiche sowie durch das Auftreten von Pflanzenarten, die eine bessere Basenversorgung des Bodens anzeigen.

Abb. 23. Buchen-Traubeneichenwald bei Hopsten westlich von Osnabrück

Bäume: Rotbuche, Trauben-Eiche; daneben Stiel-Eiche, Vogelbeere, Hänge-Birke.

Sträucher: Vereinzelt Jungwuchs der Bäume, Faulbaum, Wald-Geißblatt, Himbeere, gebietsweise Stechpalme.

Charakteristische ökologische Gruppen:
Dornfarn-Gruppe: Wald-Sauerklee, Behaarte Hainsimse, Schattenblümchen, Ruchgras, Hain-Veilchen, Gewöhnlicher Dornfarn.
Busch-Windröschen-Gruppe: Efeu, Flattergras, Große Sternmiere, Busch-Windröschen.
Daneben: Draht-Schmielen- und Heidelbeeren-Gruppe.

Vorkommen: Verbreitet im nordwestdeutschen Tiefland, seltener in Süddeutschland (z. B. Oberrheingebiet). Auf basen- und nährstoffarmen, meist anlehmigen Sandböden.

Nutzung und Bewertung: Mäßige bis gute Wuchsleistung der Baumarten. Ausgedehnte Flächen sind in Ackerland (nach intensiver Düngung Anbau anspruchsvoller Kulturpflanzen) umgewandelt oder mit Fichte, Lärche sowie Douglasie aufgeforstet. Die Erhaltung naturnaher Bestände ist aus biologischer und landschaftsökologischer Sicht wünschenswert; der Anbau standortfremder Gehölze und ein zu großer Wildbestand sollten vermieden werden.
Ausbildungsformen:

a. Typischer Buchen-Traubeneichenwald,
Fago-Quercetum petraeae typicum

Trennarten: Keine.
Standort: Trockene, grundwasserferne Böden (Braunerden, Bänderparabraunerden).

b. Pfeifengras-Buchen-Traubeneichenwald, *Fago-Quercetum molinietosum*

Trennarten: Moor-Birke, Pfeifengras-Gruppe (Pfeifengras).
Standort: Grundwassernahe oder staunasse Böden (Pseudogleye).

4.4 **Hainsimsen-Buchenwald,** *Luzulo-Fagetum* Meusel 37

Der Hainsimsen-Buchenwald zeichnet sich wie die anderen Buchenwaldgesellschaften durch einen hallenwaldartigen Bestandsaufbau aus. Er unterscheidet sich aber deutlich davon durch seine Artenarmut, die Vorherrschaft säureertragender Hainsimsen, Süßgräser, Seggen und Moose und das Fehlen auffallender Blühaspekte. Dementsprechend besitzt der Hainsimsen-Buchenwald viele gemeinsame Eigenschaften mit den bodensauren Eichenmischwäldern.

Bäume: Rotbuche, daneben Trauben-Eiche, gelegentlich Stiel-Eiche, Hänge-Birke, Vogelbeere und Zitter-Pappel.

Sträucher: Jungwuchs der Bäume; daneben Faulbaum, Wald-Geißblatt.

Charakteristische ökologische Gruppen:
Draht-Schmielen-Gruppe: Weiße Hainsimse, Draht-Schmiele, Pillen-Segge, Rotes Straußgras, Weiches Honiggras, Wiesen-Wachtelweizen, Habichtskraut-Arten.

Abb. 24. Hainsimsen-Buchenwald im Teutoburger Wald

Heidelbeerengruppe: Heidelbeere, Besen-Gabelzahnmoos, Frauenhaarmoos, Rotstengelmoos.
Dornfarn-Gruppe: Gewöhnlicher Dornfarn, Behaarte Hainsimse, Wald-Sauerklee, Gemeines Sternmoos, Klein-Gabelzahnmoos.

Vorkommen: Weit verbreitete Waldgesellschaft des Berg- und Hügellandes; auf allen basen- und nährstoffarmen Silikatgesteinsböden (Sandstein, Schiefer, Grauwacke, Granit, Gneis und Sand; auch auf entbastem Löß.) Als Bodentypen werden basenarme Braunerden und Parabraunerden mit Moderauflage, aber auch Ranker besiedelt. Deshalb wird der Hainsimsen-Buchenwald auch als „Sauerhumus- oder Moderbuchenwald" bezeichnet.

Nutzung und Bewertung: Meistens gute Wuchsleistung der Rotbuche. Viele Wuchsorte sind heute in Ackerland oder in Nadelholzforsten (mit Fichte, aber auch mit Kiefer, Douglasie und Lärche) umgewandelt.
Gefährdung durch umweltbedingte Waldschäden („Saurer Regen").

Ausbildungsformen:

a. Flattergras-Hainsimsen-Buchenwald, *Luzulo-Fagetum milietosum*
Übergangsstellung zum Waldmeister-Buchenwald.
Trennarten: Busch-Windröschen-Gruppe (Busch-Windröschen, Flattergras, Große Sternmiere, Hain-Rispengras, Gewelltes Katharinenmoos).
Standort: Meidet die besonders nährstoffarmen Böden.

b. Typischer Hainsimsen-Buchenwald, *Luzulo-Fagetum typicum*
Trennarten: keine.

c. Rasenschmielen-Hainsimsen-Buchenwald,
Luzulo-Fagetum deschampsietosum
Trennarten: Frauenfarn-Gruppe (Frauenfarn, Rasen-Schmiele) und Winkel-Seggen-Gruppe (Winkel-Segge).
Standort: Schatthänge und Mulden; frische bis feuchte Böden.

d. Eichenfarn-Hainsimsen-Buchenwald, *Luzulo-Fagetum dryopteridetosum*
Trennarten: Eichenfarn-Gruppe (Eichenfarn, Buchenfarn, Breitstieliger Dornfarn, Wurmfarn, Frauenfarn.)
Standort: Luftfeuchte Schatthänge und windgeschützte Mulden mit hoher Moderauflage.

e. Weißmoos-Hainsimsen-Buchenwald, *Luzulo-Fagetum leucobryetosum*
Hoher Deckungsgrad von Moosen und Flechten.
Trennarten: Heidekraut-Gruppe (Heidekraut, Schaf-Schwingel, Weißmoos, verschiedene Flechten).
Standort: Hänge südlicher und westlicher Exposition auf basenarmem Ausgangsgestein; ausgehagerte Waldränder, windexponierte Kuppen und Hangkanten.

5. Edellaubholzreiche Hang- und Blockschuttwälder, *Tilio-Acerion* Klika 55

In der submontanen und montanen Stufe der Mittelgebirge werden die Buchenwälder an steil geneigten Schatthängen, in luftfeuchten Schluchten sowie auf Fels- und Blockhalden durch edellaubholzreiche Waldgesellschaften ersetzt.

5.1 **Ahorn-Eschen-Schatthangwald,** *Aceri-Fraxinetum* W. Koch 26 (Ahorn-Eschen-Schluchtwald)

Schattige und luftfeuchte Nordhänge und Gebirgsschluchten sind Standorte des Ahorn-Eschen-Schatthangwaldes. In der Baumschicht sind neben den namengebenden Gehölzen Berg-Ahorn und Esche auch Berg-Ulme, Sommer-Linde und Rotbuche vertreten. In der Krautschicht fallen großblättrige, rasch wachsende und Schatten bevorzugende Kräuter und Farne auf. Felsen und Gesteinsblöcke („Blockschuttwald") werden von einer dichten Moosdecke überzogen, aus der die zarten Wedel des Zerbrechlichen Blasenfarns und verschiedener Streifenfarnarten hervorwachsen.

Bäume: Berg-Ahorn, Esche, Berg-Ulme, Sommer-Linde, Rotbuche.

Sträucher: Jungwuchs der Bäume, Trauben-Holunder, Berg-Johannisbeere.

Charakteristische ökologische Gruppen:

Silberblatt-Gruppe: Silberblatt, Hirschzunge, Gelappter Schildfarn, Wald-Geißbart, Lanzenförmiger Schildfarn, Zerbrechlicher Blasenfarn.

Bingelkraut-Gruppe: Wald-Bingelkraut, Nesselblättrige Glockenblume, Christophskraut, Dunkles Lungenkraut.

Daneben: Busch-Windröschen-, Goldnessel-, Hexenkraut-, Wald-Ziest, Eichenfarn-, bisweilen Lerchensporn-Gruppe.

Vorkommen: Ziemlich selten; in der montanen und submontanen Stufe der Kalkgebirge in luftfeuchten und schattigen Lagen; Böden mit reicher Nährstoff- und Basenversorgung (hohe biologische Aktivität).

Nutzung und Bewertung: Gute Wuchsleistung der Edellaubhölzer. Eindrucksvolle Waldbilder mit markanten Felsbildungen und Blockschutthalden, Lebensraum seltener und gefährdeter Pflanzen- und Tierarten; Waldgesellschaft von hohem Naturschutzwert. Gefährdung durch Anbau standortfremder Wirtschaftsholzarten, durch Gesteinsabbau und durch steigenden Tourismus.

5.2 **Ahorn-Linden-Hangschuttwald,** *Aceri-Tilietum* Fab. 36

An warmen, schuttreichen Hängen der Mittelgebirge kommt der Ahorn-Linden-Hangschutt vor. Neben der Sommer-Linde treten hier vielfach Arten aus wärmeliebenden Waldgesellschaften auf.

Abb. 25. Ahorn-Eschenwald mit Hirschzungenfarn in der Schwäbischen Alb

6. Auenwälder, *Alno-Ulmion* Knapp 48 und *Salicion albae* Moor 58

Auenwälder besiedeln den Überflutungsbereich von Flüssen und Bächen. Das Erscheinungsbild wird von Weiden, Erlen, Eschen und anderen Baumarten geprägt, die Überflutungen oder hochanstehendes Grundwasser ohne Schaden ertragen können. Auf dem fruchtbaren Auenboden, der durch Ablagerung erodierter Bodenteilchen („Auenlehm") entstanden ist, breitet sich eine üppige und artenreiche Bodenflora aus. Für Auenwälder ist die Vergesellschaftung von Feuchtezeigern mit Pflanzenarten, die in Buchenwaldgesellschaften ihren Verbreitungsschwerpunkt besitzen, besonders kennzeichnend.

Charakteristische ökologische Gruppen:

Busch-Windröschen-Gruppe: Busch-Windröschen, Große Sternmiere, Flattergras, Gemeine Nelkenwurz, Ruprechtskraut, Berg-Weidenröschen.

Goldnessel-Gruppe: Goldnessel, Wald-Segge, Zaun-Wicke, Wald-Zwenke, Vielblütige Weißwurz, Wald-Veilchen.

Bingelkraut-Gruppe: Wald-Bingelkraut, Gelbes Windröschen, Dunkles Lungenkraut, Nesselblättrige Glockenblume, Wald-Sanikel.

Frauenfarn-Gruppe: Frauenfarn, Rasen-Schmiele, Kriechender Günsel, Wald-Schachtelhalm, Seegras.

Hexenkraut-Gruppe: Gewöhnliches Hexenkraut, Scharbockskraut, Gold-Hahnenfuß, Wolliger Hahnenfuß, Hohe Schlüsselblume, Aronstab, Riesen-Schwingel, Knotige Braunwurz, Einbeere, Gewelltes Sternmoos.

6.1 **Winkelseggen-Erlen-Eschenwald,** *Carici remotae-Fraxinetum* W. Koch 26

Die Oberläufe der Bäche des Berg- und Hügellandes werden auf schmalen, wenige Meter breiten Streifen vom Bach-Eschenwald begleitet. Das Gesellschaftsbild wird durch Eschen oder Schwarz-Erlen in der Baumschicht und durch eine üppige Krautschicht geprägt, in der viele hygrophile Pflanzenarten zu finden sind und in der das ganze Jahr saftig-grüne Farbtöne vorherrschen.

Bäume: Esche, Schwarz-Erle, Berg-Ahorn; seltener Sommer-Linde und Berg-Ulme, Stiel-Eiche, Hainbuche.

Sträucher: Hasel, Gemeiner Schneeball, Pfaffenhütchen, Rote Johannisbeere, Zweigriffliger Weißdorn.

Charakteristische ökologische Gruppen:

Wald-Ziest-Gruppe: Wald-Ziest, Großblütiges Springkraut, Blutroter Ampfer, Wechselblättriges Milzkraut, Hänge-Segge.

Winkel-Seggen-Gruppe: Winkel-Segge, Berg-Ehrenpreis, Hain-Sternmiere, Hain-Gilbweiderich.

Mädesüß-Gruppe: Mädesüß, Gemeiner Gilbweiderich, Bach-Nelkenwurz, Sumpf-Vergißmeinnicht, Gemeines Rispengras, Wiesen-Schaumkraut.

Sumpf-Seggen-Gruppe: Sumpf-Pippau, Bitteres Schaumkraut, Gegenblättriges Milzkraut. Daneben: Busch-Windröschen-, Goldnessel-, Bingelkraut-, Frauenfarn- und Hexenkraut-Gruppe.

Vorkommen: Verbreitet im Berg- und Hügelland, im nordwestdeutschen Tiefland selten und verarmt. Am Rande von Bächen oder in nassen Quellmulden, auf Gley (Bachalluvionen); stets an Fließgewässern mit hohem Nährstoff- und Sauerstoffgehalt.

Nutzung und Bewertung: Gutwüchsiger Baumbestand; besonders Schwarz-Erlen erreichen hier besonders hohe Wuchsleistungen.
Wertvoller Lebensraum für viele Pflanzen und Tiere.

Abb. 26. Winkelseggen-Erlen-Eschenwald mit Winter-Schachtelhalm und Hänge-Segge bei Freiburg

6.2 **Hainmieren-Schwarzerlenwald,** *Stellario nemorum-Alnetum glutinosae* Lohm. 56

Wo sich an Bächen der Überflutungsbereich ausweitet, aber auch an kleineren Flüssen, wächst der Hainmieren-Schwarzerlenwald. In der Physiognomie und Artenzusammensetzung besteht viel Ähnlichkeit mit dem Winkelseggen-Erlen-Eschenwald. Der Hainmieren-Schwarzerlenwald unterscheidet sich in erster Linie durch die Vorherrschaft der Schwarz-Erle und durch das massenhafte Auftreten der Hain-Sternmiere, die im Mai einen auffallenden Blühaspekt ausbildet.

Abb. 27. Hainmieren-Schwarzerlenwald im Hildesheimer Wald

Bäume: Schwarz-Erle, Esche, Bruch-Weide, Berg-Ahorn.

Sträucher: Hasel, Gemeiner Schneeball, Pfaffenhütchen, Rote Heckenkirsche.

Charakteristische Ökologische Gruppen:

Winkel-Seggen-Gruppe: Hain-Sternmiere, Berg-Ehrenpreis, Winkel-Segge, Hain-Gilbweiderich.

Wald-Ziest-Gruppe: Wald-Ziest, Großblütiges Springkraut, Blutroter Ampfer.

Sumpf-Seggen-Gruppe: Sumpf-Pippau, Bitteres Schaumkraut, Gegenblättriges Milzkraut.

Daneben: Busch-Windröschen-, Goldnessel-, Bingelkraut-, Frauenfarn-, Hexenkraut-, Mädesüß-Gruppe.

Vorkommen: Verbreitet am Rand von Bächen und kleinen Flüssen; in höheren Gebirgslagen auch an sickernassen Hängen oder in quelligen Mulden (Naßgley).

Nutzung und Bewertung: Wälder guter Leitungsfähigkeit; viele Bestände sind in Grünland umgewandelt (Naßwiesen).
Unter Aspekten des Naturschutzes vielfältige und wertvolle Waldgesellschaft; naturnahe Bewirtschaftung unter Verzicht von Meliorationsmaßnahmen ist wünschenswert.

6.3 **Traubenkirschen-Erlen-Eschenwald,** *Pruno padi-Fraxinetum* Oberd. 53

Im Traubenkirschen-Erlen-Eschenwald sind Schwarz-Erle und Esche die bestimmenden Baumarten. Darunter ist eine üppige Strauchschicht entwickelt, in der Trauben-Kirsche, Hasel, Gemeiner Schneeball und Pfaffenhütchen vorkommen. In der Krautschicht fallen Pflanzenarten auf, die Feuchtigkeit und gute Nährstoffversorgung anzeigen.

Bäume: Schwarz-Erle, Esche; daneben Stiel-Eiche, Flatter-Ulme.

Sträucher: Trauben-Kirsche, Hasel, Gemeiner Schneeball, Pfaffenhütchen, Schwarzer Holunder, Roter Hartriegel, Zweigriffliger Weißdorn, Rote Johannisbeere.

Charakteristische ökologische Gruppen:
Mädesüß-Gruppe: Mädesüß, Bach-Nelkenwurz, Gemeines Rispengras, Kriechender Hahnenfuß.
Wald-Ziest-Gruppe: Wald-Ziest, Großblütiges Springkraut.
Sumpf-Seggen-Gruppe: Sumpf-Segge, Rohr-Glanzgras, Kohldistel.
Brennessel-Gruppe: Große Brennessel, Gundermann, Kletten-Labkraut.
Geißfuß-Gruppe: Geißfuß, Rote Lichtnelke, Gefleckte Taubnessel, Efeublättriger Ehrenpreis. Daneben: Busch-Windröschen-, Goldnessel- Bingelkraut-, Frauenfarn-, Hexenkraut-Gruppe.

Vorkommen: In Tälern mit hochanstehendem Grundwasser; auf nassen, gut mit Nährstoffen versorgten Gleyböden.

Nutzung und Bewertung: Weitgehende Umwandlung in Grünland (Naßwiesen), teilweise Pappelanpflanzungen.
Naturnahe Bewirtschaftung der noch erhaltenen Wälder und weitgehender Verzicht auf Melioration erforderlich.

Ausbildungsformen: Vorherrschen von Schwarz-Erle auf besonders nassen und nährstoffarmen Standorten; Übergänge zum Erlenbruch. Vorherrschen von Esche auf basenreicheren und weniger nassen Böden; Übergänge zu feuchten Eichen-Hainbuchenwäldern.

Abb. 28. Traubenkirschen-Erlen-Eschenwald im Mooswald bei Freiburg

6.4 **Eichen-Eschen-Ulmen-Auenwald,** *Querco-Ulmetum minoris* Issl. 24

Der Eichen-Eschen-Ulmen-Auenwald ist am Mittel- und Unterlauf der großen Flüsse und Ströme zu finden. Wegen des harten Holzes der bestandbildenden Bäume wird er als „Hartholzaue" bezeichnet. Der Eichen-Eschen-Ulmen-Auenwald zeichnet sich durch großen Artenreichtum, eine differenzierte Schichtung und die Ausbildung verschiedener jahreszeitlicher Aspekte aus. Der farbige Höhepunkt liegt vor der Belaubung. Er wird von zahlreichen Frühblühern gebildet. Im Sommer ändert sich das Aussehen dieser Wälder grundlegend. Feuchtigkeitertragende und Nährstoffreichtum anzeigende Arten bilden dann eine hohe und dichte, oft schwer durchdringbare Krautschicht.

Bäume: Stiel-Eiche, Feld-Ulme, Esche; ferner Flatter-Ulme, Feld-Ahorn, Berg-Ahorn, Winter-Linde, Trauben-Kirsche.

Sträucher: Weißdorn-Arten, Schwarzdorn, Roter Hartriegel, Pfaffenhütchen, Hasel, Gewöhnlicher Schneeball, Kreuzdorn, Rote Heckenkirsche, Stachelbeere, Waldrebe, Hopfen (als Hemikryptophyt in der Strauchschicht).

Abb. 29. Eichen-Eschen-Ulmen-Auenwald an der Innerste bei Hildesheim

Charakteristische ökologische Gruppen:
Brennessel-Gruppe: Große Brennessel, Gundermann, Kletten-Labkraut, Lauch-Hederich.
Geißfuß-Gruppe: Geißfuß, Rote Lichtnelke, Kratzbeere, Gefleckte Taubnessel, Efeublättriger Ehrenpreis.

Lerchensporn-Gruppe (gebietsweise): Hohler Lerchensporn, Wald-Goldstern, Märzenbecher.
Daneben: Busch-Windröschen-, Goldnessel-, Bingelkraut-, Frauenfarn-, Hexenkraut-, Wald-Ziest-, Mädesüß- und Sumpf-Seggen-Gruppe.

Vorkommen: Selten; im Überschwemmungsbereich der großen Flüsse und Ströme; auf tiefgründigen, meist braunen Auenböden; Bodenart schwankt je nach Einzugsgebiet der Flüsse zwischen Sand und Ton; starker Wechsel des Grundwassers im Laufe des Jahres.

Nutzung und Bewertung: Eichen-Eschen-Ulmen-Auenwälder sind nur noch selten als Reste erhalten. Durch den Ausbau der Flüsse (Begradigung, Bau von Staustufen, Senken des Flußbettes, Anlage von Deichen) sind die natürlichen Lebensbedingungen gestört. Viele Bestände sind gerodet und in Grünland, Naßwiesen, Mähwiesen (Fettweiden) oder nach Absenkung des Grundwasserstandes auch in Äcker (Anbau von anspruchsvollen Kulturarten) umgewandelt.

Eichen-Ulmen-Auenwälder mit ihrer reichen und vielfältigen Vegetation und Tierwelt haben einen hohen Wert und bedürfen eines besonderen Schutzes.

6.5 **Silberweiden-Auenwald,** *Salicetum albae* Issl. 26

Der Silberweiden-Auenwald ist die charakteristische Waldgesellschaft der periodisch und episodisch überschwemmten Auenbereiche in der Nähe rasch fließender Flüsse und Ströme. Seine Baumschicht besteht in erster Linie aus Silber-Weide, gebietsweise auch aus Schwarz-Pappel. Darunter kommen weitere strauchartige Weidenarten sowie Kratzbeere, Hopfen und Bittersüßer Nachtschatten vor. Die Krautschicht wird von Pflanzen beherrscht, die den äußerst nährstoffreichen und gut mit Wasser versorgten Standort widerspiegeln. Wegen der gegenüber Hochwasser und Eisdrift widerstandsfähigen Weiden mit ihrem weichen und elastischen Holz wird der Silberweiden-Auwald auch als Weichholzaue bezeichnet. Zum Gewässer hin wird er von einem niedrigen Weidengebüsch mantelartig umgeben.

Bäume: Silber-Weide, Bruch-Weide und ihr Bastard; Schwarz-Pappel.

Sträucher: Purpur-, Mantel- und Korb-Weide, Hopfen, Bittersüßer Nachtschatten.

Charakteristische ökologische Gruppen:
Brennessel-Gruppe: Große Brennessel, Kletten-Labkraut, Lauch-Hederich, Gundermann.
Geißfuß-Gruppe: Geißfuß, Kratzbeere, Rote Lichtnelke, Gefleckte Taubnessel.
Sumpf-Seggen-Gruppe: Rohr-Glanzgras, Beinwell.
Mädesüß-Gruppe: Mädesüß, Gemeines Rispengras, Kriechender Hahnenfuß.

Vorkommen: Heute selten; im Bereich großer Flüsse und Ströme (Rhein, Donau, Main, Neckar, Elbe, Weser) und Seen (Bodensee). Auf nährstoffrei-

Abb. 30. Silberweiden-Auenwald in der Rheinebene bei Taubergießen

chen, sandigen bis lehmigen, feuchten Böden mit schwankenden Grundwasserständen.

Nutzung und Bewertung: Naturnahe Weichholz-Auenwälder sind heute nur noch in Fragmenten erhalten; Rückgang durch Eindeichung und Aufforstung mit Hybrid-Pappel.

Landschaftsprägende Pflanzengesellschaft der Flußtäler, durch „urwaldartigen" Charakter von hohem ästhetischen Reiz; Schutzwald gegen Erosion.

7. Bruchwälder, *Alnion glutinosae* Malc. 29

Bruchwälder stellen das Endstadium einer langen Vegetationsentwicklung bei der Verlandung von Gewässern dar und lassen sich als Waldtypen mit einem deutlich ausgebildeten organischen Oberboden (Bruchwaldtorf) und ganzjährig an der Bodenoberfläche stehendem Grundwasser charakterisieren. Erlen-Bruchwälder kommen auf Böden vor, die ausreichend mit Nährstoffen und Sauerstoff versorgt sind und über eine intensive Stickstoffmineralisation verfügen. Auf nährstoffarmen Böden mit stagnierendem Grundwasser werden diese Wälder durch Birken-Moorwälder ersetzt.

Abb. 31. Walzenseggen-Erlen-Bruchwald mit Schlangenwurz, Schwertlilie, Hopfen und Sumpffarn nördlich von Celle

7.1 **Walzenseggen-Erlen-Bruchwald,** *Carici elongatae-Alnetum* W. Koch 26

Niedermoorböden und anmoorige Standorte mäßiger bis guter Nährstoffversorgung sind Wuchsorte des Erlen-Bruchwaldes. In der Baumschicht dominiert die Schwarz-Erle, die bei niederwaldartiger Bewirtschaftung zahlreiche Stockausschläge bildet und der Gesellschaft ein charakteristisches Gepräge verleiht. Lianenartige Pflanzen wie Hopfen und Bittersüßer Nachtschatten klettern an

Bäumen und Sträuchern empor. Zartblättrige, sattgrüne, feuchtigkeitsliebende Kräuter, Seggen und Gräser bedecken die wasserfreien Bereiche des Waldbodens, während Moose und Farne die höhergelegenen knorrigen Wurzelansätze überziehen. Erlen-Bruchwälder enthalten eine Vielzahl von Pflanzenarten, die in Ufergesellschaften ihren Verbreitungsschwerpunkt besitzen. Typische Waldpflanzen fehlen fast ganz.

Bäume: Schwarz-Erle; auf ärmeren Standorten auch Moor-Birke, Vogelbeere.

Sträucher: Schwarze Johannisbeere, Grau-Weide, Ohr-Weide, Hopfen und Bittersüßer Nachtschatten (als Hemikryptophyten); gelegentlich Faulbaum.

Charakteristische ökologische Gruppen:

Sumpffarn-Gruppe: Sumpffarn, Walzen-Segge, Sumpf-Reitgras, Sumpf-Labkraut.

Mädesüß-Gruppe: Mädesüß, Gemeiner Gilbweiderich, Sumpf-Kratzdistel, Kriechender Hahnenfuß, Sumpf-Vergißmeinnicht, Gemeines Rispengras.

Daneben: Sumpf-Seggen-, Schwertlilien-, Frauenfarn-, und Brennessel-Gruppe.

Vorkommen: Früher in den Tiefebenen weit verbreitet, heute infolge Rodung und Grundwasserabsenkung selten und verarmt. Auf nassen, grundwasserbeeinflußten, mäßig bis gut mit Nährstoffen versorgten Niedermoor- und Anmoorböden.

Nutzung und Bewertung: Grenzstandorte für Wald, geringe Wuchsleistung der Schwarz-Erle und untergeordnete Bedeutung für Holzerzeugung. Beseitigung und Umwandlung vieler Bestände in Grünland, Acker und Kulturforsten. Als prägendes Landschaftselement und wichtiger Feuchtbiotop für eine vielfältige, z. T. bedrohte Pflanzen- und Tierwelt von großer Bedeutung.

Ausbildungsformen:

a. Torfmoos-Erlen-Bruchwald, *Carici elongatae-Alnetum sphagnetosum*

Trennarten: Moor-Birke; Blutaugen-Gruppe (verschiedene Torfmoosarten, Wassernabel, Sumpf-Veilchen, Schmalblättriges Wollgras), Pfeifengras-Gruppe (Pfeifengras). *Standort:* Saurer und nährstoffarmer Bruchwaldtorf.

b. Schwertlilien-Erlen-Bruchwald, *Carici elongatae-Alnetum iridetosum*

Trennarten: Schwertlilien-Gruppe (Schwertlilie, Scheinzypergras-Segge, Wasser-Minze, Sumpf-Haarstrang, Schlangenwurz).

Standort: Extrem nasse, ständig unter Wasser stehende, nährstoffreiche Niedermoorböden.

c. Schaumkraut-Erlen-Bruchwald,
Carici elongatae-Alnetum cardaminetosum amarae

Trennarten: Sumpf-Seggen-Gruppe (Bitteres Schaumkraut, Gegenblättriges Milzkraut, Sumpf-Segge, Sumpf-Pippau, Sumpf-Dotterblume).

Standort: Quellige und sickernasse, nährstoffreiche Niedermoorböden.

d. Typischer Erlen-Bruchwald, *Carici elongatae-Alnetum glutinosae typicum*

Standort: Nasse und basenreiche, nährstoffreiche Niedermoor- und Anmoorböden.

7.2 **Moorseggen-Erlen-Bruchwald,** *Carici laevigatae-Alnetum glutinosae* Schwick. 1938 (*Sphagno-Alnetum* Lemée 1937)

Im westlichen Deutschland (Eifel, Oberrheingebiet) kommt unter atlantischem Klimaeinfluß der Moorseggen-Erlen-Bruchwald vor, der in Westeuropa seine Hauptverbreitung findet. Charakteristische Arten sind Moor-Segge, Königsfarn, Rippenfarn und verschiedene Torfmoosarten.

8. Nadelwälder

Natürliche Nadelwälder haben ihren Verbreitungsschwerpunkt in Nordeuropa und den Alpen. In Mitteleuropa sind sie selten und (außer in den Alpen) nur in den höheren Lagen der Mittelgebirge und im Bereich der planaren Stufe auf Sonderstandorten anzutreffen. Die bei uns so häufigen Kiefern- und Fichtenbestände sind dagegen Ersatzgesellschaften von ursprünglichen Laubmischwäldern.

8.1 **Reitgras-Fichtenwald,** *Calamagrostio villosae-Piceetum* Hartm. 53

Das Erscheinungsbild des Reitgras-Fichtenwaldes wird allein durch die Fichte bestimmt. Nur selten kommen andere Baumarten vor. Eine Strauchschicht fehlt oder ist unvollständig entwickelt; neben jungen Fichten kann man gelegentlich einige strauchartige Exemplare der Vogelbeere finden. Der Waldboden ist von einer dichten Vegetationsdecke überzogen, in der Wolliges Reitgras und Draht-Schmiele vorherrschen. Davon heben sich Zwergsträucher und verschiedene Farne deutlich ab. Moose finden ideale Lebensbedingungen und bilden eine üppige und artenreiche Schicht.

Bäume und *Sträucher:* Fichte, Vogelbeere; selten Rotbuche und Weiß-Tanne.

Charakteristische ökologische Gruppen:

Rippenfarn-Gruppe: Wolliges Reitgras, Wald-Hainsimse, Rippenfarn, Wald-Bärlapp, Gewelltes Schiefbüchsenmoos.

Draht-Schmielen-Gruppe: Draht-Schmiele, Siebenstern, Harz-Labkraut, Wald-Wachtelweizen, Weiches Honiggras.

Heidelbeeren-Gruppe: Heidelbeere, Preiselbeere, Rotstengelmoos, Schlafmoos, Gabelzahnmoos, Frauenhaarmoos.

Vorkommen: Verbreitet in den Hochlagen der Mittelgebirge (z. B. Harz oberhalb 800 m ü. N. N., Thüringer Wald, Fichtelgebirge und Böhmerwald oberhalb 1150 m ü. N. N.); seltener in tiefergelegenen Tälern und Mulden, in denen sich Kaltluft sammelt (Kaltluftseen). Fichtenwälder benötigen humides Klima mit hohen Niederschlägen, kühlen Sommern sowie kalten und schneereichen Wintern und bevorzugen basenarme Braunerden mit einer dicken Rohhumusdecke oder Übergangsbereiche zu Mooren.

Abb. 32. Reitgras-Fichtenwald bei Königsberg im Oberharz

Der Reitgras-Fichtenwald wird in anmoorigen Tallagen des Schwarzwaldes und des Böhmerwaldes durch den **Peitschenmoos-Fichtenwald,** *Bazzanio-Piceetum,* Br.-Bl. et Siss 39 ersetzt.
Die Fichtenbestände vieler Mittelgebirge (z. B. Eifel, Weser-Bergland, Sauerland) stellen keine natürlichen Fichtenwälder dar.

8.2 **Beerstrauch-Tannenwald,** *Vaccinio vitis-idaeae-Abietetum* Oberd. 57

Der Beerstrauch-Tannenwald (Fichtenwald-Tannenwald), *Vaccinio vitis-idaeae-Abietetum* Oberd. 57 besitzt viel Ähnlichkeit mit dem Reitgras-Fichtenwald. Am Aufbau der Baumschicht sind neben der Fichte aber auch Tanne, Buche und Wald-Kiefer beteiligt. In der artenarmen Krautschicht herrschen Heidelbeere und Preiselbeere vor. („Beerstrauch-Tannenwald"). Darunter wachsen zahlreiche Moose.

Bäume: Weiß-Tanne; daneben Fichte, Wald-Kiefer, Rotbuche (schlechtwüchsig), Vogelbeere, Zitter-Pappel, Hänge-Birke; gebietsweise Trauben-Eiche und Stiel-Eiche.

Abb. 33. Peitschenmoos-Fichtenwald mit Wald-Bärlapp im Süd-Schwarzwald

Sträucher: Faulbaum, Trauben-Holunder, Hasel.

Charakteristische ökologische Gruppen:

Heidelbeeren-Gruppe: Heidelbeere, Preiselbeere, Rotstengelmoos, Schlafmoos, Besen-Gabelzahnmoos, Frauenhaarmoos.

Daneben: Draht-Schmielen- und Rippenfarn-Gruppe.

Vorkommen: Ziemlich selten; östlicher Schwarzwald, Frankenwald. Meist auf Braunerden geringer Basenversorgung.

Nutzung und Bewertung: Häufig umgewandelt in Fichten- und Kiefernforsten; Grünlandnutzung als Mähwiesen und Fettweiden.

Wegen Seltenheit und Gefährdung der Tanne erhaltens- und schützenswert.

Abb. 34. Waldhainsimsen-Tannen-Fichtenwald am Feldberg/Schwarzwald

Der **Waldhainsimsen-Tannenwald,** *Luzulo-Abietetum* Oberd. 57 besiedelt wie der Beerstrauch-Tannenwald basen- und nährstoffarme Böden; er unterscheidet sich aber davon durch die Bevorzugung subatlantisch getönter Klimabereiche im westlichen Schwarzwald und durch das Auftreten von Stechpalme, Weißer Hainsimse, Wald-Hainsimse und Rippenfarn.

Abb. 35. Natürlicher Kiefernwald bei Amberg/Oberpfalz

8.3 **Weißmoos-Kiefernwald,** *Leucobryo-Pinetum* Matusz. 62

Der Charakter des Weißmoos-Kiefernwaldes wird durch die Kiefer geprägt. Andere Holzarten treten zurück und bilden eine unregelmäßige und lichte Unterschicht. In der Krautschicht herrschen Zwergsträucher und Gräser vor. Der Boden wird von einer nahezu geschlossenen Moosdecke überzogen.

Die natürlichen Kiefernwälder haben in ihrem Aussehen und in ihrer floristischen Zusammensetzung viel Ähnlichkeit mit den vielerorts angelegten Kiefernaufforstungen. Für die Entscheidung, ob es sich um einen natürlichen oder künstlichen Kiefern-Standort handelt, kann das Vorkommen oder Fehlen von Charakterarten der Kiefernwälder wichtig sein. Oft werden pollenanalytische und historische Untersuchunen notwendig.

Bäume: Wald-Kiefer, Stiel-Eiche, Trauben-Eiche, Hänge-Birke, Vogelbeere.

Sträucher: Faulbaum, Zitter-Pappel, Wacholder.

Charakteristische ökologische Gruppen:

Heidelbeeren-Gruppe: Heidelbeere, Preiselbeere, Rotstengelmoos, Besen-Gabelzahnmoos, Zypressen-Schlafmoos, Frauenhaarmoos.

Heidekraut-Gruppe: Heidekraut, Schaf-Schwingel, Weißmoos, verschiedene Flechten.
Draht-Schmielen-Gruppe: Draht-Schmiele, Rotes Straußgras, Wintergrün-Arten.

Vorkommen: Natürliche Kiefernwälder haben ihren Verbreitungsschwerpunkt im kontinentalen Klimabereich östlich der Elbe. Unter extremen Bedingungen des Kleinklimas und des Bodens kommen sie aber auch auf weit nach Westen vorgeschobenen Inseln (östliches Bayern, westliches Steigerwaldvorland, Mainzer Becken) vor. Auf nährstoff- und basenarmen Flugsandböden, die sich durch große Trockenheit auszeichnen und großen Schwankungen der Tages- und Jahrestemperaturen unterliegen.

Nutzung und Bewertung: Kiefernwald und Kiefernforsten; Ackerbau mit Anbau von Roggen, Kartoffel und Spargel. Auf Grund der Standortbedingungen mäßige Wuchsleistung der Wald-Kiefer.

Wegen der Seltenheit des Weißmoos-Kiefernwaldes und der darin vorkommenden gefährdeten Arten (z. B. Wintergrün-Arten) besonders wertvoll und schutzwürdig.

Ausbildungsformen:

a. Becherflechten-Weißmoos-Kiefernwald, *Leucobryo-Pinetum cladonietosum*

Trennarten: Heidekraut-Gruppe.
Standort: Sehr nährstoffarme, trockene Sandböden.

b. Typischer Weißmoos-Kiefernwald, *Leucobryo-Pinetum typicum*

Trennarten: Keine.
Standort: Nährstoffarme Sandböden.

c. Pfeifengras-Weißmoos-Kiefernwald, *Leucobryo-Pinetum molinietosum*

Trennarten: Pfeifengras-Gruppe.
Standort: Wechselfeuchte, nährstoffarme Sandböden.

8.4 **Nadelholz-Moorwälder,** *Vaccinio uliginosi-Pinetum rotundatae* Matusz. 62 und *Vaccinio uliginosi-Piceetum* Tx. 55

Nadelholz-Moorwälder wachsen auf nährstoffarmen Moorböden der höheren Mittelgebirge. Nach dem Vorherrschen der Wald-Kiefer oder Fichte wird der **Rauschbeeren-Kiefern-Moorwald** (Schwarzwald, Fichtelgebirge, Böhmerwald) vom **Rauschbeeren-Fichten-Moorwald** (Harz) unterschieden.

Unter der lockeren und ungleichmäßig ausgebildeten Baumschicht bestimmen ausgedehnte Bestände von Zwergsträuchern und Moosen das Waldbild.

Bäume: Moor-Kiefer, Fichte, Moorbirke, Hänge-Birke, Vogelbeere.

Sträucher: Faulbaum.

Charakteristische ökologische Gruppen:

Rauschbeeren-Gruppe: Rauschbeere, Moosbeere, Rasenbinse, Scheidiges Wollgras, Rosmarinheide, viele Torfmoosarten.

Abb. 36. Rauschbeeren-Fichten-Moorwald im Sonnenberger Moor/Oberharz

Heidelbeeren-Gruppe: Heidelbeere, Preiselbeere.

Vorkommen: In Hochlagen der Mittelgebirge; im Randgehänge von Hochmooren und in Waldmooren auf sehr nassen und extrem sauren Hochmoorböden.

Nutzung und Bewertung: Wirtschaftlich wenig leistungsfähige Waldbestände.
Als Teile von Moorkomplexen und als Lebensraum bedrohter Pflanzen- und Tierarten von hohem Naturschutzwert.

8.5 **Birken-Moorwald,** *Vaccinio uliginosi-Betuletum pubescentis* Libb. 33

Der Birken-Bruchwald ist in nassen, nährstoffarmen Senken und am Rande von Hochmooren zu finden. Er kommt in Gebieten vor, in denen Fichte und Kiefer von Natur aus fehlen und die Moor-Birke allen anderen Baumarten überlegen ist.

Abb. 37. Birken-Moorwald mit Wald-Kiefer im Hiddeser Bent/Teutoburger Wald

Unter einer lichten Baumschicht, die fast ausschließlich von der Moor-Birke gebildet wird, breiten sich bis zu 90 cm hohe Pfeifengras-Bulten oder Herden von Zwergsträuchern über einer üppigen und artenreichen Moosschicht aus.

Bäume: Moor-Birke; daneben gelegentlich Hänge-Birke, Schwarz-Erle, Vogelbeere, Stiel-Eiche, Fichte, Wald-Kiefer.

Sträucher: Faulbaum, Ohr-Weide.

Charakteristische ökologische Gruppen:

Pfeifengras-Gruppe: Pfeifengras, Glockenheide, Blutwurz, Gemeines Frauenhaarmoos.

Rauschbeeren-Gruppe: Rauschbeere, verschiedene Torfmoos-Arten.

Vorkommen: Früher häufig und großflächig, heute durch Entwässerung und Nährstoffeintrag selten und degeneriert; vor allem im nordwestdeutschen Tiefland und in den westlichen Mittelgebirgen. Auf feuchten bis nassen, sauren bis stark sauren, extrem nährstoffarmen Moorböden; auch auf entwässerten und abgetorften Hochmoorflächen.

Nutzung und Bedeutung: Leistungsschwache Waldgesellschaft; nach Entwässerung Anbau standortfremder Baumarten und Überführung in Wirtschaftsgrünland.

Charaktergesellschaft des nordwestdeutschen Tieflandes, wertvoller Feuchtbiotop mit geeigneten Lebensbedingungen für seltene Pflanzen- und Tierarten.

Wald und Umwelt

Der Wald als Ökosystem

Unter Wald versteht man nicht nur eine „Ansammlung von Bäumen", sondern das komplexe Beziehungsgefüge zwischen den hier lebenden Pflanzen und Tieren und der unbelebten Umwelt. Die Lebensgemeinschaft (Biocoenose) und die Lebensstätte (Biotop) bilden zusammen das „Ökosystem Wald".

Wie die einzelnen Glieder dieses Ökosystems miteinander verflochten sind, ist in dem Schema der Abb. 38 dargestellt. Danach lassen sich vier Grundkomponenten unterscheiden:

1. Zur **abiotischen Umwelt** gehören Wasser, Mineralstoffe, Sauerstoff und Kohlendioxid, Wärme und Licht sowie die besonderen Strukturen des Lebensraumes wie Bodenbeschaffenheit und Relief.
2. **Produzenten** (Erzeuger) sind die grünen Pflanzen, die ihre Substanzen aus anorganischen Stoffen aufbauen (autotrophe Organismen).
3. **Konsumenten** (Verbraucher) sind Organismen, die von anderen leben und auf diese angewiesen sind (heterotrophe Organismen). Zu ihnen gehören Pflanzenfresser (Herbivoren), Fleischfresser (Carnivoren) und Parasiten.
4. **Destruenten** (Reduzenten oder Zersetzer) sind Organismen, die tote organische Substanz abbauen und dadurch für die Produzenten wieder verfügbar machen. Dabei unterscheidet man zwischen Fäulnisbewohnern (Saprophyten oder Saprovoren) und Mineralisierern.

Im Ökosystem Wald werden die am Aufbau beteiligten Stoffe in einem ständigen **Kreislauf** weitergegeben (s. auch Abb. 39), wobei die abiotische Sphäre zwischen den drei Organismengruppen als „Zwischenträger" fungiert. Dagegen muß die Energie durch die Sonne immer wieder neu in das System eingeführt werden. Die von den Produzenten bereitgestellten Substanzen sind energiereich, die durch die Tätigkeit der Destruenten entstehenden energiearm. Bei ihrer Lebenstätigkeit geben die Glieder des Ökosystems die Energie in Form von Wärme wieder ab. Im Gegensatz zum Stoffkreislauf handelt es sich hierbei um einen Energiefluß.

Wälder stellen **offene Ökosysteme** dar; sie stehen mit ihrer Umwelt durch die Aufnahme von Strahlungsenergie und die Abgabe von Wärme in engem Kontakt. Daneben werden regelmäßig Stoffe ausgetauscht, z. B. durch die Entnahme von Holz oder durch den Eintrag von Schadstoffen.

Im naturnahen Ökosystem herrscht ein **biologisches Gleichgewicht:** Arten-

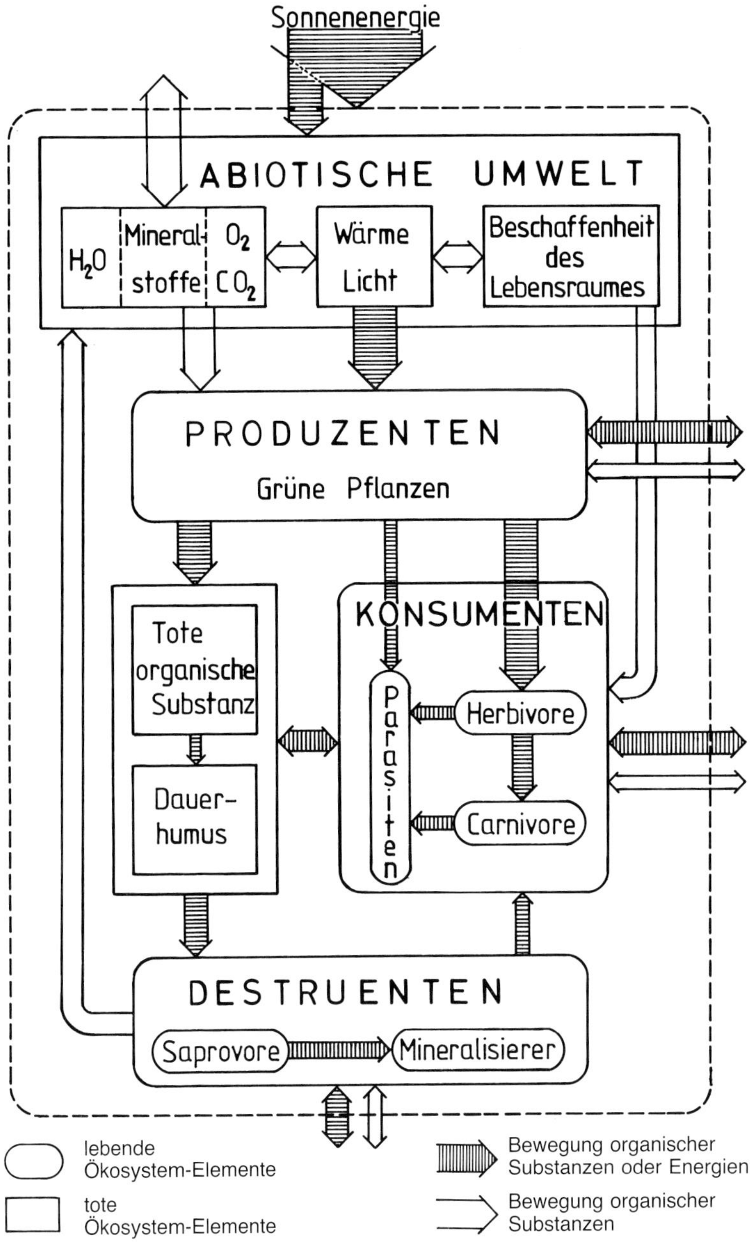

Abb. 38. Schema des Ökosystems Wald (verändert nach Ellenberg 1973)

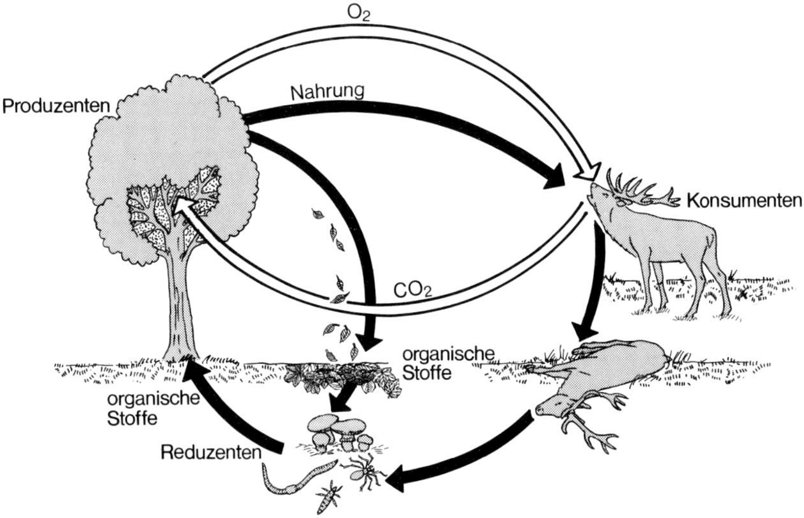

Abb. 39. Stoffkreislauf im Wald

zusammensetzung, Artenzahl, Individuenzahl und Produktion organischer Substanzen schwanken in einem begrenzten Bereich um eine Mittellage. Nach Naturkatastrophen oder Eingriffen des Menschen verändert sich das geschädigte System über bestimmte Zwischenstadien in den ursprünglichen Zustand zurück. Wenn allerdings durch langanhaltende und sehr intensive Einwirkungen die abiotischen Umweltfaktoren stark verändert werden, kann sich der ursprüngliche Zustand nicht wieder einstellen.

Zur Beurteilung der Leistungsfähigkeit von Ökosystemen wird die Produktion an organischer Substanz ermittelt (s. Abb. 40). Neue Biomasse wird von den grünen Pflanzen unter Bindung von Strahlungsenergie aus anorganischen Stoffen gebildet. Diese Stoffproduktion durch Photosynthese bezeichnet man auch als **Primär-** oder **Bruttoproduktion.** Ein Teil der gebildeten Biomasse wird von der Pflanze selbst zur Aufrechterhaltung ihrer Lebensprozesse veratmet. Der Rest dient dem Zuwachs oder der Speicherung und stellt die Nettoproduktion dar, von der sich wiederum tierische Konsumenten ernähren. Die Primärkonsumenten schaffen die Grundlage für den weiterführenden Stoffaufbau durch Konsumenten und Destruenten und damit für die Sekundärproduktion.

Die **Gesamtbiomasse** eines Ökosystems ergibt sich aus der lebenden Substanz der Produzenten, Konsumenten und Destruenten. Aus der Abb. 41 ist ersichtlich, daß die Primärproduzenten im Wald die Hauptmasse der Organismen bilden und in dieser Hinsicht den Sekundärproduzenten bei weitem überlegen sind. Vor allem sind es die Stämme, die „wirkliches Gewicht auf den

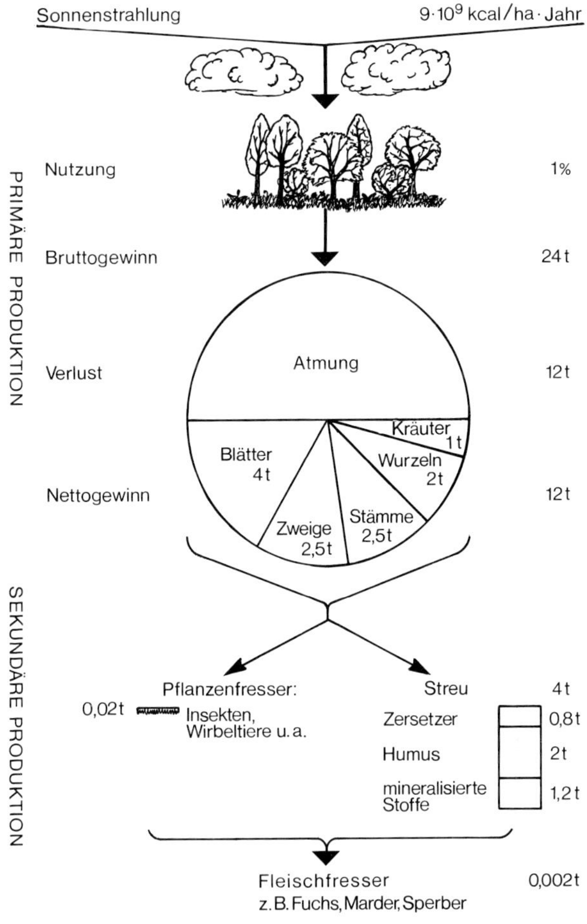

Abb. 40. Jährliche Produktion in einem Eichen-Hainbuchen-Wald (verändert nach DUVIGNEAUD in EHRENDORFER 1978)

Boden bringen“ und die wirtschaftliche Leistungsfähigkeit des Ökosystems Wald unterstreichen. Nach Alter, Höhe und Bestandesdichte liegt das Gewicht der Stämme bei 130 bis 270 t/ha. Gegenüber den Stämmen erscheint die Masse der grünen Blätter mit ca. zwei bis vier t/ha erstaunlich gering. Bei diesen Überlegungen muß allerdings bedacht werden, daß die Bäume ihre Blätter bzw. Nadeln periodisch abwerfen und in jeder Vegetationsperiode wieder neu bilden müssen. Auf Grund ihrer großen Oberfläche stellt das Kronendach der Bäume riesige Flächen zur Absorption der Strahlungsenergie bereit. Diese sind oft zehn- bis zwanzigmal so groß wie die Bodenfläche. Der Anteil von Zweigen und Wurzeln an der Gesamtbiomasse des Waldes ist der Abb. 41 zu entnehmen.

	t/ha	% der gesamten Biomasse
Blätter 	4	~1,3
Zweige	30	~10,0
Stämme	240	~75,0
Kräuter	1	~0,3
Wurzeln	38	~12,0
Grüne Pflanzen PRODUZENTEN	**313**	**~98,6**
Vögel 	0,007	
Großsäuger	0,006	
Kleinsäuger	0,025	
Insekten	?	
Tiere (oberirdisch) KONSUMENTEN	**~0,038**	**‹0,1**
Regenwürmer 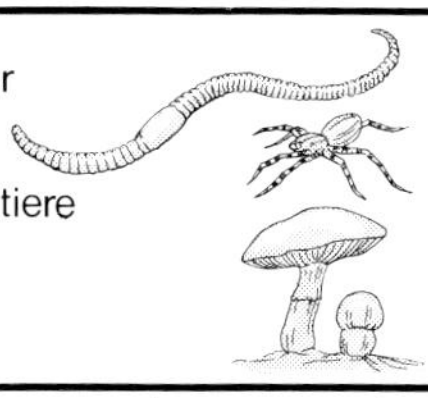	0,5	0,64
übrige Bodentiere	0,3	0,38
Bodenflora	0,3	0,38
Tiere und Pflanzen (unterirdisch) DESTRUENTEN	**1,11**	**~1,4**

Abb. 41. Biomassen in einem Eichen-Hainbuchen-Mischwald (Gewichtsangaben in Trockensubstanz/ha im Sommer nach Angaben von DUVIGNEAUD in EHRENDORFER 1978)

Unter den Sekundärproduzenten dominieren eindeutig die Destruenten. Ihre Leistung liegt im Abbau der jährlich anfallenden Massen von totem organischem Material, das etwa 25 % der jährlichen Primärproduktion beträgt. Gegenüber den Zersetzern ist der Anteil an Konsumenten gering; von ihnen bilden die Herbivoren den Hauptanteil.

In jungen Wäldern wird deutlich mehr organische Substanz gebildet als gleichzeitig abstirbt; daher nimmt ihre Biomasse ständig zu. Im Laufe der Gesellschaftsentwicklung wird aber ein Stadium erreicht, in dem genau so viel Biomasse produziert wird, wie durch Blattfall, faulendes Holz und umstür-

Abb. 42. Verteilung der Tiere im Lebensraum Wald

zende Bäume verlorengeht; Substanzaufbau und -abbau halten sich dann die Waage, es hat sich ein biologisches Gleichgewicht eingestellt.

Die **Tierwelt** des Waldes zeichnet sich durch großen Arten- und Individuenreichtum aus. Zoologen haben festgestellt, daß in einem Buchenwald etwa 7000 verschiedene Tierarten vorkommen und allein 2000 Tierarten an das Auftreten der Eiche gebunden sind. Mit ca. 5000 Arten, darunter besonders vielen Käfer- und Zweiflügler-Arten, bilden die Insekten die zahlenmäßig bedeutendste Tiergruppe. Daneben weisen auch Würmer, Schnecken, Spinnen und Einzeller im Wald eine große Artenvielfalt auf. Wirbeltiere wie Hase und Reh, Eichhörnchen und Buntspecht sind dagegen mit nur etwa 100 Tierarten vertreten. Infolge des stockwerkartigen Bestandsaufbaus des Waldes gibt es dort eine Vielzahl verschiedenartiger Kleinstlebensräume, die von den Tieren auf recht unterschiedliche Weise genutzt werden (s. Abb. 42).

Von allen Schichten des Waldes zeichnet sich die Baumschicht als besonders reiche Nahrungsquelle aus. Mit seiner großen Blattfläche bietet das Kronendach Nahrung in Hülle und Fülle und lockt damit besonders viele Tierarten an. Blätterfressende Insekten und deren Parasiten, zahlreiche Vögel, die sich von Samen und Insekten ernähren, aber auch Eichhörnchen, Siebenschläfer und Marder finden hier geeignete Lebensbedingungen.

Der Stammbereich wird von holzfressenden Nahrungsspezialisten (z. B.

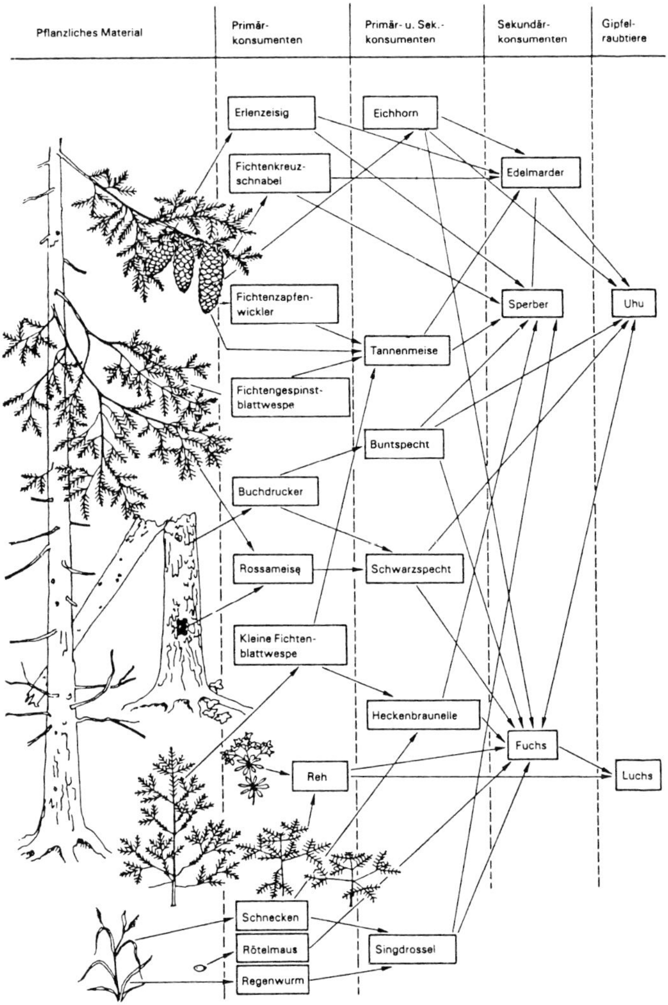

Abb. 43. Nahrungsbeziehungen im Wald (geringfügig verändert nach LEIBUNDGUT 1984)

Buchdrucker, Bockkäfer- und Holzwespenlarven) besiedelt, die wiederum von Schlupfwespen, Spechten und Baumläufern gefressen werden. Alte Baumstämme dienen Höhlenbrütern (verschiedenen Spechten, dem Kleiber, der Hohltaube, dem Star, dem Trauerschnäpper, verschiedenen Eulen, Meisen und vielen anderen) als Brutraum. Auf dem Waldboden kommen Hoch- und

Niederwild, Vögel wie Amsel und Buchfink, Spitzmäuse, Lurche, Schnecken und zahlreiche Insekten vor. Wegen des geringen Lichtgenusses ist die Bodenvegetation oft nur spärlich entwickelt und das Nahrungsangebot begrenzt. Viele Tiere bevorzugen deshalb lichte Waldstellen und Waldränder oder versorgen sich außerhalb des Waldes mit Nahrung.

Die Bewohner des Waldbodens gehören von der Individuenzahl her hauptsächlich zu den Zersetzern, die zur mechanischen Zerkleinerung der abgestorbenen Pflanzenteile beitragen. Nach der Größe der Bodenorganismen werden Makrofauna (Wühlmäuse, Maulwürfe, Regenwürmer, Käfer), Mesofauna (Fadenwürmer, Springschwänze, Milben) und Mikrofauna (Einzeller) unterschieden. Zu den Zersetzern zählen als Vertreter der Mikroflora auch Bakterien und Pilze.

Die Nahrungsbeziehungen zwischen den Organismen eines Ökosystems lassen sich in **Nahrungsketten** und in Nahrungsnetzen veranschaulichen. So leben z. B. die Raupen des Eichenwicklers von den Blättern der Eiche; die Raupen werden von der Kohlmeise und diese vom Sperber gefressen. Eine andere Nahrungskette führt von der Haselnuß über die Waldmaus zum Waldkauz. Weitere Nahrungsketten sind in der Abb. 43 zusammengestellt. Jedes Glied der Nahrungskette stellt eine Nahrungs- oder Trophiestufe dar. Am Anfang der Ketten stehen immer die grünen Pflanzen als die Produzenten, denen Primär- und Sekundärkonsumenten folgen. Die Nahrungsketten des Ökosystems Wald bestehen in der Regel aus drei oder vier, seltener aus fünf Gliedern. Auf dem Weg von einer Trophiestufe zur nächsten kommt es zu einem erheblichen Energieverlust. So können Pflanzenfresser nur ca. 2 % der durch die Fotosynthese produzierten Energie für den eigenen Stoffaufbau verwerten. Verschiedene Pflanzenteile bzw. Substanzen sind für die Nahrungsaufnahme ungeeignet, unverdauliche Stoffe werden ungenutzt ausgeschieden, und ein erheblicher Teil der gewonnenen Energie wird für den eigenen Stoffwechsel benötigt. Mit diesem Sachverhalt läßt sich auch erklären, daß Biomasse und Individuenzahl von einer Trophiestufe zur nächsten erheblich abnehmen.

Aus der Abb. 43 ist auch zu erkennen, daß die einzelnen Glieder des Ökosystems Wald in verschiedenen Nahrungsketten vorkommen können und durch zahlreiche Verknüpfungen ein **Nahrungsnetz** bilden. Um die Übersichtlichkeit der Darstellung nicht zu beeinträchtigen, sind die Destruenten nicht berücksichtigt. Nahrungsketten, die im toten organischen Material ihren Ausgang nehmen, werden als Detritus-Typ vom Pflanzenfresser-Räuber-Typ unterschieden.

Zwischen Pflanzen und Tieren des Waldes bestehen auch Beziehungen, die beiden Partnern Vorteile bieten. Das trifft besonders für die **Bestäubung und Verbreitung von Samen und Früchten** zu. Neben der Bestäubung der meisten Waldbäume durch den Wind sind bestimmte Arten wie Linden, Vogel-Kirsche und Weiden auf Insekten angewiesen. Auch Pflanzen der Krautschicht, die bereits vor der Belaubung blühen, locken mit ihren auffallenden

Farben Insekten zur Bestäubung an. Für die Verbreitung von Samen und Früchten durch Waldtiere kommen in erster Linie Lockfrüchte (Schwarzer Holunder, Gemeiner Schneeball), Haftfrüchte (Kletten, Waldmeister, Hexenkraut) und Ameisenfrüchte (Lerchensporn-, Veilchen- und Windröschen-Arten) in Betracht.

Das Leben der Tiere im Walde wird in starkem Maße von der jahreszeitlichen Vegetationsentwicklung beeinflußt. Die **Entwicklungsabläufe vieler Tiere** (z. B. Insekten, Vögel) sind der Vegetationsperiode angepaßt. Die ungünstige Jahreszeit mit niedrigen Temperaturen und Nahrungsmangel wird auf verschiedene Weise überstanden. Viele Insekten überdauern den Winter durch Ruhestadien, Zugvögel verlassen ihre Brutreviere, und viele Tiere verfallen in eine Kältestarre (Kröten), einige sorgen durch Vorratswirtschaft für die kalte Jahreszeit vor, andere halten Winterruhe (Eichhörnchen) oder Winterschlaf (Igel). Viele Tiere, die man während des Winters im Wald beobachten kann, stellen ihre Nahrungsgewohnheiten um, indem sie sich im Winter von Samen ernähren, während sie im Sommer von Insekten leben (z. B. Meisen).

Für den Waldbau stellen sowohl die pflanzenfressenden Insekten als auch das Reh- und Rotwild gewichtige Probleme dar. **Borkenkäfer** z. B. rufen gefährliche Schäden hervor, wenn sie zur Massenvermehrung gelangen. Das ist besonders in Monokulturen möglich oder dann, wenn die Bäume eines Waldbestandes durch Schneebruch, Windwurf oder Immissionen bereits geschädigt sind oder trockenes oder heißes Wetter die Entwicklung der Borkenkäfer begünstigt. Zur Vermeidung dieser Schäden dient die Pflege von Mischbeständen und die Förderung der natürlichen Gegenspieler der Borkenkäfer (Spechte, Meisen, Laufkäfer, Schlupfwespen) sowie das rechtzeitige Beseitigen befallener Stämme und das schnelle Aufräumen von Wind- und Schneebruch. Wie Borkenkäfer in Nadelwäldern so können Eichenwickler und Buchenspringrüßler in Eichen- bzw. Buchenbeständen erhebliche Schäden verursachen.

Eine besondere Rolle spielen in den bewirtschafteten Wäldern Mitteleuropas die **Reh- und Rotwildbestände.** Die Bestandesdichte von Rehen und Hirschen wird auf das 5–15fache von dem in natürlichen Waldgebieten geschätzt. Dieser Wildbesatz führt zu einer starken Veräsung der Bestände und verhindert durch den Verbiß junger Bäume die natürliche Verjüngung. Zusätzliche Schäden werden durch das Fegen (Abreiben des Bastes vom Gehörn), durch Schlagen (Reviermarkierung unter Verletzung der Bäume) und durch Schälen der Rinde verursacht. Wegen des Fehlens natürlicher Feinde und zusätzlicher Fütterung während der kalten Jahreszeit können Rehe und Hirsche sich stark vermehren. Zum Schutz junger Waldbestände vor dem Wild müssen diese vom Forstmann eingezäunt werden.

Im Gegensatz zum Reh- und Rotwild wird Schwarzwild von Forstleuten gern gesehen. Durch Aufwühlen des Waldbodens schaffen Wildschweine ein geeignetes Saatbett für die Erneuerung des Waldes.

Überblick über die Standortfaktoren

Als Standort wird die Gesamtheit aller Faktoren bezeichnet, die an einem bestimmten Wuchsort wirksam werden und die Lebensprozesse der Organismen beeinflussen.

Die wichtigsten Standortfaktoren, die über das Vorkommen von Waldgesellschaften entscheiden, sind in Abb. 44 zusammengestellt. Von den biotischen Faktoren (Mensch, Tier, Pflanze) werden die abiotischen unterschieden, die man nach den Einflüssen des Klimas (Einstrahlung, Niederschläge, Wind) sowie des Bodens (Ausgangsgestein, Bodentyp, Bodenart, Nährstoffversorgung und Wasserhaushalt) und des Reliefs (Hangrichtung und Neigung, Lage zum Hang) weiter unterteilt.

Die einzelnen Standortfaktoren wirken nicht für sich allein, sondern stehen untereinander in engen Wechselbeziehungen. So hängt beispielsweise der Wasserhaushalt vom Klima ab, das durch Niederschlagshöhe und Luftfeuchtigkeit bestimmt wird. Für die Wasserführung des Bodens ist aber auch das Relief (Nord- oder Südhang), die Korngröße des Bodens (Sand oder Ton), die

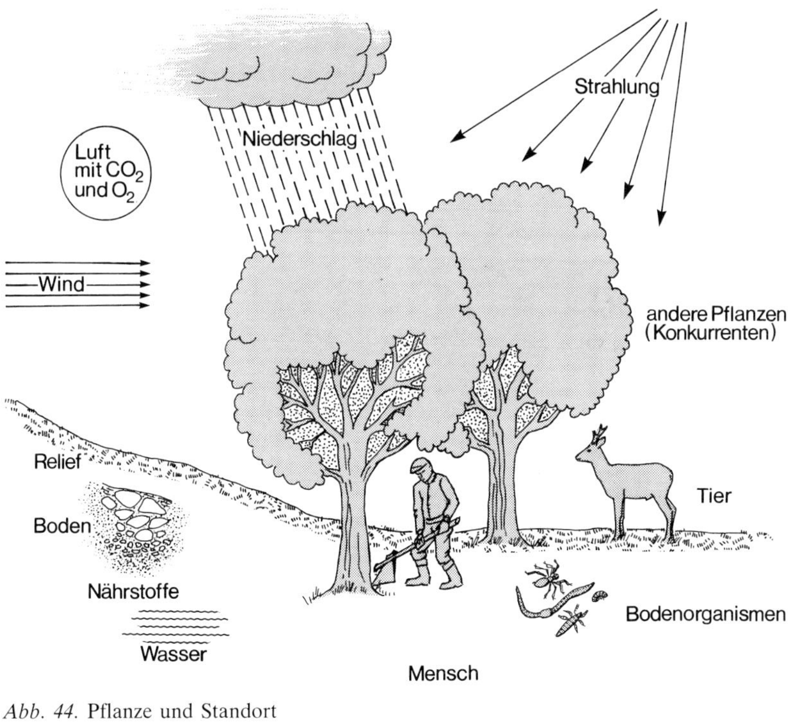

Abb. 44. Pflanze und Standort

Zusammensetzung der Pflanzendecke (dichte Vegetation oder unbedeckter Gesteinsboden) und die Einwirkung des Windes (Lage am Waldrand oder im Bestandesinneren) von ausschlaggebender Wichtigkeit.

Zu den Standortfaktoren gehört auch die **Konkurrenz,** die bei der Entstehung und Entwicklung von Pflanzengesellschaften eine wesentliche Rolle spielt.

Unter Konkurrenz (= Wettbewerb) versteht man die Wechselwirkungen nahe beieinander wachsender Pflanzen, die dazu führen, daß einige Pflanzen die Vorherrschaft erlangen und andere in ihrer Entwicklung mehr oder weniger gehemmt oder ganz unterdrückt werden.

Konkurrenzbeziehungen zwischen Pflanzen lassen sich z. B. bei der Neubesiedelung einer Lichtung beobachten. Nach einem Kahlschlag oder Windbruch gelangen die Samen und Sporen vieler Pflanzen auf dem offenen, unbeschatteten und stärker erwärmten Boden zur Keimung. Schon hier beginnt die Konkurrenz um Licht, Wasser und Nährstoffe. Pflanzen, die den besonderen Standortbedingungen gut angepaßt sind, setzen sich gegenüber den weniger angepaßten wirkungsvoll durch. Von Schlagfluren mit vorherrschenden Lichtungspflanzen über Stadien von gebüschartigem Charakter verläuft eine allmähliche Rückentwicklung zum standortgemäßen Wald.

Für das Verständnis und die Beurteilung des ökologischen Verhaltens von einzelnen Pflanzen und ökologischen Gruppen ist es unbedingt erforderlich, sich die Unterschiede zwischen ökologischem und physiologischem Verhalten zu verdeutlichen.

Ökologisches Verhalten bezeichnet das Verhalten einzelner Pflanzenarten unter Wettbewerbsbedingungen, physiologisches Verhalten dasjenige ohne Wettbewerbsbedingungen.

Mit dem Diagramm der Abb. 45 soll das physiologische und das ökologische Verhalten am Beispiel der Wald-Kiefer näher erläutert werden. Ohne Zutun

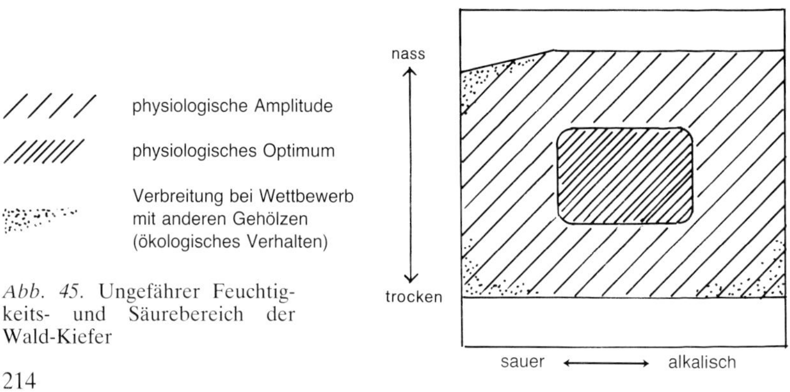

Abb. 45. Ungefährer Feuchtigkeits- und Säurebereich der Wald-Kiefer

Grobblütiges Springkraut
(Impatiens noli-tangere)

Scheinzypergras-Segge
(Carex pseudocyperus)

Tafel 5

Hain-Sternmiere
(Stellaria nemorum)

Gelbe Schwertlilie
(Iris pseudacorus)

des Menschen würde die Kiefer im westlichen Mitteleuropa nur auf äußerst extremen Standorten (trockenen und sauren Sandböden, nassen und sauren Moorböden, trockenen Kalkböden) vorkommen; im Bereich weniger extremer Standorte wird sie von anderen Baumarten zurückgedrängt. Unter Ausschluß der Konkurrenz, wie das z. B. in einem vom Menschen geschaffenen Forst der Fall ist, zeigt die Wald-Kiefer aber auch bei mittleren Standortbedingungen gute Wuchsleistungen.

Aus diesem Beispiel wird verständlich, daß man äußerst vorsichtig mit einer Charakterisierung der physiologischen Ansprüche sein sollte. Aus der Tatsache, daß eine Pflanze vorwiegend oder ausschließlich auf sauren Böden vorkommt, darf noch nicht geschlossen werden, daß sie säureliebend (azidophil) ist. Es ist richtiger zu sagen, diese Pflanze ist „säureertragend, säurebevorzugend, säuretolerant", oder sie ist auf „sauren Böden verbreitet". Entsprechendes gilt für die Bezeichnungen stickstoffliebend (nitrophil), wärmeliebend (xerophil) oder feuchteliebend (hygrophil).

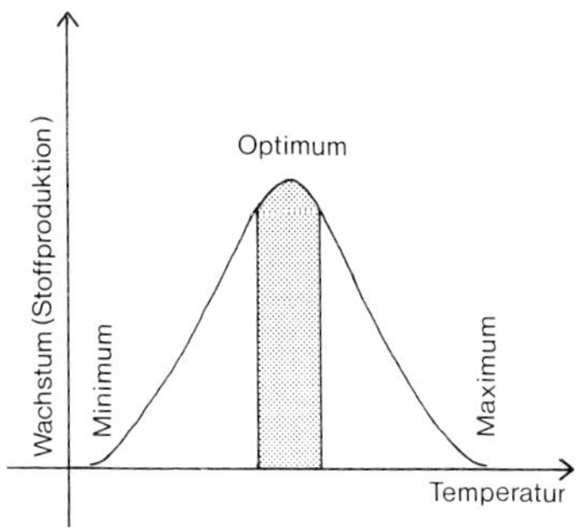

Abb. 46. Kardinalpunkte des Pflanzenwachstums in Abhängigkeit von der Temperatur

Alle Pflanzenarten sind entsprechend ihrer morphologischen und physiologischen Konstitution für das Leben in einer ganz bestimmten ökologischen Nische ausgestattet. Für jeden Standort besitzt jede Art ein Minimum, Maximum und ein Optimum (s. Abb. 46). Die gesamte Spanne, innerhalb derer eine Pflanze zu gedeihen vermag, ist die ökologische Amplitude. Arten mit einer weiten ökologischen Amplitude werden als euryök, solche mit einer engen als stenök bezeichnet.

Klimafaktoren

Für die Ausbildung der Vegetationszonen (tropische Regenwälder, Steppe, Wüste, Zone der Hartlaubgehölze, sommergrüne Laubwälder, immergrüne Nadelwälder und arktische Tundra), ist das Klima mit dem Temperatur- und Wasserfaktor entscheidend. Das gilt auch für die Zone der sommergrünen Laubwälder Mitteleuropas. In den unteren Höhenstufen wird die Vegetation hier durch ein Klima geprägt, in dem das ganze Jahr Niederschläge fallen und die Vegetationszeit durch eine vier- bis sechsmonatige Vegetationsruhe unterbrochen ist. Die Winter sind nicht besonders kalt, und im Sommer herrscht keine allzu große Hitze.

Modifiziert wird der durch das **Makroklima** geprägte Vegetationsgürtel durch die unterschiedliche Verteilung von Land und Meer. Dadurch kommt es zu Klimadifferenzierungen zwischen mehr atlantischen und mehr kontinentalen Gebieten. Je näher ein Ort zur Küste liegt, desto **atlantischer** ist das Klima getönt. Die Sommer- und Wintertemperaturen sind ausgeglichen, die Niederschläge hoch. Mit der Entfernung von der Küste wird das Klima **kontinentaler**, es zeichnet sich durch größere Temperaturgegensätze (warme Sommer und kalte Winter) und niedrigere Niederschlagsmengen aus. Ein abgeschwächtes Klima wird als subatlantisch bzw. subkontinental bezeichnet.

Das Klima eines Ortes hängt aber nicht nur von der geographischen Lage, sondern auch von der Höhenlage ab. Mit steigender Höhe nimmt der **humide** Standortcharakter zu: Die Niederschläge werden höher, die Temperaturen sinken. Nach der Höhenlage eines Gebietes werden die folgenden Höhenstufen unterschieden:

Flachland – planare Stufe
Hügelland – colline Stufe
Bergland – montante Stufe

Innerhalb des mitteleuropäischen Klimagebietes wird das Mosaik der verschiedenen Waldgesellschaften neben Boden- und Relieffaktoren durch das **Mikroklima** bestimmt. So kann man beispielsweise bei einem Vergleich zwischen einem schattigen, luftfeuchten Nordhang und einem warmen, trockenen Südhang auffallende Unterschiede in der Vegetation feststellen. Während am Schatthang breitblättrige Pflanzenarten vorherrschen, bedecken am sonnseitigen Südhang schmalblättrige Arten, besonders grasartige den Waldboden. Neben der Hanglage (Exposition) wird das Mikroklima durch den Grad der Neigung und die Lage zum Hang beeinflußt.

Je steiler die Sonnenstrahlen einfallen, desto größer ist die zugeführte Energiemenge (Abb. 47). Angaben zum Relief sind deshalb in jeder Vegetationsaufnahme erforderlich. Dabei können die in Abb. 47 gebrauchten Bezeichnungen verwendet werden. Die Hangneigung wird in Grad oder Umschreibungen wie „eben, fast eben, leicht geneigt, geneigt, stark geneigt" festgehalten.

Wichtige Lebensprozesse wie Photosynthese, Atmung, Transpiration, Keimung und Wachstum sind von der **Temperatur** abhängig. Für den gemäßigten Klimabereich Mitteleuropas ist die untere Temperaturgrenze oft der begrenzende Faktor für die Verbreitung einzelner Arten und Pflanzengesellschaften.

Der Wärmehaushalt wird außer von der geographischen Lage indirekt vom Substrat und dem Feuchtigkeitsgehalt des Bodens beeinflußt. Ein flachgründiger und trockener Kalkboden erwärmt sich z. B. schneller als ein tiefgründiger und feuchter Tonboden. Dichte und Höhe der Vegetation wirken sich ebenfalls

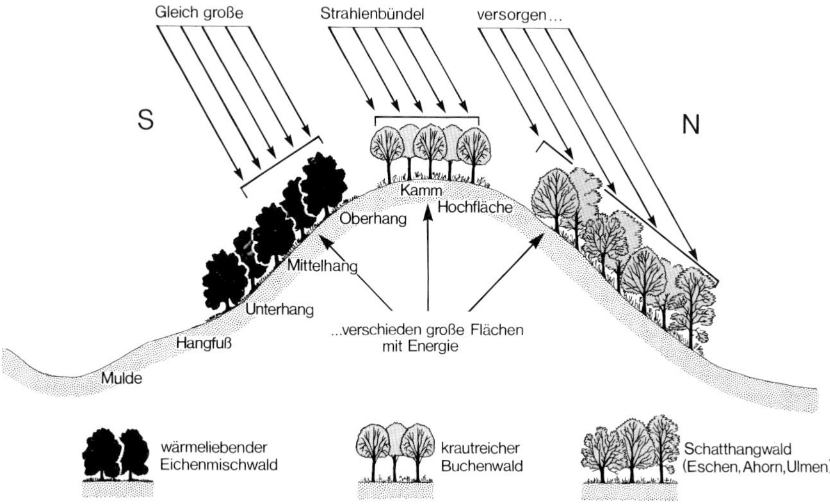

Abb. 47. Hanglage und Einstrahlung

auf die Temperaturverhältnisse eines Standorts aus. So wird beispielsweise das ausgeglichene Klima, das die Pflanzen eines krautreichen Laubmischwaldes genießen, erst durch die Waldbäume geschaffen, die im Vorfrühling die Sonnenstrahlen auf den Waldboden gelangen lassen, später nach Entfaltung ihres Laubdaches zu starke Einstrahlung abschirmen und den Winter hindurch eine wärmende Laubstreu liefern.

Die Temperaturschwankungen sind im Laufe eines Jahres oder eines Tages an der Bodenoberfläche am größten; die Lufttemperaturen nehmen mit zunehmender Höhe, die Bodentemperaturen mit zunehmender Tiefe ab.

Zur Untersuchung des Wärmefaktors dienen Messungen der Luft- und Boden- sowie der Maximum- und Minimumtemperaturen.

Die ausreichende Versorgung mit **Wasser** ist eine wichtige Voraussetzung für das Pflanzenwachstum. Bäume, Sträucher und Waldbodenpflanzen verbrauchen beträchtliche Wassermengen, die durch die Niederschläge in Form von Regen und Schnee geliefert werden. Die mittleren Niederschlagsmengen liegen in den unteren Höhenstufen zwischen 500 und 800 mm. Im Gebirge erhöhen sich die Niederschläge. Die horizontal streichenden Luftmassen stauen sich an den Westhängen, kühlen sich beim Aufstieg ab und verlieren ihre Feuchtigkeit als Niederschlag. An der Leeseite vieler Gebirge herrscht Niederschlagsarmut. Die Menge des oberirdisch abfließenden Wassers steht in engem Zusammenhang mit der Art und Häufigkeit der Niederschläge und der Beschaffenheit der Pflanzendecke. Auf vegetationsfreien Böden fließt das Wasser besonders rasch ab und kann dabei erhebliche Erosionsschäden verur-

Vogel-Nestwurz
(Neottia nidus-avis)

Zwiebeltragende Zahnwurz
(Dentaria bulbifera)

Tafel 6

Roter Fingerhut
(Digitalis purpurea)

Fuchs-Kreuzkraut
(Senecio fuchsii)

sachen. In der Verminderung des oberflächlichen Wasserabflusses und der Vermeidung von Erosionsschäden liegt eine wichtige Funktion des Waldes.

Für das Vorkommen mancher Pflanzengesellschaften erweist sich die **Luftfeuchtigkeit** als besonders bedeutsam. An schattseitigen Nordhängen und in luftfeuchten Schluchten kommen bevorzugt farnreiche Laubmischwälder und Hangschuttwälder vor; sonnseitige Hänge geringer Luftfeuchtigkeit werden dagegen besonders häufig von Eichenmischwäldern besiedelt.

Innerhalb eines Pflanzenbestandes ist die Luftfeuchtigkeit in der Krautschicht relativ hoch, sie nimmt mit zunehmender Höhe über dem Erdboden rasch ab.

Für die Beurteilung der Luftfeuchtigkeit werden im Gelände Transpirations- bzw. Evaporationsmessungen durchgeführt.

Die aktive, von der Pflanze gesteuerte Wasserabgabe wird als Transpiration bezeichnet. Evaporation ist der rein physikalische Vorgang der Verdunstung. Sie hängt von der Luftfeuchtigkeit, Temperatur und der Stärke des Windes ab.

Da Transpirationsmessungen teure und empfindliche Meßinstrumente erfordern, werden sie oft durch Evaporationsmessungen ersetzt. Dazu werden Evaporimeter verwendet. Aus dem Ausmaß der Evaporation kann auf die Stärke der Transpiration geschlossen werden. Die Luftfeuchtigkeit wird mit Hygrometern oder Psychrometern gemessen.

Einen wichtigen Standortfaktor stellt das **Licht** dar. Es schafft die Voraussetzung für die Ernährung der grünen Pflanzen, indem es die Energie für die Photosynthese liefert.

Der Lichtgenuß, der den einzelnden Schichten eines Waldbestandes zukommt, ist recht unterschiedlich. Während die Beleuchtungsstärke über der Baumschicht 100 % beträgt, kann sie über der Krautschicht auf einen Wert unter 5 % absinken. Nach dem Lichtgenuß, bei dem die einzelnen Pflanzen gedeihen, werden Schattenpflanzen, Halbschattenpflanzen und Lichtpflanzen unterschieden:

Schattenpflanzen	meist	5 %	Lichtgenuß
Halbschattenpflanzen	meist	10 %	Lichtgenuß
Lichtpflanzen	meist	50 %	Lichtgenuß

Die Beleuchtungsintensität des Waldbodens ist im Laufe des Jahres starken Schwankungen unterworfen. So nutzen zahlreiche Frühblüher die Periode vor der Belaubung zum Blühen und Fruchten sowie zum Aufbau von Nährstoffen (Abb. 48). Große Unterschiede in der Beleuchtungsstärke fallen bei einem Vergleich verschiedener Waldgesellschaften auf. Nach der Wuchsform der einzelnen Gehölze, der Bewirtschaftungsform und auch der Hanglage gibt es mehr lichte und mehr schattige Waldtypen. Innerhalb eines Bestandes kann der Lichtgenuß der Bodenvegetation uneinheitlich sein, wenn durch einen uneinheitlichen Kronenschluß unterschiedliche Lichtmengen auf den Waldboden fallen. Oft ist das reiche Mosaik der Pflanzendecke hierauf zurückzuführen.

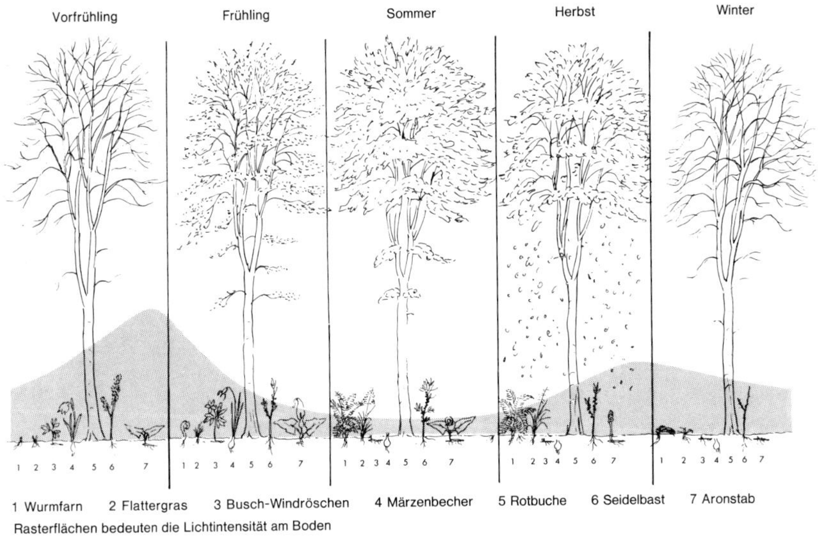

Abb. 48. Belichtung des Waldbodens im Laufe des Jahres

Eine Beurteilung der Lichtverhältnisse ist mit Hilfe der Lichtzahlen (s. Anhang S. 257) möglich. Eine Messung der Beleuchtungsstärke wird mit Hilfe von Belichtungsmessern oder Luxmetern durchgeführt.

Der **Wind** gehört zu den Faktoren, die zerstörend auf Pflanzenteile einwirken können und eine scharfe Auslese in der Vegetation verursachen. Die Wirkung des Windes zeigt sich besonders bei starken, böigen Stürmen durch Entwurzelung von Bäumen und Abbruch von Ästen und Zweigen. Bisweilen fallen ganze Wälder orkanartigen Stürmen zum Opfer. Besonders gefährdet sind Fichten- und Kiefernforsten.

Bei weniger extremen Windverhältnissen werden Berggipfel und Waldränder vom Wind beeinflußt. Die Laubstreu wird fortgeblasen, und es kommt zu einer Austrocknung und Verarmung des Waldbodens; der Standort wird ausgehagert.

Eine wichtige Funktion erfüllt der Wind bei der Übertragung des Blütenstaubes vieler Waldbäume und bei der Verbreitung ihrer Samen. Verschiedenartige Flugeinrichtungen ermöglichen es den Pflanzen, neue Wuchsorte zu besiedeln.

Für Windmessungen gibt es spezielle Meßgeräte, Anemometer.

A Ranker

B Rendzina

Tafel 7: Text s. Seite 224

C Braunerde

D Parabraunerde

E Podsol

F Pseudogley

Tafel 8: Text s. Seite 224

G Gley

H Hochmoor

Bildunterschriften zu den Abbildungen auf S. 222 und 223

A **Ranker** aus Steinmergel (Weserbergland nordöstlich Hameln)
Auf einen nur schwach ausgebildeten dunkelbraunen, humosen A_h-Horizont folgt der aus violettgrauem Steinmergel gebildete C-Horizont

B **Rendzina** aus Kalkstein (Göttinger Wald)
Der schwarze, stark humose A_h-Horizont ist gut durchwurzelt und hat eine Mächtigkeit von etwa 15 cm. Das Ausgangsgestein besteht bis in eine Tiefe von 150 cm aus weißem, plattigem Kalkstein, darunter aus bankigem Kalkstein mit gelbbraunem Ton in den Zwischenräumen

C **Braunerde** aus Material des Buntsandsteins (Stromberg in der Eifel)
Unter einer mehr oder weniger zersetzten organischen Auflage und einem dunkelgrauen, nur wenige Zentimeter mächtigen A_h-Horizont liegt der braune B_v-Horizont, der bei 65 cm allmählich in den C-Horizont übergeht

D **Parabraunerde** aus Löß (Benther Berg bei Hannover)
Unter einem schwachen, humosen A_h-Horizont befinden sich der hellbraune, schwach tonige A_l-Horizont (5–55 cm) und der rötlichbraune, stärker tonige B_t-Horizont (ab 55 cm)

E **Podsol** aus Dünensand (Emsland)
Besonders auffallend ist der violettgraue, schwach humose A_e-Horizont (5–15 cm). Es folgen schwarze Humusorterde (15–25 cm), die von einzelnen runden bis ovalen, helleren Flecken durchsetzt ist, und die gelbbraune Eisenorterde (25–40 cm) mit schwarzbraunen Orterdebändern. Ab 40 cm schließt sich der B/C-Horizont mit gelbbraunem Feinsand und einzelnen schwarzbraunen Orterdebändern an

F **Pseudogley** aus Löß (Thüringen)
Auf den braunen, humosen A_h-Horizont folgt ein grauweißer, schwacheisenfleckiger Horizont. Der daran anschließende Horizont besitzt die Pseudogleye typische rostbraune Marmorierung

G **Gley** aus Ablagerungen der Ems (Emstal südwestlich von Haren/Ems)
Der humose A_h-Horizont ist an seiner schwarzbraunen Farbe zu erkennen. Der Oxydationshorizont (15–45 cm) ist rostbraun und stark eisenfleckig. Die Flecken nehmen nach unten hin ab. Der Reduktionshorizont besitzt eine grünlichgraue Farbe und enthält Reste von Erlenwurzeln

H **Hochmoor** aus Weißtorf über Schwarztorf (Fehndorf/Emsland)
Der Moostorf ist bis in eine Tiefe von 100 cm heller gefärbt, nur schwach zersetzt und gut durchwurzelt. Darunter ist der Moostorf dunkler gefärbt und stark zersetzt

Fotos: B. Heinemann

Bodenfaktoren

Der Boden stellt das unter dem Einfluß zahlreicher Umweltfaktoren entstandene Umwandlungsprodukt aus mineralischen und organischen Substanzen dar, das mit Wasser, Luft und Lebewesen durchsetzt ist und den höheren Pflanzen als Standort dient.

Die Untersuchung und Beschreibung der Bodenfaktoren fällt in das Gebiet der Bodenkunde. Ausführliche Darstellungen zu den einzelnen Fragestellungen finden sich in den Lehrbüchern dieses Fachgebietes (Kubiena 1953; Mückenhausen 1976; Schlichting und Blume 1976; Kuntze u. a. 1981; Rehfuess 1981; Schroeder 1984; Schachtschabel u. a. 1984).

Bodenart, Bodengefüge und Gründigkeit

Die **Bodenarten** Sand, Schluff, Lehm und Ton setzen sich aus verschiedenen Korngrößenfraktionen zusammen und werden durch deren jeweiliges Mengenverhältnis definiert. Davon kann man sich bei einer Schlämmanalyse (s. Abb. 49) leicht eine Vorstellung verschaffen: Eine Bodenprobe wird in einem Standzylinder mit Wasser aufgefüllt, kräftig geschüttelt und anschließend abgestellt. Dabei kann man beobachten, daß sich die Bodenteilchen ihrer Fallgeschwindigkeit und ihrem Durchmesser entsprechend absetzen. Die groben Sandpartikel sinken zuerst, dann sedimentieren die Feinsande und wesentlich später die Schluff- und Tonpartikel, deren kleinste Teilchen oft erst nach Tagen zur Ablagerung gelangen. Durch eine Schlämmanalyse kann eine Bodenprobe in verschiedene Korngrößen zerlegt werden. Die einzelnen Fraktionen werden als Sandfraktion (2–0,06 mm ∅), Schluffraktion (0,06–0,002 mm ∅) und Tonfraktion (< 0,002 mm ∅) bezeichnet.

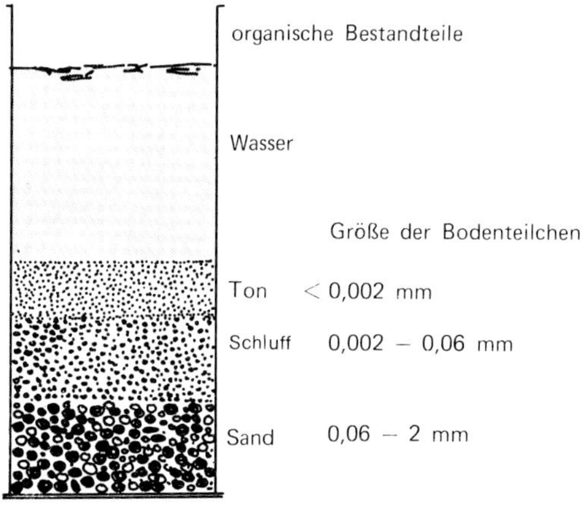

Abb. 49. Schlämmanalyse

Nach dem Vorherrschen der einen oder anderen Fraktion werden die Bodenarten Sand, Schluff und Ton unterschieden. Dazu kommt der Lehm, der sich aus Sand, Schluff und Ton zusammensetzt und in seinen Eigenschaften eine Mittelstellung zwischen den Hauptbodenarten einnimmt. Zwischen den genannten Bodenarten gibt es Übergänge wie lehmiger Sand, sandiger Lehm, toniger Lehm und lehmiger Ton, schluffiger Sand und schluffiger Ton.

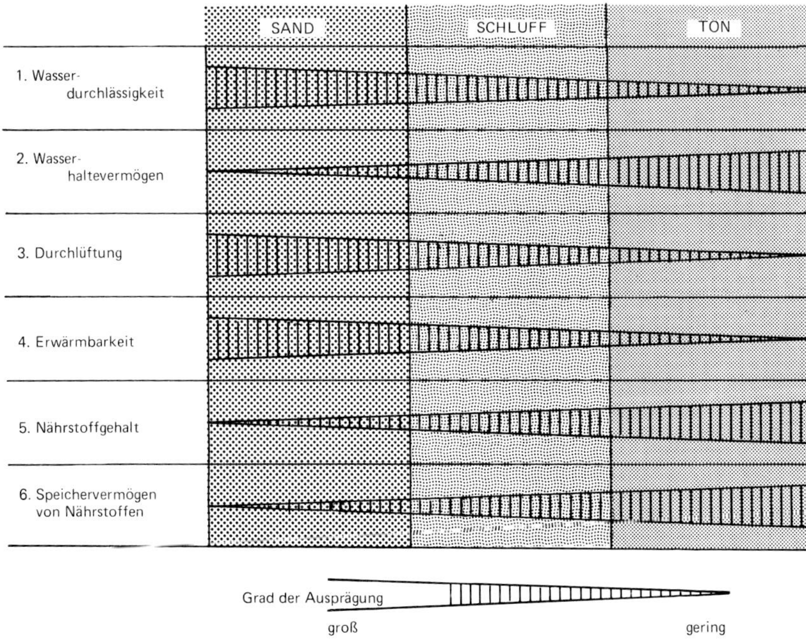

Abb. 50. Bedeutung der Bodenart für das Leben der Pflanzen

Die Abb. 50 zeigt, daß die jeweilige Bodenart den Wasser-, Luft-, Temperatur- und Nährstoffhaushalt beeinflußt und damit einen wichtigen Faktor für das Wachstum der Waldpflanzen darstellt. Sandböden zeichnen sich durch gute Durchlüftung und leichte Erwärmbarkeit aus; sie sind aber nur mäßig mit Nährstoffen und Basen versorgt und können Nährstoffe und Wasser nicht gut speichern. Trockenheits- und Magerkeitszeiger kommen relativ häufig vor. Tonböden besitzen dagegen gute chemische Bodeneigenschaften; aufgrund ihrer geringen Wasserdurchlässigkeit neigen sie aber zu stauender Nässe. Die günstigsten Bodeneigenschaften sind bei Schluff- und Lehmböden zu finden.

Die Bodenart läßt sich im Gelände durch die Fingerprobe bestimmen (s. Tab. 4).

Als **Bodengefüge** wird die Art der räumlichen Anordnung der Bodenteilchen bezeichnet. Von der Form der Bodenteilchen hängt es ab, wie groß das Volumen der im Boden vorhandenen Poren ist. Bodengefüge und Porenvolumen beeinflussen den Wasser-, Luft-, Wärme- und Nährstoffhaushalt sowie die Durchwurzelbarkeit eines Bodens. Nach dem Zusammenhalt der einzelnen Körner werden folgende Gefügeformen unterschieden:

Einzelkorngefüge: Bodenteilchen liegen lose nebeneinander und sind nicht miteinander verklebt (z. B. Sand).

Tabelle 4. **Fingerprobe zur Bestimmung der Bodenart**
Anleitung: Eine gleichmäßig durchfeuchtete Bodenprobe wird zwischen Daumen und Zeigefinger gerieben, anschließend geknetet und zwischen den Handflächen ausgerollt. Anschließend vergleicht man das Ergebnis der Untersuchung mit nachfolgender Tabelle. Dabei ist zu berücksichtigen, daß es zwischen den einzelnen Hauptbodenarten Übergänge gibt.

Bodenart	Rauhigkeit	Schmierfähigkeit	Plastizität	Rollfähigkeit
Sand	rauh und körnig, Einzelkörner sicht- und fühlbar	nicht beschmutzend	nicht formbar	zerrieselnd
Schluff	mehlig	haftet in Fingerrillen	nicht oder kaum formbar	nicht ausrollbar
Lehm	Einzelkörner sichtbar, viel Feinsubstanz	beschmutzend	formbar	etwa bleistiftdick ausrollbar, dann zerbröckelnd
Ton	Gleitfläche glatt und glänzend	stark beschmutzend	gut formbar	gut ausrollbar

Aggregatgefüge: Bodenteilchen bilden durch lockere Aneinanderlagerung Aggregate unterschiedlicher Form und Größe, z. B. Krümel (abgerundete Aggregate); Polyeder, Prismen, Säulen und Platten (kantige Aggregate).

Kohärentgefüge: Bodenteilchen werden durch Kohäsionskräfte zusammengehalten und bilden eine einheitliche Masse (z. B. Tonschichten und Ortsteinhorizonte).

Unter **Gründigkeit** versteht man die Mächtigkeit des Lockermaterials über dem festen Gestein. Dabei lassen sich folgende Stufen unterscheiden:

sehr flachgründig	< 15 cm
flachgründig	15–30 cm
mittelgründig	30–60 cm
tiefgründig	60–100 cm
sehr tiefgründig	> 100 cm

Organische Bestandteile

An der Zusammensetzung des Bodens sind außer den mineralischen Komponenten auch organische Substanzen beteiligt. Zahlreiche Bodenorganismen zersetzen die abgestorbenen Blätter bzw. Nadeln, Samen und Zweige von Bäumen und Waldbodenpflanzen und wandeln sie in Humus um.

Als Humus bezeichnet man die zersetzten und umgeformten Bodenbestandteile pflanzlicher oder tierischer Herkunft.

Humus verbessert das Bodengefüge und steigert die Fähigkeit, Wasser festzuhalten, Nährstoffe aufzunehmen und zu speichern.

Zur Beurteilung des **Humusgehaltes** von Landböden dient im Gelände die Bodenfarbe. Je dunkler der Boden ist, desto höher ist im allgemeinen auch der Humusgehalt. Dabei ist allerdings zu berücksichtigen, daß die Bodenfarbe auch von der Bodenart, der Eigenfarbe des mineralischen Untergrundes und dem Feuchtigkeitsgehalt des Bodens abhängt und deshalb eine Schätzung nur mit Vorbehalt möglich ist.

Die organische Substanz kann entweder als Auflagehumus (Humusdecke) dem Mineralboden aufliegen oder im mineralischen Oberboden verteilt sein. Die Humusdecke läßt sich in Streulage (L-Lage; l von litter = Laub), Vermoderungslage (O_f-Lage; f von Fermentation) und Humifizierungslage (O_h-Lage; h von Humus) unterteilen. Die L-Lage besteht aus äußerlich nur wenig zersetzten Pflanzenteilen, die O_f-Lage aus halbzersetzten, oft verklebten und von Pilzfäden durchzogenen Blättern bzw. Nadeln, die O_h-Lage aus Feinhumus und Streuresten.

Nach dem biologischen Bodenzustand, dem unterschiedlichen Zersetzungsgrad der organischen Substanzen, der Basensättigung und der Anordnung der Auflagen lassen sich folgende **Humusformen** unterscheiden (s. Abb. 51):

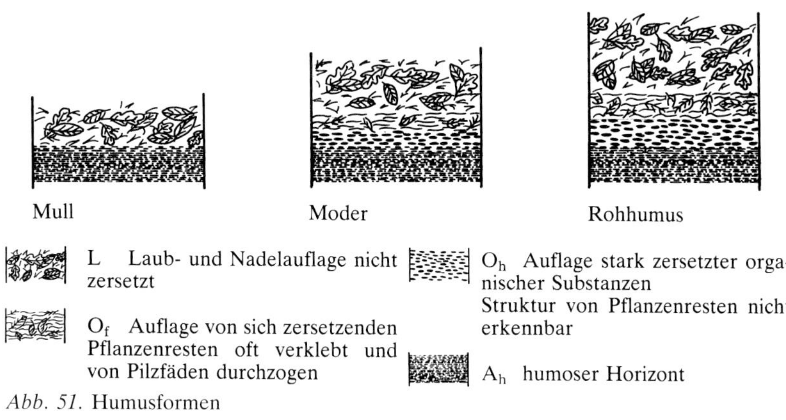

Abb. 51. Humusformen

Beim **Mull** befindet sich eine lockere Laubstreu (L-Lage) über dem humosen Oberboden. O_f- und O_h-Lagen sind nicht ausgebildet. Der Abbau der organischen Substanz und die Durchmischung mit mineralischen Bestandteilen wird durch zahlreiche tierische Organismen gefördert. Die Humusstoffe zeigen schwach saure bis alkalische Reaktion. Mullböden sind in artenreichen Laubwäldern zu finden.

Rohhumus bildet eine viele Zentimeter mächtige Auflage über dem basenarmem Oberboden. Er besteht aus Strukturen schwer abbaubarer pflanzlicher Gewebe, besitzt einen ausgesprochenen Modergeruch und stellt eine sehr ungünstige, biologisch inaktive Humusform dar. An der Zusammensetzung der Rohhumusdecke sind die L-Lage, O_f-Lage und die O_h-Lage beteiligt. Die Rohhumusbildung wird durch Nadelgehölze und Heidekrautgewächse begünstigt. Anspruchslose Pflanzen (z. B. Heidelbeere und Preiselbeere) sind auf Rohhumusböden regelmäßig anzutreffen und hier besonders gut entwickelt.

Moder nimmt eine Übergangsstellung zwischen Mull und Rohhumus ein. Die Auflagen sind weniger mächtig, die Basen- und Nährstoffarmut ist weniger extrem als beim Rohhumus. Moder ist in vielen Eichenmisch- und Buchenwäldern über saurem Ausgangsgestein anzutreffen.

Eine Sonderstellung nehmen **Niedermoor-** und **Hochmoorböden** aufgrund des hoch anstehenden Grundwassers ein. Niedermoore entstehen bei der Verlandung nährstoffreicher Gewässer aus abgestorbenen Pflanzenteilen von Seggen, Schilf, Rohrkolben, Schwarz-Erle, Weiden und dergleichen. Niedermoore sind Standorte von Erlenbruchwäldern. Hochmoore entwickeln sich aus einer Anhäufung abgestorbener Torfmoose. Sie sind durch eine ausgesprochene Nährstoff- und Basenarmut gekennzeichnet und werden von anspruchslosen Birkenbruch- oder Nadelholz-Moorwäldern besiedelt.

Nährstoff- und Basenversorgung

Bei der Beurteilung eines Bodens muß zwischen Nährstoff- und Basenversorgung unterschieden werden.

Unter Nährstoffversorgung versteht man die Versorgung der Böden mit Stickstoff und Phosphorverbindungen, unter Basenversorgung die Sättigung mit Calzium, Magnesium, Kalium und Natrium.

Der Nährstoffgehalt vieler Böden stimmt annähernd mit der Basenversorgung überein. Es gibt aber auch Standorte, die gleichzeitig basenreich und nährstoffarm sind bzw. umgekehrt.

Der überwiegende Teil der **Bodennährstoffe** entstammt dem durch Verwitterungsprozesse umgewandelten Ausgangsgestein. Ein weiterer Teil ist über Niederschläge, stickstoffbindende Bakterien, Düngung oder auch durch Grundwasser in den Boden gelangt. Als Hauptnährelemente werden von den Pflanzen Stickstoff (N), Phosphor (P), Schwefel (S), Kalium (K), Calzium (Ca) und Magnesium (Mg) benötigt. Dazu kommen die Spurenelemente, die in geringen Mengen aufgenommen werden, aber lebensnotwendig für die Pflanzen sind.

Von dem im Boden befindlichen Nährstoffvorrat liegt nur ein kleiner Anteil ungebunden in der Bodenlösung vor und ist für die Pflanzen sofort verfügbar. Der größte Teil der Nährelemente ist mehr oder weniger fest an die Oberflächen organischer und anorganischer Bodenteilchen gebunden und für die Pflanzen nicht unmittelbar zugänglich.

Für die Versorgung der Pflanzen mit Nährstoffen spielen Austauschvorgänge zwischen den Bodenteilchen, die bestimmte Nährstoffe adsorbieren, und der Bodenlösung eine wesentliche Rolle. Zum Austausch gelangen zum überwiegenden Teil Kationen (Ca^{2+}, Mg^{2+}, K^{+}, Na^{+}, Al^{3+}, H^{+}, NH_4^{+}, u. a.). Die Summe der austauschbaren Ionen, die sogenannte **Austauschkapazität** hängt u. a. von der Größe der Oberfläche der Bodenteilchen ab, sie nimmt mit der Menge der Tonminerale und der organischen Substanz zu. Die Fähigkeit des Bodens, über Austauschvorgänge Nährstoffe zu speichern und für die Pflanze verfügbar zu machen, gilt als wesentliches Kennzeichen der Bodenfruchtbarkeit.

Für den **Basengehalt** ist das Ausgangsmaterial, aus dem sich die Böden entwickelt haben, von entscheidender Bedeutung:

Carbonatgestein, das von Süddeutschland bis Südniedersachsen gebietsweise weit verbreitet ist, zeichnet sich durch besonders hohen Basenreichtum aus. Kalkgestein besitzt einen Calziumcarbonat-($CaCO_{3-}$)Gehalt von 75–100 %, Mergel von 25–75 %.

Silikatgestein, im Bereich vieler Mittelgebirge verbreitet, bildet sowohl Böden mittlerer bis guter Basenversorgung (z. B. auf Basalt und Gabbro) als auch geringer bis mittlerer Basenversorgung (z. B. auf Granit, Grauwacke, Gneis).

Sandstein, den man häufig in Buntsandstein-, Keuper- und Kreidegebieten antrifft, ist durch die geringe Basensättigung und den hohen Quarzitgehalt gekennzeichnet.

Zu den **Lockersedimenten** gehören Sand, Lehm, Schluff (Löß) und Ton. Hinsichtlich des Nährstoff- und Basengehaltes weisen Lockersedimente recht unterschiedliche Eigenschaften auf. Das Hauptverbreitungsgebiet von Löß liegt am Rande der deutschen Mittelgebirge und in einigen Flußtälern. Sande, Tone und Mergel kommen in den Moränengebieten als Ablagerungen der Eiszeit (Diluvium, Pleistozän) vor, im Bereich der Flüsse und Küste als Ablagerungen der Nacheiszeit (Alluvium, Holozän).

Für das Gedeihen vieler Pflanzen erweist sich häufig die **Stickstoffversorgung** des Bodens als wichtig. Da die Pflanzen nicht in der Lage sind, den Luftstickstoff zu verarbeiten, kommt der Nachlieferung des Bodens mit Stickstoff bei der Humusbildung eine große Bedeutung zu. Bisweilen spielen dabei auch Pflanzen wie Schwarz-Erle und Schmetterlingsblütler eine Rolle, die mit luftstickstoffbindenden Bakterien eine Symbiose eingehen und den Boden mit Stickstoff anreichern.

Die Bedeutung der Basenversorgung für die Vegetation läßt sich unter anderem daran erkennen, daß auf kalkhaltigen Böden andere Pflanzen vorkommen als auf kalkarmen. Dementsprechend besitzen Pflanzen einen hohen Indikatorwert für die abgestufte Versorgung des Bodens mit Kalk.

Zur Schätzung des **Kalkgehalts** im Gelände wird eine kleine Bodenprobe mit etwas verdünnter Salzsäure versetzt. Die Stärke des Aufbrausens ist ein ungefähres Maß für den Kalkgehalt des Bodens:

Aufbrausen	Kalkgehalt
keinerlei Aufbrausen	$<1\,\%$
schwaches, nicht anhaltendes Aufbrausen	1–3 %
starkes, nicht anhaltendes Aufbrausen	3–5 %
starkes, anhaltendes Aufbrausen	$>5\,\%$

Die Basenversorgung der Böden läßt sich recht gut durch den **pH-Wert** zum Ausdruck bringen. Der pH-Wert kennzeichnet die saure, neutrale und alkalische Reaktion des Bodens. Er ist ein Maß für die Menge der H_3O^+-(Hydronium-)Ionen in der Bodenlösung. Der Einfachheit halber werden die H_3O^+-Ionen als H^+-Ionen bezeichnet. Je größer der Anteil der H^+-Ionen ist, desto saurer reagiert der Boden.

Der pH-Wert ist der negative Logarithmus der Wasserstoffionenkonzentration.

Der pH-Wert gehört zu den Faktoren, welche die chemischen und physikalischen Bodeneigenschaften und das Pflanzenwachstum besonders stark beeinflussen. Er wirkt sich auf das Bodengefüge, die Lebensbedingungen der Bodenorganismen, die Verfügbarkeit von Nährstoffen, die Nitrifizierung und das Auftreten toxischer Stoffe aus.

Die Messung des pH-Wertes ist im Gelände z. B. mit einem Hellige-Pehameter leicht und schnell durchführbar (s. Abb. 52).

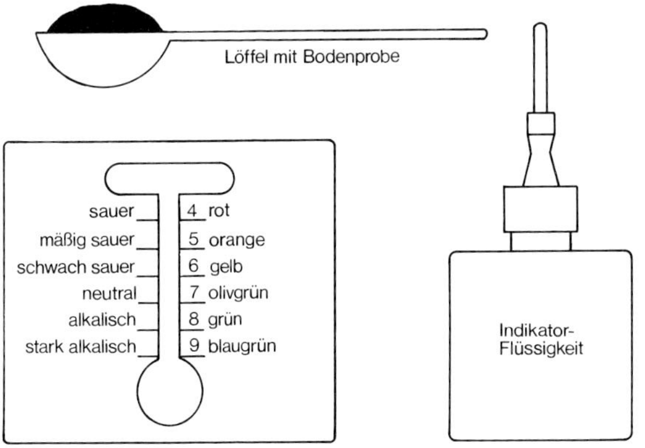

Abb. 52. Boden-Pehameter von Hellige

Tabelle 5. **Reaktionsbereiche von Böden** (nach SCHACHTSCHABEL u. a. 1984)

Reaktionsbezeichnung	pH	Reaktionsbezeichnung	pH
neutral	7,0	schwach alkalisch	7,1– 8,0
schwach sauer	6,9–6,0	mäßig alkalisch	8,1– 9,0
mäßig sauer	5,9–5,0	stark alkalisch	9,1–10,0
stark sauer	4,9–4,0	sehr stark alkalisch	10,1–11,0
sehr stark sauer	3,9–3,0	extrem alkalisch	>11,0
extrem sauer	<3,0		

Bodenwasser und Bodenluft

Die ausreichende Wasserversorgung des Bodens stellt eine wichtige Voraussetzung für das Gedeihen der Gehölze und Waldbodenpflanzen dar. Aus dem **Bodenwasser** entnehmen die Pflanzen die zum Aufbau des Pflanzenkörpers und zur Photosynthese benötigten Wassermengen. Aber auch andere Stoffwechselprozesse wie der Nährstoffumbau und der Stofftransport sind an das Vorhandensein von Wasser gebunden. Indirekt wirkt das Bodenwasser über verschiedene Bodenbildungsprozesse (Verwitterung, Humusbildung und Verlagerung von Bodenteilchen) auf die höheren Pflanzen ein. Das Bodenwasser entstammt zum weitaus größten Teil den Niederschlägen der Atmosphäre, es kann aber auch durch den kapillaren Aufstieg aus dem Grundwasser nachgeliefert werden. Etwa 60 % der Niederschläge dringen in den Boden ein, der Rest

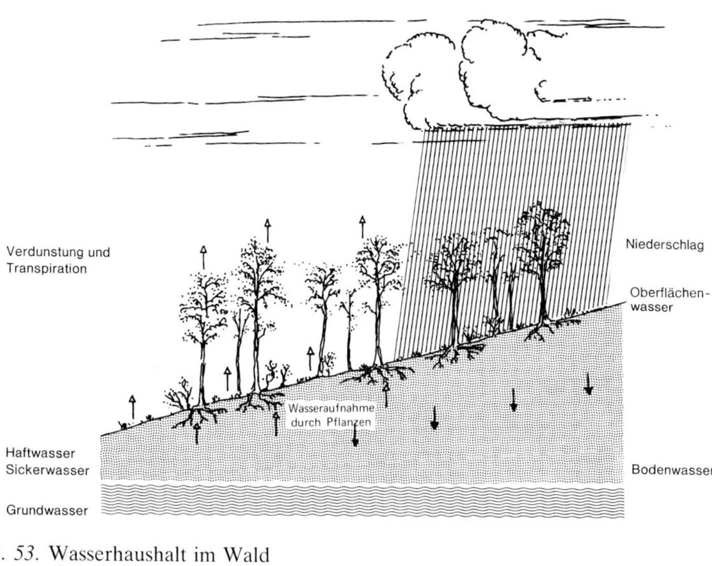

Abb. 53. Wasserhaushalt im Wald

verdunstet sofort auf den Blättern der Pflanzen und der Erdoberfläche oder fließt als **Oberflächenwasser** in Vorfluter (Gräben, Bäche und Flüsse) ab. Das in den Boden gelangte Wasser verbleibt teilweise als **Haftwasser** in den oberen Bodenschichten, der andere Teil bewegt sich als **Sickerwasser** in tiefere Zonen (s. Abb. 53). Die Abwärtsbewegung des Wassers kann durch schwer durchlässige Schichten gehemmt werden. Wasseranreicherungen, die das ganze Jahr über bestehen, werden als **Grundwasser**, oberflächlich und nur zeitlich auftretende dagegen als **Stauwasser** bezeichnet. Stauwasserbeeinflußte Böden sind wechselfeucht, d. h. im Winter und zeitigen Frühjahr feucht bis naß, im Sommer dagegen mehr oder minder trocken. Bei dem größten Teil des Haftwassers handelt es sich um **Kapillarwasser**, das durch die Haarröhrchenwirkung des Porensystems in den oberen Bodenschichten verbleibt. Der andere Teil des Haftwassers wird von den Oberflächen der Bodenteilchen angesaugt und **Adsorptionswasser** genannt (s. Abb. 54). Die Menge des adsorptiv gebundenen Wassers hängt von der Größe der Oberfläche der Bodenteilchen ab und wächst mit zunehmendem Humus- und Tongehalt.

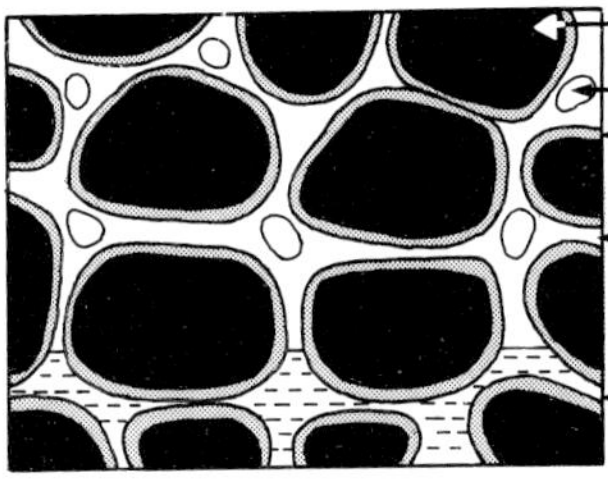

Abb. 54. Wasserverteilung zwischen den Bodenpartikeln (nach Böhlmann 1982)

Das Bodenwasser ist nur zu einem Teil für die Pflanzen **verfügbar**, der andere Teil wird mit so großen Bindungskräften festgehalten, daß Pflanzen dieses Wasser nicht aufnehmen können.

Bei der Beurteilung der Standortfaktoren muß auch die **Wasserkapazität** berücksichtigt werden. Sie gibt an, welche Wassermenge ein Boden speichern kann.

Eine grobe Schätzung des aktuellen Bodenfeuchtezustandes ist mit Hilfe der Tab. 6 möglich. Dazu wird eine Bodenprobe mit der Hand zusammengedrückt, anschließend wird versucht, den Boden auszurollen und zu kneten. Eine weitere Probe befeuchtet man mit Wasser und stellt die Farbe vor und nach der Wasserzugabe fest. Dieses Verhalten ist nicht unmittelbar nach längerem Regen durchführbar.

Die Wasserverhältnisse werden durch die in der Standortkunde gebräuchlichen Begriffe „trocken – frisch – feucht – naß“ angegeben, Zwischenstufen kennzeichnet man durch den Zusatz „mäßig“.

Der Luftgehalt des Bodens hängt in erster Linie von der Größe der **Bodenporen** und damit von der Bodenart ab. Alle Bodenporen, die nicht mit Wasser

Tabelle 6. **Schätzung des aktuellen Bodenfeuchtezustandes** (verändert nach BENZLER u. a. 1982)

Bezeichnung	Zustand bindiger Proben (bindig: an Händen und Geräten festklebend) Ton > 17 %	Zustand nicht bindiger Proben Ton < 17 %
trocken	Probe fühlt sich trocken an; hart (Trockenrisse); helle Bodenfarbe, dunkelt bei Wasserzugabe stark nach	Probe fühlt sich trocken an; locker u. staubig; helle Bodenfarbe, dunkelt bei Wasserzugabe stark nach
frisch	Probe fühlt sich frisch an; halbfest, formbar, aber zerbröckelnd; Bodenfarbe dunkelt bei Wasserzugabe wenig nach	Probe fühlt sich frisch an; Bodenprobe dunkelt bei Wasserzugabe wenig nach
feucht	Probe fühlt sich feucht an; Finger werden deutlich feucht; ausrollbar, ohne zu zerbröckeln; dunkelt bei Wasserzugabe nicht nach	Probe fühlt sich feucht an; Finger werden deutlich feucht; dunkelt bei Wasserzugabe nicht nach
naß	breiig, quillt beim Pressen in der Faust zwischen Finger hindurch	bei Entnahme der Probe Wasseraustritt

gefüllt sind, enthalten Luft. Von gut mit Wasser versorgten Böden besitzen Tonböden aufgrund ihrer kleinen Poren ein Luftvolumen von etwa 5–10 %, Lehmböden von etwa 10–25 % und Sandböden von etwa 30–40 % (SCHACHTSCHABEL u. a. 1984).

Die Zusammensetzung der **Bodenluft** wird durch biologische Vorgänge, besonders durch die Atmung der Bodenorganismen, beeinflußt. Der Sauerstoffgehalt der Bodenluft ist niedriger als in der Atmosphäre, weil der verbrauchte Sauerstoff nicht so schnell ergänzt werden kann, der Kohlendioxidgehalt dagegen ist höher. Die Bodenluft unterscheidet sich auch hinsichtlich der größeren Luftfeuchtigkeit von der Luft oberhalb des Erdbodens. Eine ungenügende Durchlüftung des Bodens beeinflußt die aerobe Mikroflora, die Bodenfauna und das Wurzelwachstum der höheren Pflanzen und begünstigt anaerobe Vorgänge (Fäulnis statt Verwesung). Störungen in der Vitalität der Pflanzen und Einbußen in der Ertragsbildung sind die Folgen.

Bodentypen

Bodenbildungsprozesse führen zur Ausbildung von parallel zur Bodenoberfläche verlaufenden, annähernd einheitlichen **Bodenhorizonten**. Zu den wichtigsten Umwandlungsprozessen gehören Verwitterung, Verlehmung und Verwesung sowie die Verlagerung von Humusstoffen, Salzen und Tonmineralien.

Ein senkrechter Schnitt durch die verschiedenen Bodenhorizonte von der Oberfläche bis zum Ausgangsgestein bildet das Bodenprofil, das mit seinen typischen Merkmalen die Entstehungsgeschichte des jeweiligen Bodens widerspiegelt. Böden, die den gleichen Entwicklungszustand und eine gleichartige Horizontabfolge aufweisen, bilden einen Bodentyp.

Für die Untersuchung von Bodenprofilen kommen bereits vorhandene Aufschlüsse wie Steinbrüche, Sandgruben, Wegeinschnitte und Grabenränder in Betracht. Oft müssen sie mit Hilfe eines Spatens angelegt werden. Dazu werden je nach Beschaffenheit des Bodens unterschiedlich große Gruben ausgehoben, in denen eine Wand für die folgende Untersuchung mit dem Spaten oder einem Messer geglättet wird. Häufig werden Bodenuntersuchungen mit dem Erdbohrstock ausgeführt.

Der Erdbohrstock nach Pürckhauer (s. Abb. 55) besteht aus einem 1 m langen Stahlhalbrohr mit Schlagkopf und abnehmbarem Griff. Die 2 cm weite, sich nach unten etwas verjüngende Rinne des Rohres dient zur Aufnahme der Bodenprobe. Der Bohrstock wird bis zur gewünschten Tiefe mit einem schweren Hammer in den Boden geschlagen und anschließend durch Drehen mit Boden gefüllt. Mit einem Messer glättet man die Oberfläche der entnommenen Erdsäule und beschreibt die Horizonte.

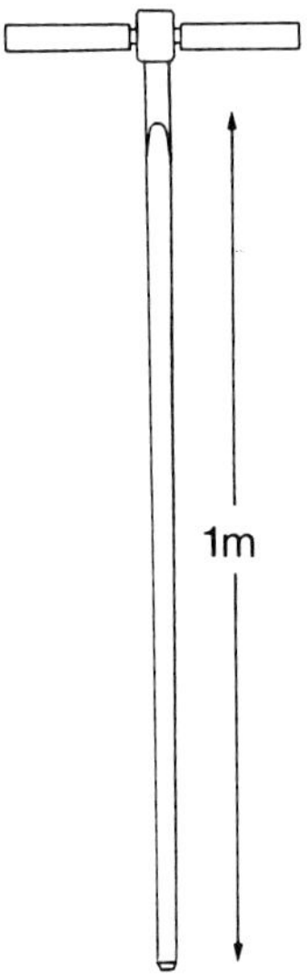

Abb. 55. Erdbohrstock

Zur Kennzeichnung der Bodenhorizonte dienen Symbole, welche die Eigenschaften des betreffenden Horizontes deutlich wiedergeben.

Die Großbuchstaben beziehen sich auf die Haupthorizonte, die mit Hilfe der Kleinbuchstaben genauer erläutert werden. Bei Übergangshorizonten stellt man die jeweiligen Horizontbezeichnungen nebeneinander, z. B. A/C-Horizont; schwach ausgeprägte Horizonte werden in Klammern gesetzt, z. B. (B_v).

Bezeichnungen der Bodenhorizonte

Organische Lagen (über 30 Gew.-% organ. Substanz)

L (l von litter) Streu weitgehend unzersetzt
O Organischer Horizont, dem Mineralboden aufliegend
O_f (f von fermentiert) Auflage von sich zersetzenden Pflanzenresten
O_h (h von humifiziert) Auflage stark zersetzt
T Torfhorizont

Oberböden

A Mineralhorizont mit organischer Substanz vermischt
A_h mit Humus angereichert, dunkelgefärbt
A_e Auswaschung von Humusstoffen (e von eluvere = auswaschen), dadurch gebleicht (Podsolierung)
A_l Auswaschung von Ton (Lessivierung), dadurch aufgehellt

Unterböden

B humusfreier Mineralhorizont, durch Verwitterung oder Anreicherung entstanden
B_v durch Verwitterung des Ausgangsgesteins entstanden; Anreicherung von Ton, Verbraunung durch Freisetzung von Eisen (Braunerde)
B_t mit Ton angereichert (Parabraunerde)
B_h mit Humus angereichert (Podsol)
B_s mit Eisenoxiden (Sesquioxiden) angereichert (Podsol)

Untergrund

C Ausgangsgestein (Gestein oder Lockersediment)
C_v in Verwitterung begriffen

Wasserbeeinflußte Horizonte

G Mineralhorizont im Grundwasserbereich (Gley)
G_o Oxydationshorizont, rostfleckiger Horizont über dem Grundwasser
G_r Reduktionshorizont, Horizont mit anaeroben Bedingungen im Grundwasserbereich, Reduktionsfarben
S Stauwasserbeeinflußter Horizont (Pseudogley)
S_w Staunässeleiter (w von Wasser)
S_d Staunässesohle (d von dicht)

Ranker

Name: Österreichischer Name für Berghalde/Steilhang.
Vorkommen: In Hanglagen der Gebirge mit starker Bodenabtragung, auf quarz- oder silikatreichem Ausgangsgestein.
Eigenschaften: Flachgründig, Böden geringer bis mittlerer Basenversorgung und geringer Wasserkapazität.
Nutzung: Vorwiegend als Wald und extensive Weide, seltener als Acker.

Regosole besitzen ähnliche Eigenschaften. Sie sind aber aus Lockersedimenten (Dünensand, erodierte Landoberflächen) hervorgegangen.

Rendzina

Name: Polnischer Herkunft; bedeutet „kratzendes Geräusch beim Pflügen".
Vorkommen: Auf kalkhaltigem Ausgangsgestein des Hügel- und Berglandes.
Eigenschaften: Flachgründig; günstige Basenversorgung, hoher Humusgehalt, große biologische Aktivität und gutes Krümelgefüge; bei sonnseitiger Exposition stark erwärmbar und trocken.
Nutzung: Wegen Flachgründigkeit und Hanglage meistens als Wald und extensives Grünland; bei größerer Tiefgründigkeit Anbau von Getreide.

Ausbildungsformen:

Proto-Rendzina: Sehr flachgründig, A_h-Horizont nur wenige cm mächtig und tonarm; häufig in Hanglage, in sonnseitiger Exposition; Standort wärmeliebender Buchen- und Eichen-Mischwälder.

Proto-Rendzina

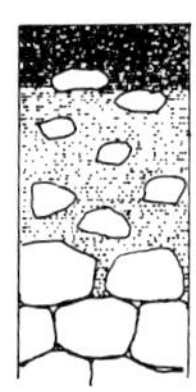

Terra fusca

Mull-Rendzina: Mit 20–30 cm mächtigem, dunkel gefärbtem A_h-Horizont; nährstoff- und basenreich, biologisch aktiv mit günstigem Wasserhaushalt und guter Durchlüftung; wegen der Flachgründigkeit nur selten als Ackerland genutzt; Wuchsort von Kalk-Buchenwäldern (Platterbsen- und Bär-Lauch-Buchenwälder).

Terra fusca: Bei weiterer Verwitterung des Kalkgesteins entsteht ein stark plastischer Kalkverwitterungslehm, der einen intensiv gefärbten B_v-Horizont bildet. Wenn der B_v-Horizont nur eine geringe Mächtigkeit besitzt, spricht man von einer Braunlehm-Rendzina. Ist der Verbraunungshorizont dagegen stärker ausgeprägt, so handelt es sich um eine Terra fusca.

Pararendzinen sind ebenfalls A-C-Böden. Sie sind aber aus Sand- oder Lehmmergel (Kalkgehalt 2–70 %) hervorgegangen und besitzen einen höheren Sand- und Schluffgehalt.

Braunerde

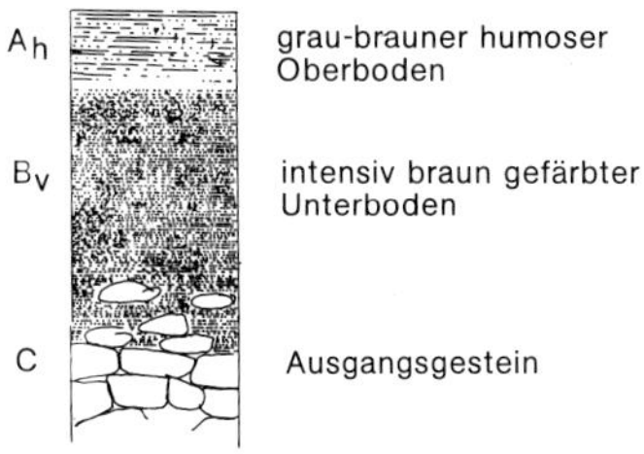

Name: Nach brauner Farbe des B_v-Horizontes (Freisetzung von Eisen bei Gesteinsverwitterung).
Vorkommen: Im Mittelgebirge auf Schiefer, Grauwacke, Granit und Basalt; auch auf fluviatilen und glazialen Sanden.
Eigenschaften und Nutzung: Nach Ausgangsmaterial lassen sich unterscheiden: eutrophe Braunerden auf relativ basenreichem Substrat, meist flachgründig, häufig Standorte von Rotbuchenwäldern, für Ackerbau weniger gut geeignet; oligotrophe Braunerden auf relativ basenarmem Ausgangsgestein, Standort von bodensauren Laub-Mischwäldern, nach hinreichender Düngung und Zufuhr von Wasser als Ackerland nutzbar; häufig Übergänge zum Podsol (gefördert durch Nadelholzforste und Heide).

Pelosole haben sich aus tonreichem Ausgangsmaterial entwickelt. Zwischen A_h-Horizont und C-Horizont liegt der P-Horizont (pelos = Ton). Wegen hohen Tongehaltes schwer bearbeitbar und nur ausnahmsweise zum Ackerbau geeignet; in der Regel Standorte von Wäldern oder Grünland.

Parabraunerde

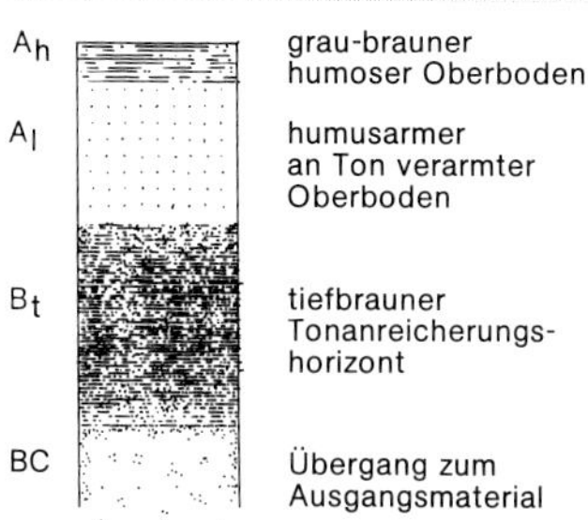

Name: Beruht auf Ähnlichkeit mit Braunerden, von denen sich Parabraunerden durch andersartige Entstehung des B-Horizontes unterscheiden.
Vorkommen: In Löß- und Moränengebieten sowie auf eiszeitlichen Schotterflächen Süddeutschlands.

Eigenschaften: Entstehung aus Lockersedimenten; entscheidendes Kennzeichen der Parabraunerden ist Tonverlagerung aus dem A_l-Horizont in den B_t-Horizont; A_l-Horizont ist heller gefärbt und tonärmer als B_t-Horizont, Horizontgrenzen sind deutlich.
Nutzung: Parabraunerden werden wegen ihrer günstigen Bodeneigenschaften weitgehend ackerbaulich genutzt; in Waldgesellschaften sind sie häufig oberflächlich verarmt.

Podsol

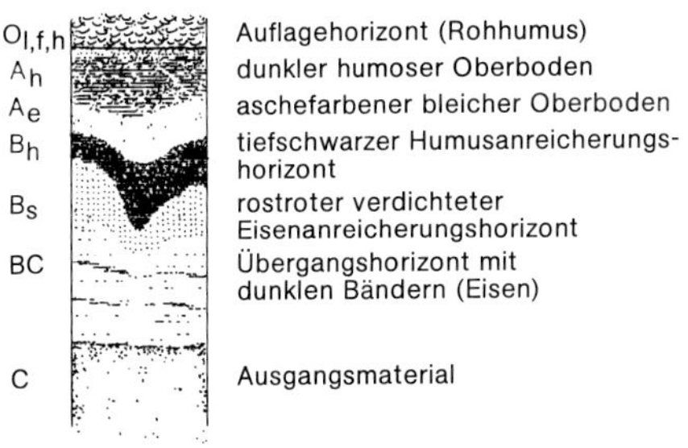

Name: Der russischen Sprache entnommen, bedeutet „Asche-Boden".
Vorkommen: Auf sandigen Sedimenten Nordwestdeutschlands, in geringerem Maße auch in Süddeutschland (Nürnberg, Oberpfalz), auch auf festem Ausgangsgestein der Mittelgebirge (z. B. Sandstein, Granit und Gneis).
Eigenschaften: Auswaschung und Verlagerung von löslichen Humusstoffen sowie von Eisen- und Aluminium-Oxiden führen zur Bleichung des A_e-Horizontes und zur Bildung des B_h- und B_s-Horizontes; Einwaschungshorizonte werden als Orterde, bei besonders starker Verfestigung als Ortstein bezeichnet; Voraussetzung für Entstehung: humides Klima mit hohen Niederschlägen und niedrigen mittleren Jahrestemperaturen, basenarmes Ausgangsmaterial mit hoher Wasserdurchlässigkeit und geringer Wasserkapazität sowie eine Vegetation aus Nadelgehölzen und Heidekrautgewächsen, die sauren Humus produzieren.
Nutzung: Von Natur aus Standorte bodensaurer Laub-Mischwälder; nach Bewässerung und starker Düngung leistungsfähige Ackerstandorte.

Ausbildungsformen:
Nach der Art der Einwaschungshorizonte werden unterschieden:
1. Eisenhumuspodsol O - A_h - A_e - B_{hs} - C
2. Eisenpodsol O - A_h - A_e - B_s - C
3. Humuspodsol O - A_h - A_e - B_h - C

Anfänge einer Podsolierung sind auch bei anderen Bodentypen, z. B. Braunerden, Parabraunerden, Pseudogleyen zu beobachten und an der Bleichung des Humuskörpers und den ausgewaschenen, klaren weißen Quarzkörnern zu erkennen.

Gley

Name: Entstammt dem Russischen und heißt „schlammiger Boden".
Vorkommen: In Talniederungen und Senken mit hochanstehendem Grundwasser.
Eigenschaften: Extrem naß, vom Grundwasser beeinflußt.
Beim Steigen des Grundwassers wird die Luft aus dem Boden verdrängt. Das im Boden enthaltene Eisen wird reduziert (Fe II), der Boden wird graugrün gefärbt. Auf diese Weise entsteht der Reduktionshorizont. Beim Sinken des Grundwassers findet durch die eindringende Luft eine Oxydation des Eisens (Fe III) und damit eine Rostrotfärbung statt, wodurch eine charakteristische Fleckung des Oxydationshorizontes zustandekommt.
Nutzung: Gleyböden werden von nässeertragenden Waldgesellschaften (Erlen- und Eschen-Wäldern sowie feuchten Eichen-Hainbuchenwäldern) besiedelt. Häufig sind die Wälder durch Naßwiesen ersetzt.

Auenböden

Name: Nach dem Vorkommen in den Auen der Flüsse.
Vorkommen: In Tälern von Flüssen und Strömen.
Eigenschaften: Auenböden sind nährstoff- und basenreich. Sie bestehen aus

Sedimenten, die aus dem Einzugsbereich des jeweiligen Flusses abgeschwemmt sind. Die Bodenart schwankt zwischen Geröll, Kies, Sand und Ton. Danach gibt es unterschiedliche Ausbildungsformen.

Der Grundwasserstand unterliegt im Jahreslauf großen Schwankungen; der Wasserstand liegt im Sommer unter Umständen 1–2 m unter Flur.
Nutzung: Auenböden werden in unmittelbarer Flußnähe von einem Wald oder Gebüsch aus Weiden besiedelt (Weichholzaue). In nicht allzu großer Entfernung schließen sich Ulmen-Eschen-Auenwälder (Hartholzauen) an. In der Auenwald-Landschaft sind die Wälder heute weitgehend durch Grünland ersetzt und werden nach Eindeichung und Absenkung des Grundwassers immer mehr in Ackerland umgewandelt.

Pseudogley

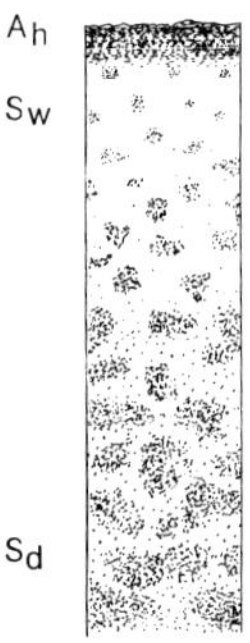

Name: Aufgrund der Ähnlichkeit mit Gleyböden.
Vorkommen: Auf staunassen Standorten.
Eigenschaften: Weißlichgraue bis rostrote Marmorierung durch Wechsel von trockenen und feuchten Phasen hervorgerufen; meistens nährstoff- und basenarm, im Frühjahr stark vernäßt und schwer erwärmbar; trocknet im Sommer stark aus, verhärtet und bildet plattige Aggregate.
Nutzung: Als Waldgesellschaft herrschen bodensaure Rotbuchen- und Eichen-Mischwälder mit artenarmer Bodenvegetation vor. Rotbuchen sind auf pseudovergleyten Standorten besonderes wurfgefährdet.

Moorböden

Moorböden bestehen aus Torf. Sie enthalten mehr als 30 % organische Substanz.

Niedermoore entstehen durch Verlandung von Seen und Teichen und durch Versumpfung von Senken. Niedermoortorf ist aus Resten von Schilf, Seggen, Rohrkolben, Erlen und Weiden zusammengesetzt.

Niedermoorböden sind meistens gut mit Nährstoffen versorgt und tragen Erlenbruchwälder.

Hochmoore bilden sich nur unter stark humiden Klimabedingungen (hohe Jahresniederschläge, hohe Luftfeuchtigkeit, niedrige mittlere Jahrestemperaturen); sie sind durch äußerste Nährstoffarmut gekennzeichnet. Torfmoose werden allein durch die Atmosphäre mit Wasser und Nährstoffen versorgt.

Hochmoore werden in ihren Randgebieten von anspruchslosen Waldgesellschaften besiedelt, im Tiefland von Moor-Birkenwäldern, im Gebirge meist von Nadelholzmoorwäldern.

Wald und Mensch

Veränderungen des Waldes unter dem Einfluß des Menschen

Aufgrund seiner klimatischen Lage war Mitteleuropa ursprünglich ein reines Waldland. Nur salzhaltige Küstenstreifen, bewegte Dünen, Moore, Felsrippen, Steinschutthalden, Lawinenbahnen und windexponierte Hochlagen der Gebirge waren von Natur aus waldfrei.

Die Landschaft, die wir heute überall in Mitteleuropa antreffen, ist durch den Menschen geprägt. Wie die Abb. 56 zeigt, sind an die Stelle der Wälder Acker- und Grünlandflächen sowie Siedlungen mit Verkehrswegen und Industrieanlagen getreten. Die Wälder sind weitgehend auf Flächen zurückgedrängt, die für eine landwirtschaftliche Nutzung ungeeignet sind. Dabei handelt es sich um Steilhänge von Flußtälern, Hänge und Kuppen der Mittelgebirge sowie um extrem nasse oder nährstoffarme Böden.

Äcker und Grünland würden überall schnell wieder in Wald übergehen, wenn der Mensch die Gehölze nicht durch seine Bewirtschaftungsmaßnahmen ständig in ihrer Entwicklung stören würde. So verwandeln sich die waldfreien Heideflächen der nordwestdeutschen Tiefebene und die Halbtrockenrasen des Berg- und Hügellandes überall dort in Wald zurück, wo der Eingriff des Menschen fehlt. Zur Erhaltung offener Flächen für Naturschutzzwecke muß deshalb der aufkommende Wald durch Beweidung, Schlag oder Brand immer wieder zurückgehalten werden.

Von der ursprünglichen Vegetation, die vor dem Eingreifen des Menschen vorgeherrscht hat, unterscheidet sich die potentielle natürliche Vegetation.

Unter potentieller natürlicher Vegetation wird die Vegetation verstanden, die sich nach Aufhören menschlicher Eingriffe einstellen würde. Die potentielle Vegetation Mitteleuropas ist der Wald.

Die heutigen Wälder haben ihren natürlichen Charakter verloren. Sie sind in mehr oder weniger großem Umfang vom Menschen verändert und überformt. Selbst die sogenannten Urwälder (z. B. Neuenburger Urwald bei Oldenburg oder Teile des Bayerischen Waldes) tragen deutliche Spuren ehemaliger Nutzung.

Wälder, die in ihrer Holzartenzusammensetzung und Bestandesstruktur

Abb. 56. Naturnahe Kulturlandschaft im Werratal bei Eschwege

ursprünglichen Wäldern weitgehend entsprechen, gelten als **naturnah.** Viele Bestände haben durch den Anbau standortfremder Gehölze, besonders von Kiefern und Fichten, ihr charakteristisches Aussehen und ihre typische Begleitflora verloren und werden als **naturfern** bezeichnet. Werden Gehölze bevorzugt, die in der heimischen Vegetation vollkommen fehlen, aber in außereuropäischen Gebieten unter vergleichbaren Lebensbedingungen gedeihen (wie Douglasie, Sitka-Fichte, Strobe [= Weymouth-Kiefer] und Rot-Eiche) so spricht man von **naturfremden** oder künstlichen Beständen. Diese Bezeichnungen verwendet man auch für die Ackerunkraut- und Grünlandgesellschaften, die als **Ersatzgesellschaften** an die Stelle der Wälder getreten sind.

Mit dem Seßhaftwerden des Menschen und dem Beginn des Ackerbaus vor ca. 5000 Jahren hat der Mensch in das Beziehungsgefüge des Waldes eingegriffen und die Waldlandschaft verändert. Trotz der primitiven Werkzeuge waren die Menschen damals schon in der Lage, durch Brandrodungen und Ringeln der Bäume den Wald aufzulichten und zurückzudrängen. Die auf diese Weise geschaffenen Ackerflächen wurden aber infolge der Verarmung der Böden bald wieder aufgegeben und entwickelten sich wieder in Wald zurück. Einen Höhepunkt erreichte der Prozeß der Waldumwandlung zur Zeit der großen

Rodungen, die um 800 n. Chr. begann und bis ins Mittelalter reichte. Viele Ortsnamen mit der Endung -rode, rodt, -rad, -rath erinnern noch an diese Periode. Seit dieser Zeit hat sich das Verhältnis der Anteile von Wald und Kulturland in Deutschland nicht mehr nennenswert verschoben.

Die Eingriffe des Menschen, die die Umgestaltung des ursprünglichen Waldbildes verursachten, waren bis in die Neuzeit durch einen intensiven Charakter geprägt und führten über die Schaffung verschiedenartiger Sekundärbiotope wie Hecken, Wiesen und Weiden, Felder und Brachen zu einer wesentlichen Bereicherung der Landschaft. Die Periode der Intensivwirtschaft setzte allmählich im 18. und verstärkt im 19. Jahrhundert ein und war mit einer Uniformierung der Vegetationsvielfalt und einem starken Rückgang der Pflanzen- und Tierarten verbunden.

Der Wald hatte für den Menschen schon immer eine wichtige Funktion als **Holzlieferant**. Holz diente zum Bau von Häusern und Schiffen sowie zur Herstellung der verschiedenartigsten Arbeits- und Gebrauchsgegenstände und war bis zur Nutzung der Steinkohle im 19. Jahrhundert neben Torf das einzige Heizmaterial. Riesige Holzmengen wurden für die aufkommenden Industrien (Bergbau, Eisenverhüttung, Salinen, Glasfabrikation) benötigt. Die Gewinnung von Holzkohle in Köhlereien spielte lange Zeit eine wichtige Rolle und in den sogenannten Eichen-Schälwäldern wurde die Eichenrinde zur Gewinnung von Gerberlohe genutzt.

Für die Auflichtung und Zurückdrängung des Waldes hatte die **Waldweide** eine große Bedeutung. Bis vor zweihundert Jahren weideten Kühe, Schafe, Ziegen und Schweine noch im Wald (s. Abb. 57). Neben Früchten und Samen der Bäume, z. B. Eicheln und Bucheckern (Mastweide) wurden Kräuter und junge Schößlinge der Gehölze gefressen. Dabei kam es zu einer Auslese; viele Gehölze, wie die in den ursprünglichen Wäldern häufigen Rotbuchen, konnten sich nicht mehr verjüngen. Dagegen wurden dornige und stachlige sowie giftige und stark aromatische Pflanzenarten begünstigt. Kalkhalbtrockenrasen und Magerrasen verdanken ihre Entstehung und Existenz der extensiven Beweidung.

Während durch die Waldweide eine vom Menschen unbeeinflußte Holzartenauslese erfolgte, wurde die Eiche seit dem späten Mittelalter als eine für die Schweinemast besonders geeignete Baumart gefördert. In der Nähe vieler Ortschaften legte man Eichenhaine an, die teilweise noch heute erhalten sind und die mittelalterliche Bewirtschaftungsweise bekunden. Dasselbe gilt für bis über 500 Jahre alte Masteichen, die man gelegentlich in Wäldern antrifft und die durch ihre Mächtigkeit und ausladenden Kronen besonders auffallen (s. Abb. 58).

Neben der Waldweide mit Mastnutzung war in verschiedenen Gebieten Mitteleuropas die **Schneitelwirtschaft** verbreitet. Dazu wurden die jungen Schößlinge in regelmäßigen Zeitabständen abgeschnitten, anschließend getrocknet und im Winter an die Haustiere verfüttert. Zur Laubschneitelung eigneten sich besonders Hainbuchen und Eschen. Das bezeugen die wissen-

Abb. 57. Hude von Rindern im NSG „Borkener Paradies“ (Emsland)

Abb. 58. Alte Masteichen im NSG „Borkener Paradies“ (Emsland)

Abb. 59. Schneitel-Hainbuche im Bentheimer Wald

schaftlichen Namen dieser Baumarten *Carpinus* (carpere = rupfen) und *Fraxinus* (frangere = brechen). Gelegentlich findet man in unseren Wäldern noch heute alte Schneitel-Hainbuchen, die sich durch die im Kronenbereich büschelig angeordneten Austriebe und die verborkten Gewebewucherungen (Kallusbildungen) an den Schnittflächen auszeichnen (s. Abb. 59). Schneitelbäume und alte Masteichen besitzen eine große kulturgeschichtliche Bedeutung und sollten als Relikte vergangener Jahrhunderte unbedingt geschützt werden. Ihre Erhaltung ist nur durch die früher üblichen Bewirtschaftungsweisen möglich.

Die starke Nutzung der Wälder mit Schlag, Brand, Mahd und Viehverbiß blieben nicht ohne negative Folgen für den Wald. Der Wald konnte sich nicht mehr erneuern, die Böden wurden nährstoff- und basenärmer und immer erosionsgefährdeter. Auf mineralstoffarmen Sandböden kam es unter subatlantischen Klimabedingungen zur Verheidung und zur Podsolierung. Das „Plaggenhauen", bei dem ein Teil der Laubstreu für das Vieh und die anschließende Düngung der Äcker benötigt wurde, verstärkte diese Tendenzen noch erheblich. Bis in das industrielle Zeitalter hinein wurden die Wälder schonungslos ausgebeutet; für die Sicherstellung einer nachhaltigen Waldwirtschaft wurde nicht gesorgt. Die Auswirkungen der Waldnutzung waren so gravierend, daß sich schon im Spätmittelalter Landesherren genötigt sahen, umfangreiche Waldgebiete mit Bannvorschriften zu belegen und die Bauern aus den Wäldern fernzuhalten (Bannwald). Neben der Absicht, die Wälder vor weiterer Zerstörung zu schützen, dürfte dabei auch das jagdliche Interesse eine wesentliche Rolle gespielt haben.

Bewirtschaftung des Waldes

Raubbau und Übernutzung der Wälder führten zu der Einsicht, daß der Wald nicht nur ausgebeutet werden darf, sondern auch geschützt und gepflegt werden muß. Das erforderte den Willen, augenblickliche Interessen zugunsten der Interessen künftiger Generationen zurückzustellen. In der zweiten Hälfte des 18. Jahrhunderts und zu Beginn des 19. Jahrhunderts vollzog sich in Deutschland mit der Forderung nach einer planmäßig und sachkundig betriebenen Waldwirtschaft der Übergang zur Forstwirtschaft.

In diesem Zeitraum setzte auch eine intensive **Aufforstungstätigkeit** ein. Die Bodenqualität war an vielen Waldstandorten so beeinträchtigt, daß nur eine Wiederaufforstung mit den weniger anspruchsvollen Nadelgehölzen übrigblieb. Auf sandigen Böden Nordwestdeutschlands und anderer Gegenden wurden dabei vor allem Wald-Kiefer, in den höheren Lagen Fichte bevorzugt. Das Ergebnis dieser Umstellung ist, daß heute der Anteil der Nadelhölzer an der Gesamtwaldfläche unserer Wälder ca. 70 % beträgt. Der Übergang zur Nadelholzwirtschaft führte zu einer enormen Leistungssteigerung der Forstwirtschaft. Es zeigte sich jedoch, daß die anfänglich erzielten Hocherträge nicht von Dauer waren und daß die Anlage von Monokulturen und „Holzäkkern" oft zum völligen Zusammenbruch des Waldes führten. Das riesige Ausmaß der Waldkatastrophen, wie sie immer wieder durch Schädlinge, Windwurf und Brand ausgelöst werden, hat seine Ursachen oft in einer einseitigen auf Ertrag ausgerichteten Waldwirtschaft.

Heute hat sich die Erkenntnis durchgesetzt, daß der Wald ein kompliziertes Beziehungsgefüge zwischen Bäumen, der übrigen Pflanzen- und Tierwelt sowie den standörtlichen Produktionsfaktoren Klima und Boden darstellt und daß

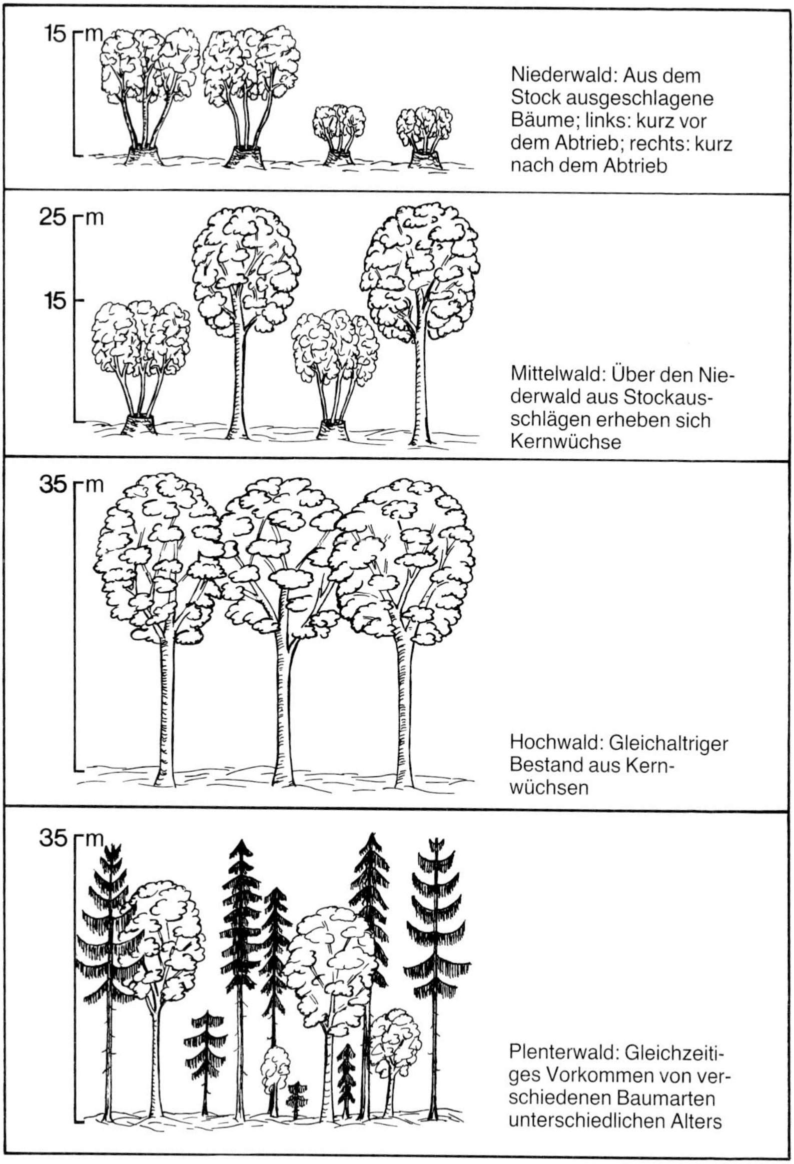

Abb. 60. Formen des Wirtschaftswaldes (verändert nach Burschel und Huss 1987)

die Erhaltung dieses Beziehungsgefüges das Hauptziel der waldbaulichen Tätigkeit sein muß. Die moderne Forstwirtschaft ist geprägt durch die Merkmale Sachkunde, Planmäßigkeit und Nachhaltigkeit (Mitscherlich 1971, 1975; Stern u. a. 1979; Röhrig 1980; Mayer 1984; Burschel u. Huss 1987). Sie betont neben der wirtschaftlichen Funktion die Bedeutung für die Landespflege und die vielfältigen Wohlfahrtswirkungen, die vom Wald ausgehen.

Trotz der wachsenden Bedeutung der Umweltwirkungen des Waldes hat die **Holzerzeugung** auch heute noch ein erhebliches Gewicht. Im Gegensatz zu anderen Rohstoffen, die wie z. B. Kohle und Erdöl nicht unerschöpflich zur Verfügung stehen, ist Holz jederzeit reproduzierbar und kann ohne großen Energieaufwand geerntet und verarbeitet werden. Kein anderer Rohstoff bietet so viele und so verschiedenartige Verwendungsmöglichkeiten (Baumaterial für verschiedene Gewerbe, Rohstoff für Papier- und Zelluloseherstellung, Energielieferant). Mit zunehmender Bevölkerung und steigendem Lebensstandard ist der Holzverbrauch stark angestiegen. Allein der jährliche Papierverbrauch beträgt pro Kopf der Bevölkerung in der Bundesrepublik ca. 80 kg; für eine Zeitung mit einer Auflage von 200 000 Exemplaren werden täglich etwa hundert 80jährige Fichten benötigt. In der Bundesrepublik Deutschland werden nur etwas mehr als 50 % des Holzbedarfs aus eigenen Wäldern gedeckt. Hauptabnehmer des Holzes ist die Bau- und Möbelindustrie.

Der **Wirtschaftswald** unterscheidet sich vom Naturwald dadurch, daß er nicht durch die natürliche Baumartenzusammensetzung und den Standort sondern durch bestimmte waldbauliche Maßnahmen geprägt ist. Nach der Bewirtschaftungsform werden Niederwald, Mittelwald und Hochwald unterschieden (s. Abb. 60). Von ihnen haben Hochwälder in der modernen Forstwirtschaft eindeutig den Vorrang.

Die **Niederwaldwirtschaft** war lange Zeit die vorherrschende Betriebsart. Zur Erneuerung des Waldes nutzte man die Ausschlagsfähigkeit bestimmter Gehölze (Hainbuche, Esche, Ahorn, Erle, Weiden und auch Eichen), die aus den im Boden verbliebenen Stümpfen neue Triebe (Stockausschläge) ausbilden. Die in dieser Weise bewirtschafteten Wälder wurden in Zeiträumen von 15–25 Jahren geschlagen (s. Abb. 61). Das Holz wurde als Brennholz oder zum Bau von Zäunen verwendet. Die Niederwaldwirtschaft ist in der modernen Forstwirtschaft nur noch gelegentlich anzutreffen, z. B. an steilen Hängen oder in nassen Senken und Flußauen. Aus Sicht des Natur- und Landschaftsschutzes ist die Erhaltung einzelner Niederwälder als Zeugen einer früher verbreiteten Waldbewirtschaftung sehr erwünscht. Dazu gehört z. B. der Schutz der im Bereich der Lüneburger Heide verbreiteten „Stühbüsche" und der in Schleswig-Holstein als „Kratts" bezeichneten Niederwaldbestände.

Der **Mittelwald** stellt eine Zwischenform zwischen Hochwald und Niederwald dar. Ein mehr oder weniger dichtes aus Stockausschlägen und Sträuchern gebildetes Unterholz wird von Kernwüchsen (d. h. Bäume, die aus Samen entstanden sind), überragt. Der Mittelwaldbetrieb ist heute ebenfalls weitgehend durch die Hochwaldwirtschaft ersetzt.

Abb. 61. Niederwald bei Oberholzklau/Krs. Siegen

Die moderne Forstwirtschaft bevorzugt **Hochwälder**, weil sie ergiebiger sind und größere Mengen an wertvollem Bauholz liefern. Zum Hochwald rechnet man alle aus Samen (-kernen) hervorgegangenen Bestände (Kernwüchse). Das Schlagen erfolgt in der Regel im erwachsenen Alter; die Umtriebszeiten betragen bei der Fichte 80–100 Jahre, bei der Rotbuche 120–140 Jahre und bei der Eiche ca. 200 Jahre.

In der Forstwirtschaft wird zwischen „Hieb“ und „Schlag“ unterschieden. Während man unter Hieb die Entnahme von Bäumen versteht, bezeichnet man als Schlag die Fläche, auf der eine bestimmte Maßnahme stattfindet.

Beim **Kahlhieb** werden die Bäume eines Bestandes gleichzeitig geschlagen. Auf dem entstandenen Kahlschlag werden anschließend die neuen Bäume gepflanzt oder gesät. Der Nachfolgebestand wird also künstlich angelegt. Er ist gleichaltrig und gleichförmig.

Beim **Schirmschlagbetrieb** erfolgt der Hieb der einzelnen Bäume nacheinander. Im Schutze des aufgelichteten Waldes oder im Schutz von Baumgruppen oder einzelner Bäume, der sogenannten „Überhälter“, erfolgt die Verjüngung. Dabei wird die Fruktifikation der Altbäume genutzt. Zur Schaffung eines geeigneten Keimbettes wird der Boden häufig aufgelockert.

Kennzeichen des **Plenterbetriebes** ist das gleichzeitige Vorkommen von Bäumen verschiedener Entwicklungsstadien (s. Abb. 60). Seine Bewirtschaftung erfolgt durch die Herausnahme einzelner Bäume. In den entstandenen Lücken kann sich der Wald natürlich verjüngen. Vom Plenterbetrieb unterscheidet man den **Femelbetrieb.** Hier werden nicht einzelne Bäume, sondern Baumgruppen aus dem Bestand entfernt.

Funktionen des Waldes

Neben dem Nutzen für den Menschen besitzen Wälder eine wichtige Funktion für den gesamten Landschaftshaushalt. Sie verbessern das Klima, üben einen positiven Einfluß auf den Wasserhaushalt und die Bodenerhaltung aus und tragen zur Luftreinheit und Lärmdämpfung bei (STERN u. a. 1979; RÖHRIG 1980; HASEL 1980; LEIBUNDGUT 1985; BURSCHEL u. HUSS 1987):

- Der Einfluß der Wälder auf das Klima beruht auf seiner ausgleichenden Wirkung, indem Temperaturgegensätze herabgemindert, die Windgeschwindigkeit abgebremst und die Luftfeuchtigkeit erhöht wird.
- Wälder beeinflussen den Wasserhaushalt, indem sie einen übermäßigen Abfluß der Niederschläge verhindern, große Wassermengen speichern und durch ihre Filterwirkung die Güte des Wassers verbessern.
- Mit ihrer geschlossenen Pflanzendecke und ihrem dichten Wurzelwerk bilden Wälder einen wirksamen Schutz vor Bodenabtragung. Sie schützen vor Hochwassergefahren, Lawinen, Erdrutsch und Steinschlag.
- Wälder besitzen mit ihren großen Blattoberflächen eine hohe Filterwirkung und reinigen die Luft von Schmutz und Industrieabgasen.
- In der Nähe von Ortschaften und Verkehrswegen wirken sich die Wälder außerdem positiv auf die Minderung des Lärms aus.

In Deutschland steht der Wald an der Spitze der bevorzugten Erholungsgebiete. Am wichtigsten ist diese Funktion im Naherholungsgebiet der Großstädte und Industriegebiete. In zunehmendem Maß werden Waldgebiete, die für die Erholung der Bevölkerung eine besondere Rolle spielen, mit markierten Wegen und Trimmpfaden, Rastplätzen, Liege- und Spielwiesen, Aussichtspunkten, Lehrpfaden und Wildfütterungsstellen ausgestattet und bieten so zahlreiche Möglichkeiten zur körperlichen und geistigen Entspannung.

Im Wald findet der Mensch Ruhe und Entspannung. Er genießt die Stille, die nur von natürlichen Geräuschen unterbrochen wird. Der Wald bietet ihm klimatische Verhältnisse, die sich durch geringe Windgeschwindigkeiten, höhere Luftfeuchtigkeit und ausgeglichene Temperaturen gegenüber dem offenen Land auszeichnen. Die Luft ist sauber, riecht angenehm nach Holz, frischem Laub und anderen Naturprodukten. Der Wald fordert zu ruhiger Fortbewegung auf weichen Wegen, zum Beobachten und Sammeln auf. Beim Wandern erschließen sich dem Menschen in langsamer Abfolge neue Eindrücke von Pflanzen und Tieren und wechselnden Landschaftsbildern. Er ist umgeben von Naturobjekten und spürt vielleicht etwas von der besonderen „Naturnähe", die den Wald vor anderen Vegetationstypen hervorhebt.

Gefährdung des Waldes

Die Wälder Mitteleuropas wurden schon immer von Waldschäden beeinflußt, die sich nach Klimaextremen oder parasitären Krankheiten einstellten. Diese natürlichen Schadfaktoren konnten das Ökosystem Wald aber nur kurzfristig stören und waren räumlich begrenzt. Schwerwiegende Einwirkungen, die gebietsweise zur völligen Waldvernichtung führten, gingen in der historischen Zeit stets vom Menschen aus.

Dasselbe gilt auch für die aktuellen Waldschäden, die unter dem Namen „Waldsterben" rasch in das öffentliche Bewußtsein gerückt sind. Das **Waldsterben** begann Anfang der 70er Jahre mit der tödlichen Erkrankung der Tanne im Fichtelgebirge, Frankenwald und Bayerischen Wald. Wenig später wurde auch der Schwarzwald vom Tannensterben erfaßt. 1978 beobachtete man in den Hochlagen der Mittelgebirge Ostbayerns und nur wenig später im Schwarzwald, Harz und Hils, Eggegebirge und Sauerland sowie im Rothaargebirge, daß diese Krankheit auch auf die Fichte übergriff (s. Abb. 62). Inzwischen liegen Schadensmeldungen über die Erkrankung der Fichte aus allen Teilen der Bundesrepublik vor. Seit 1983 werden Schäden ebenfalls an den Laubbäumen registriert.

Das Schadflächenausmaß wird von den Forstverwaltungen in jedem Jahr mit Hilfe einer fünfteiligen Skala ermittelt.

Schadstufe	Bezeichnung der Schadstufe	Nadel-/bzw. Blattverlust
0	ohne Schadmerkmale	bis 10 %
1	schwach geschädigt	11–25 %
2	mittelstark geschädigt	26–59 %
3	stark geschädigt	über 60 %
4	abgestorben	100 %

Für 1983 ergab die Schadenserfassung, daß bereits 2,5 Millionen ha, d. h. 34,4 % der gesamten bundesdeutschen Waldfläche erkrankt waren. Von diesen wurden 25 % als schwach geschädigt, 8,5 % als mittelstark geschädigt und 0,9 % als stark geschädigt bzw. abgestorben eingestuft.

Ergebnisse der Schadenserhebung aus dem Jahre 1987 sind in den Tab. 7 u. 8 zusammengestellt. Die Waldschäden treten in den letzten Jahren in einem Ausmaß auf, wie sie in der Waldgeschichte bisher nie vorgekommen sind. Gegenüber 1983 hat sich das Ausmaß des Waldsterbens noch wesentlich verstärkt; das gilt sowohl für die vom Waldsterben betroffene Gesamtfläche (52 %), als auch für den Grad der Erkrankung (1987 hat sich der Anteil der mittelstark geschädigten Waldflächen gegenüber 1983 nahezu verdoppelt).

Abb. 62. Waldsterben im Oberharz

Während in den 70er Jahren das Waldsterben auf die Gebirgslagen Süddeutschlands beschränkt war, hat sich das Waldsterben heute in allen Bundesländern in einem beängstigenden Maße ausgebreitet. Neben den Nadelhölzern sind davon heute auch die Laubbäume betroffen.

Ursache und **Verlauf** des **Waldsterbens** sind noch immer nicht in allen

Einzelheiten erforscht. Von den meisten Wissenschaftlern wird die Auffassung vertreten, daß es sich beim Waldsterben um eine Komplexerkrankung handelt, bei der verschiedenartige Schadfaktoren zusammenwirken.

Eine wesentliche Ursache für die heutigen Waldschäden stellen mit Sicherheit die Luftverunreinigungen dar. Dazu zählen Schwefeldioxid (SO_2), verschiedene Stickoxide (NO_x), Fluor und Chlorwasserstoff, die Photooxydantien Ozon und verschiedene Peroxyazetylnitrate (PAN), ungesättigte Kohlenwasserstoffe und Schwermetalle. Die meisten dieser pflanzenschädigenden Schadstoffe werden als Emissionen aus Schornsteinen von Kraftwerken, Industrieanlagen, Müllverbrennungsanlagen und Haushalten sowie Kraftfahrzeugen abgegeben und als Immissionen in die Wälder eingetragen. Viele Baumarten, insbesondere Nadelbäume, filtern einen Teil der Verunreinigungen aus der Luft heraus, so daß die Schadstoffe im Bereich dieser Bäume ein Vielfaches der Schadstoffbelastung im Freiland betragen. Immissionsgefährdet sind in erster Linie Bestände an westlich exponierten Hängen und in Plateaulagen sowie Waldränder und Einzelbäume.

Von verschiedenen Wissenschaftlern wird betont, daß Waldschäden auf die direkte Einwirkung gasförmiger Schadstoffe auf Nadeln und Blätter zurückzuführen sind **(Rauchschaden-Hypothese)**. Die gasförmigen Schadstoffe (insbesondere Schwefeldioxid und Ozon) gelangen durch die Spaltöffnungen in die Blätter und beeinflussen die biochemischen Stoffwechselprozesse. Dabei kommt es u. a. zu einer Erhöhung der Durchlässigkeit der Zellmembranen und zu einer Auslaugung von Nährstoffen aus den Zellen. Bei hoher Belastung zeigen die Blattorgane auffallende Bleichungs- und Verbraunungserscheinungen.

Die Luftverunreinigungen wirken aber nicht nur direkt auf die Pflanzen ein sondern auch indirekt über eine Veränderung der abiotischen Standortfaktoren des Ökosystems. Eine wichtige Rolle spielt dabei der Eintrag (Deposition) und die Anhäufung (Akkumulation) von Nährstoffen (z. B. Stickstoff und Kalzium), Schwermetallen (z. B. Blei und Cadmium) und Säure. Gut erforscht ist der Vorgang der Versauerung des Bodens **(Saure-Regen-Hypothese)**. Die Reaktion der Niederschläge liegt normalerweise bei einem pH-Wert von 5,6; demgegenüber weist der Säuregrad des Regens heute Werte zwischen pH 4,1 und 4,3 auf. Für die Absenkung des pH-Wertes ist in erster Linie der Schwefeldioxidgehalt der Luft verantwortlich. Schwefeldioxid verbindet sich mit den Niederschlägen zu schwefeliger Säure und zu Schwefelsäure. Die Versauerung des Bodens führt über die Freisetzung giftiger Aluminium-Ionen zu einer Schädigung der Baumwurzeln und zum Absterben vieler Mikroorganismen. Die Schädigung der Bäume erfolgt sowohl durch die Toxizität des Aluminiums als auch durch die gestörte Wasser- und Nährstoffaufnahme.

Die **Streß-Hypothese** geht von der Vorstellung aus, daß die Bäume über einen längeren Zeitraum von einer Vielzahl verschiedenartiger Streßfaktoren belastet werden. Dadurch kommt es zu einer Verringerung der Stoffproduktion und zu einer Schwächung der Vitalität. Die betroffenen Bäume sind nicht mehr in der Lage, das gestörte Wurzelsystem zu erneuern und eine geschlossene Assimilationsoberfläche auszubilden; die Anfälligkeit gegenüber Windwurf, extremen Klimabedingungen und Insektenbefall hat sich erhöht.

Schadbilder der verschiedenen Baumarten sind in den verschiedenen Fachzeitschriften (z. B. Allgemeine Forstzeitschrift) und Büchern (z. B. Schütt u. a. 1984; Hartmann, Nienhaus, Butin 1988) ausführlich dokumentiert.

Tabelle 7. **Waldschäden 1987 nach Bundesländern und Schadstufen** (nach Bundesministerium für Ernährung, Landwirtschaft und Forsten 1987)

		Schadstufe				
	Waldfäche	0	1	2	3+4	1–4
Land	1000 ha	in %	in %	in %	in %	in %
Schleswig-Holstein	140	50	27	22	1	50
Niedersachsen	962	67	25	7	1	33
Nordrhein-Westfalen	854	55	29	15	1	45
Hessen	828	52	30	17	1	48
Rheinland-Pfalz	770	54	37	8	1	46
Baden-Württemberg	1303	40	39	20	1	60
Bayern	2446	38	41	20	1	62
Saarland	74	46	37	15	2	54
Bremen	0,4	20	55	22	3	80
Hamburg	4	34	42	20	4	66
Berlin	7	28	50	21	1	72
Bundesrepublik	7388	48	35	16	1	52

Tabelle 8. **Waldschäden 1987 nach Baumarten** (nach Bundesministerium für Ernährung, Landwirtschaft und Forsten 1987)

Baumarten	Schadstufen 1–4
Fichte	49 %
Kiefer	50 %
Tanne	79 %
sonstige Nadelbäume	30 %
Buche	66 %
Eiche	65 %
sonstige Laubbäume	41 %
insgesamt	52 %

Als Krankheitssymptome geschädigter Nadelbäume gelten in erster Linie:

- Durchsichtigkeit der Krone durch Nadelverlust
- Vergilbung der Nadeln
- Veränderung an Nadeln und Zweigen, wie Ausbildung von „Angsttrieben" auf der Oberseite der Äste und schlaffes Herabhängen locker benadelter Zweige („Lamettabildung")
- hoher Totholzanteil
- Ausbildung eines Naßkerns im Stammesinneren und verringertes Dickenwachstum
- Verkümmerung des Feinwurzelsystems.

Schadsymptome der Laubholzarten, insbesondere Rotbuche, sind:

- Auflichtung der Baumkronen
- Blattvergilbungen bereits im Sommer
- vorzeitiger Verlust grüner Blätter
- Einrollung der Wipfelblätter
- Absterben von Teilen der Blattoberfläche (Blattnekrosen)
- Verlust der Rinde von Stämmen und Ästen
- Schwächung des Wurzelsystems

Mögliche **Gegenmaßnahmen** lassen sich unter den Begriffen „Vermeidungsstrategie" und „Objektschutz" zusammenfassen. Der einzig wirksame Weg, das Waldsterben zurückzudrängen, besteht in der Reduktion der Luftverschmutzung. Dazu ist eine starke Herabsetzung der Immissionen von Kohlekraftwerken, Industrieanlagen und anderen Feuerungsanlagen sowie eine Reinigung der Autoabgase unumgänglich. Die Möglichkeiten des Objektschutzes sind begrenzt. Dafür kommen lediglich Maßnahmen in Betracht, wie sie in Form der Kompensationskalkung zur Neutralisation des in den Boden eindringenden sauren Niederschlagswassers häufig durchgeführt werden. Daneben sind waldbauliche Maßnahmen wie das schnelle Entfernen erkrankter Bäume vor dem Befall von Schädlingen oder das Pflanzen gesunder Bäume von Wichtigkeit.

Anhang

Verzeichnis von Zeigerwerten, Lebensformen und ökologischen Gruppen der berücksichtigten Pflanzenarten

(Die Angaben über Zeigerwerte und Lebensformen wurden dem Buch „Zeigerwerte der Gefäßpflanzen Mitteleuropas" von H. ELLENBERG, [1979] entnommen.)

Zeichenerklärung:

L = Lichtzahl
1 = Tiefschattenpflanze
2 = zwischen 1 und 3 stehend
3 = Schattenpflanze
4 = zwischen 2 und 4 stehend
5 = Halbschattenpflanze
6 = zwischen 5 und 7 stehend
7 = Halblichtpflanze
8 = Lichtpflanze
9 = Vollichtpflanze
() = Bäume im Unterwuchs

F = Feuchtezahl
1 = Starktrockniszeiger
2 = zwischen 1 und 3 stehend
3 = Trockniszeiger
4 = zwischen 3 und 5 stehend
5 = Frischezeiger
6 = zwischen 5 und 7 stehend
7 = Feuchtezeiger
8 = zwischen 7 und 9 stehend
9 = Nässezeiger
10 = Wechselwasserzeiger

x = indifferentes Verhalten

R = Reaktionszahl
1 = Starksäurezeiger
2 = zwischen 1 und 3 stehend
3 = Säurezeiger
4 = zwischen 3 und 5 stehend
5 = Mäßigsäurezeiger
6 = zwischen 5 und 7 stehend
7 = Schwachsäure- bis Schwachbasenzeiger
8 = zwischen 7 und 9 stehend
9 = Basen- und Kalkzeiger

N = Stickstoffzahl
1 = stickstoffärmste Standorte anzeigend
2 = zwischen 1 und 3 stehend
3 = auf stickstoffarmen Standorten häufiger als auf mittelmäßigen bis reichen
4 = zwischen 3 und 5 stehend
5 = mäßig stickstoffreiche Standorte anzeigend
6 = zwischen 5 und 7 stehend
7 = an stickstoffreichen Standorten häufiger als an armen bis mittelmäßigen
8 = ausgesprochene Stickstoffzeiger
9 = an übermäßig stickstoffreichen Standorten konzentriert

? = ökologisches Verhalten ungeklärt

Lebensformen

P Phanerophyt, der mehr als 5 m hoch werden kann
N Nanophanerophyt, Strauch oder Kleinbaum, meist 0,5–5 m hoch werdend
Z holziger Chamaephyt, Zwergstrauch, nur selten über 0,5 m hoch werdend
C krautiger Chamaephyt, Knospen wie bei Z meist über der Erde und im Schneeschutz überwinternd
H Hemikryptophyt, Überwinterungsknospen nahe der Erdoberfläche
G Geophyt, Überwinterungsknospen unter der Erdoberfläche, meist mit Speicherorgan
T Therophyt, kurzlebig und ungünstige Zeiten als Samen überdauernd
A Hydrophyt, aquatisch lebende Pflanze.
Li Liane, sich auf andere Pflanzen stützend

Ökologische Gruppen

Die Nummern der ökologischen Gruppen sind dem Ökogramm auf S. 41 zu entnehmen.

Deutscher Name	Zeigerwerte L	F	R	N	Lebensform	Ökologische Gruppe	Lateinischer Name
Adlerfarn	6	6	3	3	G	5	*Pteridium aquilinum*
Ahorn, Berg-	4	6	x	7	P		*Acer pseudoplatanus*
Ahorn, Feld-	5	5	7	6	P		*Acer campestre*
Ahorn, Spitz-	4	x	x	x	P		*Acer platanoides*
Akelei, Gewöhnliche	6	4	7	4	H	9	*Aquilegia vulgaris*
Ampfer, Blutroter	4	8	7	7	H	18	*Rumex sanguineus*
Ampfer, Kleiner	8	5	2	2	G/H	1	*Rumex acetosella*
Ampfer, Riesen-	7	10	7	7	A/H	22	*Rumex hydrolapathum*
Aronstab	3	7	7	8	G	15	*Arum maculatum*
Bärenschote, Süße	6	4	7	4	H	9	*Astragalus glycyphyllos*
Bärlapp, Wald-	3	6	3	3	C	5	*Lycopodium annotinum*
Beinwell	7	8	x	8	H/G	20	*Symphytum officinale*
Berberitze	x	4	8	3	N		*Berberis vulgaris*
Bingelkraut, Wald-	2	x	7	7	G/H	13	*Mercurialis perennis*
Binse, Blaugrüne	8	7	8	4	H		*Juncus inflexus*
Binse, Flatter-	8	7	3	4	H	19	*Juncus effusus*
Binse, Knäuel-	8	7	4	x	H		*Juncus conglomeratus*
Birke, Hänge-	7	x	x	x	P		*Betula pendula*
Birke, Moor-	7	x	3	3	P		*Betula pubescens*
Blasenfarn, Zerbrechlicher	5	7	8	5	H	24	*Cystopteris fragilis*
Blaugras	7	4	8	2	H	10	*Sesleria caerulea*
Blaustern	5	6	7	6	G	16	*Scilla bifolia*
Blutauge, Sumpf-	7	10	3	2	C/A	8	*Potentilla palustris*
Blutwurz	6	x	x	2	H	6	*Potentilla erecta*
Braunwurz, Knotige	4	6	6	7	H	15	*Scrophularia nodosa*
Brennessel, Große	x	6	6	8	H	25	*Urtica dioica*
Brombeere, Echte					N		*Rubus fruticosus*
Buche, Rot-	3	5	x	x	P		*Fagus sylvatica*
Buchenfarn	2	6	4	6	G	23	*Thelypteris phegopteris*
Christophskraut	2	5	6	7	H/G	13	*Actaea spicata*
Distel, Sumpf-	7	8	4	3	H	19	*Cirsium palustre*
Dornfarn, Breitblättriger	4	6	x	7	H	23	*Dryopteris dilatata*
Dornfarn, Gewöhnlicher	5	x	4	3	H	4	*Dryopteris carthusiana*

Deutscher Name	Zeiger-werte L	F	R	N	Lebens-form	Öko-logische Gruppe	Lateinischer Name
Dotterblume, Sumpf-	7	8	x	x	H	20	*Caltha palustris*
Douglasie					P		*Pseudotsuga menziesii*
Efeu	4	5	x	x	Z/P	11	*Hedera helix*
Ehrenpreis, Berg-	4	7	5	6	C	17	*Veronica montana*
Ehrenpreis, Efeublättriger	6	5	7	7	T	26	*Veronica hederifolia*
Ehrenpreis, Wald-	5	4	2	4	C	3	*Veronica officinalis*
Eibe	4	5	7	x	P		*Taxus baccata*
Eiche, Flaum-	7	3	7	x	P		*Quercus pubescens*
Eiche, Rot-					P		*Quercus rubra*
Eiche, Stiel-	7	x	x	x	P		*Quercus robur*
Eiche, Trauben-	6	5	x	x	P		*Quercus petraea*
Eichenfarn	3	6	4	5	G	23	*Gymnocarpium dryopteris*
Einbeere	3	6	7	7	G	15	*Paris quadrifolia*
Elsbeere	4	4	7	4	P/N		*Sorbus torminalis*
Engelwurz	7	8	x	x	H	19	*Angelica sylvestris*
Erdbeere, Wald-	7	5	x	6	H	27	*Fragaria vesca*
Erle, Schwarz-	5	9	6	x	P		*Alnus glutinosa*
Esche	4	x	7	7	P		*Fraxinus excelsior*
Faulbaum	6	7	2	x	N		*Frangula alnus*
Fichte	5	x	x	x	P		*Picea abies*
Fingerhut, Gemeiner	7	5	3	6	H	27	*Digitalis purpurea*
Fingerkraut, Erdbeer-	5	5	6	6	H	11	*Potentilla sterilis*
Fingerkraut, Weißes	6	4	5	5	H	9	*Potentilla alba*
Flattergras	4	5	5	5	H	11	*Milium effusum*
Frauenfarn	4	7	x	6	H	14	*Athyrium filix-femina*
Gamander, Salbei-	6	4	2	3	H	3	*Teucrium scorodonia*
Geißbart, Wald-	4	6	x	8	H	24	*Aruncus dioicus*
Geißblatt, Wald-	6	x	3	4	N		*Lonicera periclymenum*
Geißfuß	5	6	7	8	G/H	26	*Aegopodium podagraria*
Gilbweiderich, Gewöhnlicher	6	8	x	x	H	19	*Lysimachia vulgaria*
Gilbweiderich, Hain-	2	7	7	7	C	17	*Lysimachia nemorum*
Glanzgras, Rohr-	7	8	7	7	G/H	20	*Phalaris arundinacea*
Glockenblume, Acker-	6	4	8	4	H	10	*Campanula rapunculoides*
Glockenblume, Nesselblättrige	4	5	8	8	H	13	*Campanula trachelium*
Glockenblume, Pfirsichblättrige	5	4	8	3	H	10	*Campanula persicifolia*
Glockenheide	8	8	1	2	Z	6	*Erica tetralix*
Goldnessel	3	5	7	5	C	12	*Lamiastrum galeobdolon*
Goldrute, Gewöhnliche	5	5	x	5	H	11	*Solidago virgaurea*
Goldstern, Gewöhnlicher	4	6	7	7	G	16	*Gagea lutea*
Graslilie, Astlose	7	3	5	2	H	9	*Anthericum liliago*
Günsel, Kriechender	6	6	x	6	H	14	*Ajuga reptans*
Gundelrebe	6	6	x	7	G/H	25	*Glechoma hederacea*
Haargerste, Wald-	3	5	7	6	H	13	*Hordelymus europaeus*
Haarstrang, Sumpf-	7	9	x	4	H	21	*Peucedanum palustre*
Habichtskraut, Dolden-	6	4	4	2	H	3	*Hieracium umbellatum*
Habichtskraut, Gemeines	5	5	4	2	H	3	*Hieracium lachenalii*
Habichtskraut, Glattes	7	5	2	2	H	3	*Hieracium laevigatum*
Habichtskraut, Kleines	7	4	x	2	H	1	*Hieracium pilosella*

Deutscher Name	Zeigerwerte L	F	R	N	Lebensform	Ökologische Gruppe	Lateinischer Name
Habichtskraut, Savoyer	5	4	4	?	H	3	*Hieracium sabaudum*
Habichtskraut, Wald-	4	5	5	4	H	11	*Hieracium sylvaticum*
Hahnenfuß, Eisenhutblättriger	6	8	5	7	H	17	*Ranunculus aconitifolius*
Hahnfuß, Gold-	5	6	8	7	H	15	*Ranunculus auricomus*
Hahnenfuß, Kriechender	6	7	x	x	H	19	*Ranunculus repens*
Hahnenfuß, Wolliger	3	6	7	8	H	15	*Ranunculus lanuginosus*
Hainbuche	4	x	x	x	P		*Carpinus betulus*
Hainsimse, Behaarte	2	x	5	4	H	4	*Luzula pilosa*
Hainsimse, Wald-	4	6	2	5	H	5	*Luzula sylvatica*
Hainsimse, Weiße	4	x	3	4	H	3	*Luzula luzuloides*
Hartheu, Berg-	5	4	6	3	H	9	*Hypericum montanum*
Hartriegel, Roter	7	x	8	x	N		*Cornus sanguinea*
Haselnuß	6	x	x	x	N		*Corylus avellana*
Haselwurz	3	6	8	6	H/G	13	*Asarum europaeum*
Hasenlattich	4	5	x	5	H	4	*Prenanthes purpurea*
Hasenohr, Wald-	5	4	9	5	H	10	*Bupleurum longifolium*
Heckenkirsche, Rote	5	5	7	x	N		*Lonicera xylosteum*
Hederich, Lauch-	5	5	7	9	H	25	*Alliaria petiolata*
Heidekraut	8	x	1	1	Z	1	*Calluna vulgaris*
Heidelbeere	5	x	2	3	Z	2	*Vaccinium myrtillus*
Hexenkraut, Gewöhnliches	4	6	7	7	G	15	*Circaea lutetiana*
Hexenkraut, Mittleres	4	6	7	6	G	15	*Circaea intermedia*
Himbeere	7	5	x	8	N/Z	27	*Rubus idaeus*
Hirschzunge	4	5	8	6	H	24	*Phyllitis scolopendrium*
Hohlzahn, Stechender	7	5	x	7	T	11	*Galeopsis tetrahit*
Holunder, Schwarzer	7	5	x	9	N		*Sambucus nigra*
Holunder, Trauben-	6	5	5	8	N		*Sambucus racemosa*
Honiggras, Weiches	6	5	2	3	G/H	3	*Holcus mollis*
Honiggras, Wolliges	7	6	x	4	H		*Holcus lanatus*
Hopfen	7	8	6	8	H		*Humulus lupulus*
Immenblatt	5	4	7	3	H	9	*Melittis melissophyllum*
Immergrün, Kleines	4	5	x	6	C	11	*Vinca minor*
Johannisbeere, Berg-	5	x	8	x	N		*Ribes alpinum*
Johannisbeere, Rote	4	8	6	6	N		*Ribes rubrum*
Johannisbeere, Schwarze	4	9	5	5	N		*Ribes nigrum*
Kälberkropf, Taumel-	5	5	x	8	T/H	25	*Chaerophyllum temulum*
Kiefer, Schwarz-	7	2	9	2	P		*Pinus nigra*
Kiefer, Wald-	7	x	x	x	P		*Pinus sylvestris*
Klette, Hain-	5	7	x	9	H	27	*Arctium nemorosum*
Klettenkerbel, Gemeiner	6	5	8	8	T/H	27	*Torilis japonica*
Knäuelgras, Wald-	5	5	5	5	H	11	*Dactylis polygama*
Kohldistel	6	7	8	5	H	20	*Cirsium oleraceum*
Kratzbeere	7	7	7	9	Z/N	26	*Rubus caesius*
Kreuzdorn, Purgier-	7	4	8	x	N		*Rhamnus catharticus*
Kreuzkraut, Fuchs-	7	5	x	8	H	27	*Senecio fuchsii*
Kreuzkraut, Wald-	8	5	3	8	T	27	*Senecio sylvaticus*
Labkraut, Harz-	7	5	2	3	C/H	3	*Galium harcynicum*
Labkraut, Kletten-	7	x	6	8	T	25	*Galium aparine*
Labkraut, Rundblättriges	2	5	5	4	C	4	*Galium rotundifolium*

Deutscher Name	Zeigerwerte L	F	R	N	Lebensform	Ökologische Gruppe	Lateinischer Name
Labkraut, Sumpf-	6	9	x	4	H	21	*Galium palustre*
Labkraut, Wald-	5	4	7	5	G	9	*Galium sylvaticum*
Lärche	8	4	x	3	P		*Larix decidua*
Lauch, Bär-	2	6	7	8	G	16	*Allium ursinum*
Leberblümchen	4	4	7	4	H	13	*Hepatica nobilis*
Leimkraut, Nickendes	7	3	7	3	H	9	*Silene nutans*
Lerchensporn, Fester	3	5	7	7	G	16	*Corydalis solida*
Lerchensporn, Hohler	3	6	8	8	G	16	*Corydalis cava*
Lichtnelke, Rote	x	6	7	8	H	26	*Silene dioica*
Liguster, Gemeiner	7	x	8	x	N		*Ligustrum vulgare*
Lilie, Türkenbund-	5	4	7	5	G	13	*Lilium martagon*
Linde, Sommer-	4	5	x	7	P		*Tilia platyphyllos*
Linde, Winter-	5	x	x	5	P		*Tilia cordata*
Lungenkraut, Dunkles	4	6	8	7	H	13	*Pulmonaria obscura*
Mädesüß, Echtes	7	8	x	4	H	19	*Filipendula ulmaria*
Märzenbecher	6	7	7	8	G	16	*Leucojum vernum*
Maiglöckchen	5	4	x	4	G	9	*Convallaria majalis*
Mauerlattich	4	5	x	6	H	11	*Mycelis muralis*
Milzkraut, Gegenblättriges	6	9	5	4	H	20	*Chrysosplenium oppositifolium*
Milzkraut, Wechselblättriges	4	7	7	4	H	18	*Chrysosplenium alternifolium*
Minze, Wasser-	7	9	7	4	H/A	22	*Mentha aquatica*
Moosbeere	7	9	x	1	Z	7	*Vaccinium oxycoccus*
Moschuskraut, Gemeines	5	6	7	8	G	15	*Adoxa moschatellina*
Nabelmiere, Dreinervige	4	5	6	7	H/T	11	*Moehringia trinervia*
Nachtschatten, Bittersüßer	7	8	x	8	N		*Solanum dulcamara*
Nelkenwurz, Bach-	6	8	x	4	H	19	*Geum rivale*
Nelkenwurz, Gemeine	4	5	x	7	H	14	*Geum urbanum*
Nestwurz, Vogel-	2	5	7	5	G	13	*Neottia nidus-avis*
Nieswurz, Grüne	3	5	8	5	H	13	*Helleborus viridis*
Pappel, Schwarz-	5	8	7	7	P		*Populus nigra*
Pappel, Zitter-	6	5	x	x	P		*Populus tremula*
Perlgras, Einblütiges	3	5	6	x	G/H	12	*Melica uniflora*
Perlgras, Nickendes	4	4	7	3	G/H	13	*Melica nutans*
Pestwurz, Weiße	4	6	x	x	G	17	*Petasites albus*
Pfaffenhütchen	6	5	8	5	N		*Euonymus europaea*
Pfeifengras	7	7	x	2	H	6	*Molinia caerulea*
Pippau, Sumpf-	7	8	8	x	H	20	*Crepis paludosa*
Platterbse, Berg-	x	5	3	2	G/H	3	*Lathyrus linifolius*
Platterbse, Frühlings-	4	4	7	x	G/H	13	*Lathyrus vernus*
Platterbse, Schwarze	5	3	x	3	G/H	9	*Lathyrus niger*
Preiselbeere	5	4	2	2	Z	2	*Vaccinium vitis-idaea*
Quecke, Hunds-	5	6	7	8	H	26	*Agropyron caninum*
Rasenbinse	8	9	1	1	H	7	*Trichophorum cespitosum*
Rauschbeere	6	x	1	3	Z	7	*Vaccinium uliginosum*
Reitgras, Land-	7	x	x	6	G/H	27	*Calamagrostis epigejos*
Reitgras, Sumpf-	6	9	5	5	H	21	*Calamagrostis canescens*
Reitgras, Wolliges	6	7	2	2	H/G	5	*Calamagrostis villosa*
Reitgras, Wald-	6	5	4	5	H	4	*Calamagrostis arundinacea*
Rippenfarn	3	6	2	3	H	5	*Blechnum spicant*

Deutscher Name	Zeigerwerte L	F	R	N	Lebensform	Ökologische Gruppe	Lateinischer Name
Rispengras, Gemeines	6	7	x	7	H/C	19	*Poa trivialis*
Rispengras, Hain-	5	5	5	3	H	11	*Poa nemoralis*
Robinie, Weiße	5	4	x	8	P		*Robinia pseudacacia*
Rose, Hecken-	8	4	x	x	N		*Rosa canina*
Rosmarinheide	9	9	1	1	Z	7	*Andromeda polifolia*
Ruchgras, Gemeines	x	x	5	x	T/H	4	*Anthoxanthum odoratum*
Ruhrkraut, Wald-	6	5	2	6	H	27	*Gnaphalium sylvaticum*
Ruprechtskraut	4	x	x	7	T/H	14	*Geranium robertianum*
Salomonssiegel	7	3	7	3	G	9	*Polygonatum odoratum*
Sanikel, Wald-	4	5	8	7	H	13	*Sanicula europaea*
Sauerklee, Wald-	1	6	4	7	G/H	4	*Oxalis acetosella*
Schachtelhalm, Riesen-	5	8	8	5	G	18	*Equisetum telmateia*
Schachtelhalm, Teich-	8	10	x	5	G/A	22	*Equisetum fluviatile*
Schachtelhalm, Wald-	3	7	3	4	G	17	*Equisetum sylvaticum*
Schachtelhalm, Winter-	5	6	7	6	C	15	*Equisetum hyemale*
Scharbockskraut	4	7	7	7	G	15	*Ranunculus ficaria*
Schattenblume, Zweiblättrige	3	x	3	3	G	4	*Maianthemum bifolium*
Schaumkraut, Bitteres	7	9	x	4	H	20	*Cardamine amara*
Schaumkraut, Wiesen-	4	7	x	x	H	19	*Cardamine pratensis*
Schildfarn, Gelappter	3	6	6	7	H	24	*Polystichum aculeatum*
Schlangenwurz	6	9	6	4	A/G	21	*Calla palustris*
Schlüsselblume, Wiesen-	7	4	8	3	H	10	*Primula veris*
Schlüsselblume, Hohe	6	6	7	7	H	15	*Primula elatior*
Schmiele, Draht-	6	x	2	3	H	3	*Avenella flexuosa*
Schmiele, Rasen-	6	7	x	3	H	14	*Deschampsia cespitosa*
Schneeball, Gemeiner	6	x	7	6	N		*Viburnum opulus*
Schneeball, Wolliger	7	4	8	5	N		*Viburnum lantana*
Schuppenwurz	3	6	7	6	G	15	*Lathraea squamaria*
Schwalbenwurz	6	3	7	3	H	10	*Vincetoxicum hirundinaria*
Schwarzdorn	7	x	x	x	N		*Prunus spinosa*
Schwertlilie, Gelbe	7	10	x	7	A/G	22	*Iris pseudacorus*
Schwingel, Riesen-	4	7	6	6	H	15	*Festuca gigantea*
Schwingel, Schaf-	7	3	3	x	H	1	*Festuca ovina*
Schwingel, Verschiedenblättriger	5	4	5	4	H	9	*Festuca heterophylla*
Schwingel, Wald-	3	5	3	6	H	4	*Festuca altissima*
Segge, Berg-	5	4	5	3	H	9	*Carex montana*
Segge, Erd-	7	3	8	3	H	10	*Carex humilis*
Segge, Finger-	3	4	x	3	H	9	*Carex digitata*
Segge, Hänge-	5	8	6	5	H	18	*Carex pendula*
Segge, Pillen-	6	5	3	5	H	3	*Carex pilulifera*
Segge, Schatten-	4	5	5	x	H	11	*Carex umbrosa*
Segge, Scheinzypergras-	7	10	6	5	A/H	22	*Carex pseudocyperus*
Segge, Sumpf-	7	9	7	5	G/A	20	*Carex acutiformis*
Segge, Wald-	2	5	7	5	H	12	*Carex sylvatica*
Segge, Walzen-	4	9	7	6	H	21	*Carex elongata*
Segge, Wimper-	4	5	5	5	H/G	11	*Carex pilosa*
Segge, Winkel-	3	8	x	x	H	17	*Carex remota*
Segge, Zittergras-	6	6	4	3	H/G	17	*Carex brizoides*
Seidelbast	4	5	7	5	N/Z	13	*Daphne mezereum*

Deutscher Name	Zeigerwerte L	F	R	N	Lebensform	Ökologische Gruppe	Lateinischer Name
Siebenstern, Europäischer	5	x	3	2	G	3	*Trientalis europaea*
Silberblatt, Ausdauerndes	4	6	7	8	H	24	*Lunaria rediviva*
Simse, Wald-	6	9	4	3	G	19	*Scirpus sylvaticus*
Speierling	4	3	8	3	P		*Sorbus domestica*
Springkraut, Großblütiges	4	7	7	6	T	18	*Impatiens noli-tangere*
Springkraut, Kleinblütiges	4	5	x	6	T	11	*Impatiens parviflora*
Stachelbeere	4	x	x	6	N		*Ribes uva-crispa*
Stechpalme	4	5	4	5	P		*Ilex aquifolium*
Steinsame, Purpurblauer	5	4	8	4	C/H	10	*Buglossoides purpurocaerulea*
Sternmiere, Große	5	5	6	5	C	11	*Stellaria holostea*
Sternmiere, Hain-	4	7	5	7	H	17	*Stellaria nemorum*
Storchschnabel, Blutroter	7	3	8	3	H	10	*Geranium sanguineum*
Straußgras, Rotes	7	x	3	3	H	3	*Agrostis tenuis*
Streifenfarn, Braunstieliger	5	5	x	4	H	24	*Asplenium trichomanes*
Sumpffarn	5	8	5	6	G	21	*Thelypteris palustris*
Sumpfwurz, Breitblättrige	3	5	7	5	G	13	*Epipactis helleborine*
Sumpfwurz, Kleinblättrige	2	5	8	4	G	13	*Epipactis microphylla*
Sumpfwurz, Braunrote	6	3	8	2	G	13	*Epipactis atrorubens*
Taubnessel, Gefleckte	4	6	7	8	H	26	*Lamium maculatum*
Teufelskralle, Ährige	x	5	x	5	H	11	*Phyteuma spicatum*
Teufelskralle, Schwarze	7	6	5	4	H		*Phyteuma nigrum*
Tollkirsche	6	5	8	8	H	27	*Atropa belladonna*
Traubenkirsche, Gemeine	5	8	7	6	P/N		*Prunus padus*
Trespe, Benekens Wald-	5	5	8	5	H	13	*Bromus benekenii*
Trespe, Späte Wald-	6	6	8	6	H	27	*Bromus ramosus*
Ulme, Berg-	4	7	x	7	P		*Ulmus glabra*
Ulme, Feld-	5	x	8	x	P		*Ulmus minor*
Ulme, Flatter-	4	8	7	7	P		*Ulmus laevis*
Veilchen, Hain-	5	5	3	x	H	3	*Viola riviniana*
Veilchen, Rauhes	6	3	8	2	H	10	*Viola hirta*
Veilchen, Sumpf-	6	9	2	5	H	8	*Viola palustris*
Veilchen, Wald-	4	5	7	6	H	12	*Viola reichenbachiana*
Veilchen, Wunder-	4	4	8	x	H	13	*Viola mirabilis*
Vergißmeinnicht, Sumpf-	7	8	x	5	H	19	*Myosotis palustris*
Vergißmeinnicht, Wald-	5	6	x	7	H	17	*Myosotis sylvatica*
Vogelbeere	6	x	4	x	P/N		*Sorbus aucuparia*
Vogelkirsche	4	5	7	5	P		*Prunus avium*
Wacholder, Gemeiner	8	4	x	x	N		*Juniperus communis*
Wachtelweizen, Wald-	4	5	2	2	T	3	*Melampyrum sylvaticum*
Wachtelweizen, Wiesen-	x	x	3	3	T	3	*Melampyrum pratense*
Waldmeister	2	5	x	5	H	12	*Galium odoratum*
Waldrebe, Gemeine	7	5	7	7	Pli		*Clematis vitalba*
Waldvöglein, Rotes	3	4	8	3	G	13	*Cephalanthera rubra*
Waldvöglein, Schwertblättriges	4	3	8	3	G	13	*Cephalanthera longifolia*
Waldvöglein, Weißes	2	4	7	4	G	13	*Cephalanthera damasonium*
Wasserdost	7	7	7	8	H	20	*Eupatorium cannabinum*
Wassernabel	7	9	2	2	H	8	*Hydrocotyle vulgaris*
Weide, Bruch-	5	8	5	6	P		*Salix fragilis*
Weide, Grau-	7	9	5	4	N		*Salix cinerea*

Deutscher Name	Zeiger-werte L	F	R	N	Lebens-form	Öko-logische Gruppe	Lateinischer Name
Weide, Korb-	8	8	8	x	N		*Salix viminalis*
Weide, Ohr-	7	8	3	3	N		*Salix aurita*
Weide, Sal-	7	6	7	7	N/P		*Salix caprea*
Weide, Silber-	5	8	8	7	P		*Salix alba*
Weidenröschen, Berg-	4	5	6	6	H/C	12	*Epilobium montanum*
Weidenröschen, Schmalblättriges	8	5	3	8	H	27	*Epilobium angustifolium*
Weiderich, Blut-	7	8	7	x	H	20	*Lythrum salicaria*
Weißdorn, Eingriffliger	7	4	8	3	N/P		*Crataegus laevigata*
Weißdorn, Zweigriffliger	6	5	7	x	N/P		*Crataegus oxyacantha*
Weißtanne	3	x	x	x	P		*Abies alba*
Weißwurz, Quirlblättrige	4	5	4	5	G	4	*Polygonatum verticillatum*
Weißwurz, Vielblütige	2	5	6	4	G	12	*Polygonatum multiflorum*
Wicke, Zaun-	x	5	7	5	H	12	*Vicia sepium*
Windröschen, Busch-	x	x	x	x	G	11	*Anemone nemorosa*
Windröschen, Gelbes	3	6	8	8	G	13	*Anemone ranunculoides*
Wintergrün, Kleines	6	5	3	2	H/C	3	*Pyrola minor*
Wintergrün, Nickendes	4	5	x	2	C	3	*Orthilia secunda*
Wintergrün, Rundblättriges	4	6	5	3	H	3	*Pyrola rotundifolia*
Wollgras, Scheidiges	7	8	2	1	H	7	*Eriophorum vaginatum*
Wollgras, Schmalblättriges	8	9	4	2	G/A	8	*Eriophorum angustifolium*
Wolfsmilch, Mandel-	4	5	7	5	C	13	*Euphorbia amygdaloides*
Wolfsmilch, Zypressen-	8	3	x	3	H/G	9	*Euphorbia cyparissias*
Wolfstrapp	7	9	x	7	H/A	22	*Lycopus europaeus*
Wucherblume, Straußblütige	7	3	8	4	H	10	*Tanacetum corymbosum*
Wurmfarn, Gemeiner	3	5	5	6	H	23	*Dryopteris filix-mas*
Zahnwurz, Quirlblättrige	4	5	7	7	G		*Dentaria enneaphyllos*
Zahnwurz, Zwiebel-	3	5	7	6	G	12	*Dentaria bulbifera*
Ziest, Wald-	4	7	7	7	H	18	*Stachys sylvatica*
Zweiblatt, Großes	x	6	7	7	G	15	*Listera ovata*
Zwenke, Wald-	4	5	6	6	H	12	*Brachypodium sylvaticum*

Literaturverzeichnis

AICHELE, D.; SCHWEGLER, H.-W., 1984: Unsere Moos- und Farnpflanzen. Stuttgart.

AMANN, G., 1967: Bäume und Sträucher des Waldes. Melsungen.

BLAB, B.; TRAUTMANN, W.; SUKOPP, H. (Hrsg.), 1984: Rote Liste der gefährdeten Tiere und Pflanzen in der Bundesrepublik Deutschland. Greven.

BÖHLMANN, D., 1982: Ökophysiologisches Praktikum. Pareys Studientexte 33. Hamburg u. Berlin.

BÖTTCHER, H.; BAUER, J.; EICHNER, H., 1980: Die Buchenwaldgesellschaften im südlichen Niedersachsen. Ber. internat. Sympos. Rinteln 1980, 547–577. Vaduz.

BOHN, U., 1981: Vegetationskarte der Bundesrepublik Deutschland 1:200000. Potentielle natürliche Vegetation – Blatt CC 5518 Fulda. Schriftenr. Vegetationskd. 15.

BRAUN-BLANQUET, J., 1964: Pflanzensoziologie. Wien.

BUCHWALD, K.; ENGELHARD, W., 1968/69: Handbuch für Landschaftspflege und Naturschutz. München.

BUNDESMINISTERIUM für ERNÄHRUNG, LANDWIRTSCHAFT U. FORSTEN (Hrsg.), 1987: Waldschadenserhebung 1987. Bonn.

BURRICHTER, E.; POTT, R., 1983: Verbreitung und Geschichte der Schneitelwirtschaft mit ihren Zeugnissen in Nordwestdeutschland. Tuexenia 3, 443–453.

BURSCHEL, P., 1979: Der Wald in seiner Umwelt. In: STERN, H.: Rettet den Wald, 94–125. München.

BURSCHEL, P.; HUSS, J., 1987: Grundriß des Waldbaus. Pareys Studientexte 49. Hamburg u. Berlin.

DIERSCHKE, H., 1982: Pflanzensoziologische und ökologische Untersuchungen in Wäldern Süd-Niedersachsens. I. Phänologischer Jahresrhythmus sommergrüner Laubwälder. Tuexenia 2, 173–194.

DIERSCHKE, H., 1985: Pflanzensoziologische und ökologische Untersuchungen in Wäldern Süd-Niedersachsens. II. Syntaxonomische Übersicht der Laubwaldgesellschaften und Gliederung der Buchenwälder. Tuexenia 5, 491–521.

DIERSCHKE, H., 1986: Pflanzensoziologische und ökologische Untersuchungen in Wäldern Süd-Niedersachsens. III. Syntaxonomische Gliederung der Eichen-Hainbuchenwälder, zugleich eine Übersicht der Carpinion-Gesellschaften Nordwest-Deutschlands. Tuexenia 6, 299–323.

DIERSCHKE, H.; DÖHRING, U.; HÜNERS, G., 1987: Der Traubenkirschen-Erlen-Eschenwald (Pruno-Fraxinetum Oberd. 1953) im nordöstlichen Niedersachsen. Tuexenia 7, 367–379.

DIERSSEN, K., 1988: Rote Liste der Pflanzengesellschaften Schleswig-Holsteins. Schriftenr. d. Landesamtes Natursch. Landschaftspfl. Schl.-Holst. 6. Kiel.

DINTER, W., 1982: Waldgesellschaften der Niederrheinischen Sandplatten. Dissert. Bot. 64. Vaduz.

DÖHRING, U., 1987: Zur Feinstruktur amphibischer Erlenbruchwälder. Tuexenia 7, 347–366.

DRACHENFELS, O. v.; MEY, A.; MIOTK, P., 1984: Naturschutzatlas Niedersachsen. Hannover.

EBER, W., 1972: Über das Lichtklima von Wäldern bei Göttingen und seinen Einfluß auf die Bodenvegetation. Scripta Geobotanica 3. Göttingen.

EHRENDORFER, F., 1973: Liste der Gefäßpflanzen Mitteleuropas. Stuttgart.

EHRENDORFER, F., 1978: Geobotanik. In: v. DENFFER, D.; EHRENDORFER; F., MÄGDEFRAU, K.; ZIEGLER, H.: Lehrbuch der Botanik. Stuttgart u. New York.

ELLENBERG, H., 1956: Grundlagen der Vegetationsgliederung. 1. Teil: Aufgaben und Methoden der Vegetationskunde. In: WALTER, H. (Hrsg.): Einführung in die Phytologie. Bd. 4 Stuttgart.

ELLENBERG, H. (Hrsg.), 1973: Ökosystemforschung. Berlin, Heidelberg, New York.

ELLENBERG, H., 1979: Zeigerwerte der Gefäßpflanzen Mitteleuropas. Scripta Geobotanica 9. Göttingen.

ELLENBERG, H., 1982: Vegetation Mitteleuropas mit den Alpen in ökologischer Sicht. Stuttgart.
ELLENBERG, H.; KLÖTZLI, F., 1972: Waldgesellschaften und Waldstandorte der Schweiz. Mitteilung Schweiz. Anst. forstl. Versuchswes. 48. Zürich.
ELLENBERG, H.; MAYER, R.; SCHAUERMANN, J. (Hrsg.), 1986: Ökosystemforschung – Ergebnisse des Sollingprojekts 1966–1986. Stuttgart.
FIRBAS, F., 1949: Spät- und nacheiszeitliche Waldgeschichte Mitteleuropas nördlich der Alpen. 1. Band: Allgemeine Waldgeschichte. Jena.
FUKAREK, F., 1964: Pflanzensoziologie. WTB 14. Berlin.
FUKAREK, F., 1980: Pflanzenwelt der Erde. Köln.
GARCKE, A., 1972: Illustrierte Flora. Berlin u. Hamburg.
Gerlach, A., 1970: Wald- und Forstgesellschaften im Solling. Schriftenr. Vegetationskd. 5, 78–98.
GLAVAC, V.; KRAUSE, A., 1969: Über bodensaure Wald- und Gebüschgesellschaften trockenwarmer Standorte im Mittelrheingebiet. Schriftenr. Vegetationskd. 4, 85–102.
GRIMME, K., 1977: Wasser- und Nährstoffversorgung von Hangbuchenwäldern. Scripta Geobotanica 12. Göttingen.
HAEUPLER, H., 1976: Atlas zur Flora von Südniedersachsen. Scripta Geobotanica 10. Göttingen.
HARTMANN, F. K., 1967–1974: Ökologie der Wälder und Landschaften. 5 Bde. Stuttgart.
HARTMANN, F. K.; JAHN, G., 1967: Waldgesellschaften des mitteleuropäischen Gebirgsraumes nördlich der Alpen. 2 Bde. und Tab.Bd. Stuttgart.
HARTMANN, G.; NIENHAUS, F.; BUTIN, H., 1988: Farbatlas Waldschäden. Suttgart.
HASEL, K., 1971: Waldwirtschaft und Umwelt. Hamburg u. Berlin.
HASEL, K., 1985: Forstgeschichte. Pareys Studientexte 48. Hamburg u. Berlin.
HEGI, G., 1912–1989: Illustrierte Flora von Mitteleuropa Bd. I–VI. München, Berlin u. Hamburg.
HESS, H. E.; LANDOLT, E.; HIRZEL; R., 1976, 1977, 1980: Flora der Schweiz und angrenzender Gebiete. 3 Bde. Basel und Stuttgart.
HOFMANN, W., 1964–1965: Laubwaldgesellschaften der Fränkischen Platte. Eine vegetationskundliche, pflanzengeographische und bodenkundliche Untersuchung. Abh. naturw. Ver. Würzburg 5/6. Würzburg.
HOFMEISTER, H., 1970: Pflanzengesellschaften der Weserniederung oberhalb Bremens. Dissert. Bot. 10. Lehre.
HOFMEISTER, H.; ESCHENHAGEN, D., 1977: Der Wald im Biologieunterricht. In: Der Wald. Unterricht Biologie 13, 2–13.
JAHN, G., 1972: Forstliche Wuchsraumgliederung und waldbauliche Rahmenplanung in der Nordeifel auf vegetationskundlich-standortlicher Grundlage. Dissert. Bot. 16. Lehre.
JAHN, G., 1977: Die Fichtenwaldgesellschaften in Europa. In: SCHMIDT-VOGT, H.: Die Fichte, Bd. 1, 468–560. Hamburg und Berlin.
JENSEN, U., 1961: Die Vegetation des Sonnenberger Moores im Oberharz und ihre ökologischen Bedingungen. Natur- und Landschaftspflege in Niedersachsen. Heft 1. Hannover.
KNAPP, R., 1971: Einführung in die Pflanzensoziologie. Stuttgart.
KNODEL, H.; KNULL, U., 1974: Ökologie und Umweltschutz. Stuttgart.
KRAUSE, A., 1972: Laubwaldgesellschaften im östlichen Hunsrück. Natürlicher Aufbau und wirtschaftsbedingte Abwandlungsformen. Dissert. Bot. 15. Lehre.
KRAUSE, A.; SCHRÖDER, L., 1979: Vegetationskarte der Bundesrepublik Deutschland 1:200 000. Potentielle natürliche Vegetation Blatt CC 3118 Hamburg-West. Schriftenr. Vegetationskd. 14.
KÜNNE, H., 1969: Laubwaldgesellschaften der Frankenalb. Dissert. Bot. 2. Lehre.
KYBURZ-GRABER, R., 1978: Ökologie im Unterricht. Versuche zu einem Lehrkonzept über das Ökosystem Wald. Frankfurt, Berlin, Münster.
LAMMERT, F.-D. (Hrsg.), 1984: Waldsterben. Unterricht Biologie 99.
LARCHER, W., 1973: Ökologie der Pflanzen. UTB 232. Stuttgart.

LEIBUNDGUT, H., 1985: Der Wald in der Kulturlandschaft. Berlin u. Stuttgart.

LERCH, G., 1965: Pflanzenökologie. WTB 27. Berlin.

LOHMEYER, W., 1967: Über den Stieleichen-Hainbuchenwald des Kern-Münsterlandes und einige seiner Gehölz-Kontaktgesellschaften. Schriftenr. Vegetationskd. 2, 161–180.

MATUSKIEWICZ, W., 1962: Zur Systematik der natürlichen Kiefernwälder des mittel- und osteuropäischen Flachlandes. Mitt. flor. soz. Arbeitsgem. N. F. 9, 145–186.

MAYER, H., 1984a: Waldbau auf soziologischer Grundlage. Stuttgart u. New York.

MAYER, H., 1984b: Wälder Europas. Stuttgart u. New York.

MAYER, H., 1986: Europäische Wälder. UTB 1386. Stuttgart u. New York.

MEISEL-JAHN, S., 1955: die Kiefernforstgesellschaften des norddeutschen Flachlandes. Angewandte Pflanzensoziologie 11. Stolzenau/Weser.

MEISTER, G.; SCHÜTZE, CHR.; SPERBER, G., 1984: Die Lage des Waldes. Hamburg.

MITSCHERLICH, G., 1971–1975: Wald, Wachstum und Umwelt. 3 Bde. Frankfurt.

MÖLLER, H., 1970: Soziologisch-ökologische Untersuchungen in Erlenwäldern Holsteins. Mitt. Arbeitsgem. Floristik Schl.-Holst. u. Hamburg 19, 1–109.

MÜCKENHAUSEN, H., 1962: Die wichtigsten Böden der Bundesrepublik Deutschland. Frankfurt.

MÜLLER, S., 1969: Böden unserer Heimat. Ein Leitfaden zur Bodenbeurteilung im Gelände für Praktiker, Planer, Natur- und Gartenfreunde. Stuttgart.

MÜLLER, TH., 1967: Die geographische Gliederung des Galio-Carpinetum und des Stellario-Carpinetum in Südwestdeutschland. Beitr. naturkdl. Forsch. Südw.-Deutschl. 26, 47–65.

MÜLLER, TH.; OBERDORFER, E.; PHILIPPI, G., 1974: Die potentielle natürliche Vegetation von Baden-Württemberg. Veröff. Natursch. Landschaftspfl. Baden-Württemberg. Ludwigshafen.

MÜLLER, W., Arbeitsgruppe Bodenkunde, 1982: Bodenkundliche Kartieranleitung. Bundesanst. Geowiss. Rohstoffe Geolog. Landesämtern Bundesrepublik Deutschland. Hannover.

MÜLLER-DOMBOIS, D.; ELLENBERG, H., 1974: Aims and Methods of Vegetation Ecology. New York.

OBERDORFER, E., 1957: Süddeutsche Pflanzengesellschaften. Pflanzensoziologie 10. Jena.

OBERDORFER, E., 1982: Erläuterungen zur vegetationskundlichen Karte Feldberg. 1:25 000. Beih. Veröff. Natursch. Landschaftspfl. Bad.-Württ. 27.

OBERDORFER, E., 1983: Pflanzensoziologische Exkursionsflora. Stuttgart.

OBERDORFER, E., 1984: Zur Systematik bodensaurer Buchenwälder. Tuexenia 4, 257–266.

OBERDORFER, E., 1987: Süddeutsche Wald- und Gebüschgesellschaften im europäischen Rahmen. Tuexenia 7, 459–468.

OLSCHOWY, G. (Hrsg.), 1978: Natur- und Umweltschutz in der Bundesrepublik Deutschland. Hamburg u. Berlin.

PETERMANN, R.; SEIBERT, P., 1979: Die Pflanzengesellschaften des Nationalparks Bayerischer Wald. Nationalpark Bayr. Wald 4. Grafenau.

POTT, R., 1981: Der Einfluß der Niederholzwirtschaft auf die Physiognomie und die floristische Struktur von Kalkbuchenwäldern. Tuexenia 1, 233–242.

POTT, R., 1986: Der pollenanalytische Nachweis extensiver Waldbewirtschaftungen in den Haubergen des Siegerlandes. In: BEHRE, K.-E. (Hrsg.): Anthropogenic indicators in pollen diagrams. 125–134. Rotterdam, Boston.

POTT, R., 1988: Entstehung von Vegetationstypen und Pflanzengesellschaften unter dem Einfluß des Menschen. Düsseldorfer Geobot. Kolloq. 5, 27–54.

POTT, R.; BURRICHTER, E., 1983: Der Bentheimer Wald. Geschichte, Physiognomie und Vegetation eines ehemaligen Hude- und Schneitelwaldes. Forstwissenschaftliches Centralblatt 102. Jahrg. 6, 350–361.

PREISING, E. (Hrsg.), 1984: Bestandsentwicklung, Gefährdung und Schutzprobleme der Pflanzengesellschaften in Niedersachsen. – Vervielf. Manuskr. (unveröff.) Hannover.

RAUH, W.; SENGHAS, K., 1988: Schmeil-Fitschen. Flora von Deutschland und seinen angrenzenden Gebieten. Heidelberg.
REHFUESS, K. E., 1981: Waldböden-Entwicklung, Eigenschaften und Nutzung. Pareys Studientexte 29. Hamburg u. Berlin.
RÖHRIG, E., 1980: Waldbau auf ökologischer Grundlage. 2 Bde. Hamburg u. Berlin.
ROTHMALER, W.; MEUSEL, H.; SCHUBERT, R., 1981: Exkursionsflora für die Gebiete der DDR und der BRD. Bd. II. Gefäßpflanzen. Berlin.
ROTHMALER, W.; SCHUBERT, R.; JÄGER, E.; WERNER, K., 1987: Exkursionsflora für die Gebiete der DDR und der BRD. Bd. III. Atlas der Gefäßpflanzen. Berlin.
RUNGE, M., 1973: Energieumsätze in den Biozönosen terrestrischer Ökosysteme. Scripta Geobot. 4. Göttingen.
RUNGE, F., 1980: Die Pflanzengesellschaften Mitteleuropas. Münster.
REISCH, J., 1974: Wildschutz und Umwelt. Berlin, Heidelberg u. New York.
SCAMONI, A., 1954: Waldgesellschaften und Waldstandorte. Dargestellt am Gebiet des Diluviums der DDR. Berlin.
SCAMONI, A., 1963: Einführung in die praktische Vegetationskunde. Jena.
SCHACHTSCHABEL, P.; BLUME, H. P.; HARTGE, K. H.; SCHWERTMANN, U., 1984: Scheffer Schachtschabel. Lehrbuch der Bodenkunde. Stuttgart.
SCHLÜTER, H., 1957: Ein Beitrag zur Frage ökologischer und soziologischer Artengruppen. Archiv f. Forstw. 6. Bd. Heft 1, 44–59.
SCHÖNFELDER, P., 1978: Vegetationsverhältnisse auf Gips im südwestlichen Harzvorland. Natursch. u. Landschaftspflege in Niedersachsen 8. Hannover.
SCHRÖDER, D., 1984: Bodenkunde in Stichworten. Kiel.
SCHRÖDER, W., 1979: Die Tiere des Waldes – Glieder eines Ökosystems. In: STERN, H.: Rettet den Wald. 127–155. München.
SCHUBERT, R., 1986: Lehrbuch der Ökologie. Jena.
SCHÜTT, P. u. a., 1984: So stirbt der Wald. München.
SCHWERTFEGER, F., 1975–1979: Ökologie der Tiere. 3 Bde. Hamburg u. Berlin.
SCHWERTFEGER, F., 1978: Lehrbuch der Tierökologie. Pareys Studientexte 42, Hamburg u. Berlin.
SEEWALD, C., 1977: Wald- und Grünlandgesellschaften im Drömling (Ostniedersachsen). Dissert. Bot. 41. Vaduz.
SEIBERT, P., 1968: Übersichtskarte der natürlichen Vegetationsgebiete von Bayern 1:500 000 mit Erläuterungen. Schriftenr. Vegetationskd. 3.
STERN, H. (Hrsg.), 1979: Rettet den Wald. München.
STEUBING, L., 1965: Pflanzenökologisches Praktikum. Methoden und Geräte zur Bestimmung wichtiger Standortfaktoren. Berlin u. Hamburg.
SUKOPP, H.; TRAUTMANN, W. (Hrsg.), 1976: Veränderungen der Flora und Fauna in der Bundesrepublik Deutschland. Schriftenr. Vegetationskd. 10.
TISCHLER, W., 1955: Synökologie der Landtiere. Stuttgart.
TRAUTMANN, W., 1966: Erläuterungen zur Karte der potentiellen natürlichen Vegetation der Bundesrepublik Deutschland 1:200 000. Blatt 85 Minden. Schriftenr. Vegetationskd. 1.
TRAUTMANN, W., 1973: Vegetationskarte der Bundesrepublik Deutschland 1:200 000. Potentielle natürliche Vegetation. Blatt CC 5502 Köln. Schriftenr. Vegetationskd. 6.
TÜXEN, R., 1937: Die Pflanzengesellschaften Nordwestdeutschlands. Mitt. flor-soz. Arbeitsgem. Niedersachsen 3. Hannover.
TÜXEN, R., 1939: Die Pflanzendecke Nordwestdeutschlands in ihren Beziehungen zu Klima, Gesteinen, Böden und Mensch. Dtsch. geogr. Blätter 42. Bremen.
TÜXEN, R., 1955: Das System der nordwestdeutschen Pflanzengesellschaften. Mitt. flor-soz. Arbeitsgem. N.F. 5, 155–176.
TÜXEN, R., 1968: Die Lüneburger Heide. In: KELLE, A. (Hrsg.): Neuzeitliche Biologie. Hannover.
TÜXEN, R., 1986: Unser Buchenwald im Jahreslauf. Beih. Veröff. Natursch. Landschaftspfl. Bad.-Württ. 47.

ULRICH, B., 1982: Gefahren für das Waldökosystem durch Saure Niederschläge. Mitt. LÖLF NW. Sonderheft Immissionsbelastungen von Waldökosystemen, 9–25.
WALTER, H., 1960: Grundlagen der Pflanzenverbreitung. Teil I. Standortslehre. Stuttgart.
WENTZEL, K. F.; ZUNDEL, R., 1984: Hilfe für den Wald. Ursachen, Schadbilder, Hilfsprogramme. Niedernhagen/Ts.
WILMANNS, O., 1989: Ökologische Pflanzensoziologie. UTB 269. Heidelberg.
WINKLER, S., 1973: Einführung in die Pflanzenökologie. UTB 169. Stuttgart.
ZEIDLER, H.; STRAUB, R., 1967: Waldgesellschaften mit Kiefer in der heutigen potentiellen natürlichen Vegetation des mittleren Maingebietes. Mitt. flor.-soz. Arbeitsgem. N.F. 11/12, 88–126.
ZEIDLER, H.; LEIPPERT, H.; WOLFF-STRAUB, R., 1969: Die wichtigsten Waldgesellschaften am Schwanberg in ihren klimatischen und bodenkundlichen Aussagen. Mitt. flor.-soz. Arbeitsgem. N.F. 14, 398–415.
Nach Drucklegung erschien außerdem:
POTT, R. (Hrsg.), 1989: Rintelner Symposion I. – Berichte der Reinhold-Tüxen-Gesellschaft. Göttingen.

Bildnachweis

Fotografien

Böttcher, H.: Abb. 16 u. 18
Doebel, H.: Abb. 14; Tafel I o. r.; Tafel III o. r., u. r.; Tafel IV u. l., u. r.; Tafel VI o. l., o. r.
Drachenfels, O. v.: Tafel III o. l.; Tafel IV o. l., o. r.;
Fischer, E. F.: Abb. 56
Garve, E.: Tafel V o. r., u. r.
Heinemann, B.: Tafel VII u. Tafel VIII
Hofmeister, H.: Abb. 15, 17, 21, 27, 29, 31, 32, 35, 36 u. 62; Tafel I o. l., u. l., u. r.; Tafel II; Tafel III u. l.; Tafel V o. l., u. l.; Tafel VI u. l., u. r.
Jeckel, G.: Abb. 22
Krause, A.: Abb. 13
Pott, R.: Abb. 23, 24, 37, 57, 58, 59 u. 61
Rasbach, H. u. K.: Abb. 19, 20, 25, 26, 28, 30, 33 u. 34

Zeichnungen

Die Zeichnungen der Bäume, Sträucher und Waldbodenpflanzen sowie die Abb. 4, 7 und 48 wurden von Prof. Ernst Straßner, Braunschweig, angefertigt und durch Petra Röttger, Hildesheim, ergänzt. Die Zeichnungen der Moose stammen von Wolfgang Hermann, Hamburg. Die übrigen Zeichnungen wurden von P. Röttger erstellt oder folgenden Büchern entnommen:

Hofmeister, H.; Garve, E.: Lebensraum Acker. 1986, Hamburg und Berlin: Verlag Paul Parey. Abb. 46, 54, 55

Leibundgut, H.: Der Wald in der Kulturlandschaft. 1984. Bern und Stuttgart: Verlag Paul Haupt. Abb. 43 (geringfügig verändert)

Sachregister

Register der Art- und Gesellschaftsnamen